岩波文庫

38-104-2

政治の世界

他十篇

丸山眞男著
松本礼二編注

岩波書店

凡　例

一　本書は、丸山眞男が戦後に発表した政治学関係の論文から十一篇を選んだものである。底本には、『丸山眞男集』(全一六巻・別巻一、岩波書店、一九九五―九七年)を用いた。採録論文のうち、単行本『現代政治の思想と行動』所収の論文には、同書刊行時に付された「追記」「附記」を当該論文の直後に配した。

一　底本の明らかな誤記・誤植は、特に断りなく訂正した。また、読みやすさを考慮し、適宜振り仮名を付した。

一　人名・地名等の固有名詞は、著者の用法の範囲で、一定の統一を図った。したがって、今日一般的な表記と異なる場合もある。

一　仮名遣いは現代仮名遣いに統一し、漢字は原則として今日通行の新字体に書き換えた。また、一部送り仮名を整理した場合がある。この方針は、厳密にはテキストの改変に当たるが、著者自身が少なくとも仮名遣いについては「日和見主義者」を自認して、「天下の大勢に従う」と宣言している(『集』⑯、二九七頁)事実に照らして、著者の意に沿うものと信ずる。

一　引用文献の書誌情報に誤りや不備がある場合、以下のような方針で、必要最小限の補正を加えた。

・書名は、特に古典的文献については、一般に流通する形で示した場合がある。

・文献の刊行年は、原則として初版公刊の年を記したが、本文でテキストが引用されている場合はその限りでなく、また古典的文献を岩波文庫のような流布本で指示する場合、特に必要と認められない限り刊行年は記していない。

・外国語文献の表記の仕方は、ほぼ英・独・仏それぞれの慣用に従った。

・外国語文献は、著者が邦訳を引用・言及しているもののみ書誌情報を補い、外国語原典だけを挙げているものは原則としてそのままにした。著者が書名を明記せずに邦訳を引用している場合、著者の利用した文献を示すのを原則としたが、今日の流布本を挙げた場合もある。

・「政治学」末尾の「文献紹介」については、記載された書誌情報の不備を補った上で、「邦訳あり」と記された外国語文献のみ、執筆時点(一九五六年)で利用しえた邦訳文献を示したが、網羅的ではない。

一　本文には必要最小限の補足を行い、本文中に〔　〕で記した。また編注者による注記は、本文中に(1)、(2)、……で該当箇所を示して、巻末に記した。原文にある注は、＊1、＊2、……の形で区別し、底本通りの位置においた。注では、字句の説明は最小限にとどめ、引用された出典、言及された思想家・学者の主張、史実などを明らかにすることに努めた。本文に引かれた語句の典拠に疑問を呈したものもあるが、典拠がないことを完全に証明するのは原理的に不可能なので、著者の誤りとは断定できない。

一　注・解題・解説で丸山の著作に言及する場合、『丸山眞男集』については『集』、『丸山眞男座談』(全九冊、岩波書店、一九九八年)については『座談』、『丸山眞男講義録』(全七冊、東京大学出版会、一九九八―二〇〇〇年)については『録』の略号を用い、巻数を○数字で示した(例『集』①)。また、『丸山眞男回顧談』(全二冊、岩波書店、二〇〇六年)については『回顧』上(あるいは下)と略記した。

目　次

Ⅲ 政治学入門

Ⅳ 市民のための政治学

I　政治と政治学

科学としての政治学
――その回顧と展望――

一

終戦を契機として、もろもろの自由と共に学問の自由もはじめて公然と認められ、久しく「時局」の重ぐるしい圧力にうちひしがれていた学問的精神は一せいに息をふきかえして、物質的条件のあらゆる障害をものりこえつつ各分野に於て活潑な動きを開始した。とくにいわゆる社会科学の復活はめざましく、あたかもその進展を強力にはばんでいた数多くのタブーが一挙にとりのぞかれたために、うっせきしていたエネルギーが一度に爆発したような壮観を呈した。ところがこのような社会科学の気負った再出発の只中でひとり何をなすべきかに思いあぐみながら、まだ踏切りもつけないでいる学問がほかならぬ政治学であるといっては言い過ぎであろうか。政治学のこうした立遅れは、現在「政治的なもの」が国際的にも国内的にも嘗《かつ》てない程の幅と深さをもってひとびとの生活を捉えているだけに、ますます隠れもない事実となった。「政治学という学問は日本では一番振わない」とか、「一体政治学者といえる人が日本に何人いるのか」とかいう言葉を終戦後どこでも聞かされる。

私はこの種の多分に嘲笑をこめた批判に接するたびに、一応本能的な反撥を感じてあれこれと弁明するのであるが、結局そうした批判のうちに含まれた争いがたい真実の前に口をつぐんでしまうのである。八・一五にはじまり、また現にわれわれの目前で引続き進行している、有史以来の変革——いわゆる民主革命と総称されているもの——はもとより狭義の政治的変革に尽きるものでなく、社会、経済、文化等われわれの全生活領域にわたる根本的な変革を包含しているものであるが、そうした巨大な変革がなにより政治的変革を起点とし、それを押し進める主体がなにより「政治的」な力であることは何人にも明白である。現在ほど国民の一人一人が「政治」のふるう巨大な力を、「政治」の吐く荒々しい息吹きを自分の身ぢかに感じたことが嘗てあったろうか。今日、いかなる家庭の主婦も海のかなたのトルーマン大統領の一つの演説が、彼女の家庭における明晩の食膳に文字通りつながっている事を知らぬものはない。いかなる僻村の農民も、一片の法令が、彼の一生涯のへそ繰りを、むなしく「ミダスの金[1]」に化せしめる力をもっている事を身をもって学んだ。一切を呑みつくすかに見える、今日の政治的激動のさなかで、ひとびとは不安をこめたまなざしでたずねる、一体かくも巨大な力をふるう政治の正体は何なのか、それはどこから来てどこへ行こうとするのか——と。

かくて、ひとびとの期待と関心は自然と、ほかならぬこの「政治」を対象とする学問にむけられる。ところが、その領域とおぼしきあたりからは何ら応えらしいものも聞えないのみか、あらためて、凝視して見ると、そこにはまだ学問としての目鼻だちも定かでないものがうごめいているに過ぎぬ。われわれの現実生活における政治の圧倒的な支配力と、それを対象とする学問の恐るべき発育不良と——そのコントラストが今日ほど鋭く世人の眼に露呈された時代はない。

まさしく他の社会科学の華々しい復活に対して、我国の政治学は極言すれば、「復活」すべきほどの伝統を持っていない。すべては今後の発展にかかっているといえる。むろん他の社会科学の部門においても、終戦後一年半を経て、ようやく当初の多少うわずった調子が沈静するとともに、単に旧来の問題の立て方をそのまま継承し、依然としてこれまでの範疇に無批判によりかかっているようなやり方で、はたして今日の現実に対する指導的な力になりうるかという反省があまねくおこって来たようである。この十数年の反動期をいわば歴史的な真空として、単に「ありし昔のよき日」にかえるだけでは問題はすこしも解決されないということが各分野で注意されはじめた。しかし他の分野、たとえば法律学や経済学においては、ともかく一応は古い道具のままで現実の素材を取り扱うことが可能である。古い革袋でも新らしい酒をもってもれないことはない。ところがこと政治学となると、今日の政治的現実に対しては、我国のこれまでの政治学の体系や問題設定は、ほとんどまったく方向指示の能力を持っていないのである。たとえば過去の政治学界を久しくにぎわしたテーマである、政治概念と国家概念といずれが先行すべきかというような論議(2)からして、ひとは現代の政治に対して、いかなる実質的寄与を引き出す事が出来るであろうか。

もともと政治学の非力性は今日にはじまった事ではなかった。他の法律学なり経済学なりにおいては、嘗て一定の歴史的段階に適応していた概念構成乃至《ないし》方法論が今日の激動期に対してそのままで通用しなくなったというところに問題があるのであるが、これに反して、政治学の場合には、少くも我国に関する限り、そもそも「政治学」と現実の政治とが相交渉しつつ発展したというようなためしがないのである。*1

みずからの地盤と環境とから問題を汲みとって来るかわりに、ヨーロッパの学界でのときどきの主題や方法を絶えず追いかけているのが、わが学界一般の通有する傾向であり、そこに学問の観念的遊離も胚胎するわけであるが、このわが国の学問のもついわば宿命的な弱さを集中的に表現しているのが政治学である。学問とその現実的対象との分裂はここでは救いがたいまでに深刻である。

＊1　我国の過去の政治学者で、その学説を以て最も大きな影響を時代に与えたのは、いうまでもなく吉野作造博士である。大正時代のデモクラシー運動は吉野博士の名を離れて考えることは出来ない。しかし吉野博士の民本主義に関する諸論文は理論的というよりむしろ多分に啓蒙的なものであり、博士の学問的業績としては政治史とくに日本政治史の方が重要である。ともあれ、博士は上の点でユニークな存在であることは否定出来ない。

二

もとよりこのようなわが国政治学の不妊性は単にその責を政治学者の怠慢や無能に帰すべき問題ではなく、むしろより根本的にはわが明治以後の政治構造に規定された結果にほかならぬ。一般に、市民的自由の地盤を欠いたところに真の社会科学の生長する道理はないのであるが、このことはとくに政治学においていちじるしい。斯学《しがく》の祖先であるプラトンやアリストテレスの政治学の背景にはギリシャ民主政の絢爛《けんらん》たる展開があり、それが彼等の理論に汲めどもつきぬ豊富な素材を提供したことはあらためていうまでもない。プラトンのようなどちらかといえば反民主的な思想家にしても、その思索を内面からささえていたものは、結局ギリシャの政治的自由であった。そのことは、マケドニアの覇権によって、ポリスの自由が喪《うしな》われるや、理論的関心は急速に政治的現実から去って、ストアやエピクロスに見るごとき、個人的安心立命の問題に注がれ、もはや『国家論《ポリテイア》』や『政治学《ポリテイカ》』の継承も発展も現われなかったということからも明瞭である。さらにまた、永い中世のとばりを破って、イタリーにルネッサンスの華が咲きこぼれたとき、そのさきがけをなしたフィレンツェ自由都市のあの溌剌《はつらつ》とした雰囲気のなかで、マキアヴェリの『君主論』や『ディスコルシ』が現われて近代的政治学の礎をきずいた。ところが彼の業績もイタリーが近代的発展への途をとざされたことによって、やはりその地に継承者を見出しえなかったのである。そうして、爾来《じらい》経験科学としての政治学は主として英米(political science として)及び仏(sciences morales et politiques として)[*2]のごときいわゆる西欧民主主義国家に発展し、そこでもっとも多いみのり成果をあげて今日に至っている。これに反してドイツにおいては後に触れるように、政治学はほとんどもっぱら国家学(Staatslehre)として展開し、それもとくに、国法学(Staatsrechtslehre)乃至は行政学の巨大な成長のなかにのみこまれてしまった。これもつまりプロシャ王国乃至ドイツ帝国における市民的自由のひ弱さと、これに対する官僚機構の磐石のような支配力を反映した結果にほかならない。[*3] かくして一般に「政治」がいかなる程度まで自由な科学的関心の対象となりうるかということは、その国における学問的自由一般を測定するもっとも正確なバロメーターといえる。なぜなら政治権力にとって、何が好ましくないといって己れ自身の裸像を客観的に描かれるほど嫌悪すべき、恐怖すべきことはなかろう。逆に、もしそれを放任するだけの余裕をもつ政治権力ならば、恐らく他のいかなる対象についての科学的分析をも許容するにちがいない。したがって政治に関する考察の可能性はその時代と場所における学問的思惟一般に対してつねに限界状況を呈示する。いわば政治学は政治と学問一般、いな広く政治と文化という人間営為の二つの形態が最大緊張をはらみながら相対峙する、ちょうど接触点に立っているわけである。このように見て来るならば、八・一五以前の日本に政治学というような学問が成長する地盤が果して存在したかどうかということは問わずして明らかであろう。

維新革命が周知のごとき経過によって、絶対主義的勢力のヘゲモニーをきたし、明治一〇年代の自由民権運動が上からの強力な抑圧と内部的な脆弱性によって潰《つい》え去ったときに、すでに日本の政治的近代化の軌道は定まったといいうる。あの明治憲法が「不磨」として打ち出した国家体制はかくてもはや自由な論議の対象となりえなかった。政治権力の究極的源泉を「問う」ことはタブー中のタブーとなってしまった。国家権力の正統性の唯一の根拠は統治権の把持者としての天皇にあり、立法権も司法権も行政権も統帥権もすべては唯一絶対の「大権」から流出するものと理解された。したがって、この「大権」と同じ平面において認められるいかなる政治的権利もありえなかったのである。だから近代国家におけるようにそれ自身中性的な国家権力の掌握をめざして、もろもろの社会集団が公的に闘争するといった意味での「政治」はそこには本来存在の余地がなかったといえよう。

議会は西欧のそれのように、こうした闘争を通じて統一的国家意志を生み出す機関ではなかった。議会にはこうした政治的統合《インテグラチオン》の役割を果すほど強大な地位は最初から与えられなかったのである。その結果国家意志の重大な決定は、議会の外で、法的あるいは超法的な政治勢力の間における、舞台裏の妥協、駆引を通じて行われることとなった。議会における「政争」はかくして、政治的なるものの持つあらゆる真摯さを失った。とくに民党と藩閥との急速な妥協吻合《ふんごう》の後は、もはやヨーロッパにおけるような明確な国民的階層分化に基いた闘争、乃至は根本的な世界観的価値に関する闘争は見出されず、そこに繰りひろげられるのは政権に随伴する種々の利権のわけ前をめぐっての私的な——激烈なだけにますます醜悪な——争いでしかなかった。このような「政争」が真面目な学問的考察への刺戟を与えないのはあまりにも当然である。かくして一方では国権の唯一の正統的な主体としての天皇及びそれをめぐる実質的な政治権力が一切の科学的分析の彼岸に置かれ、他方、議会における政争が戯画化したとするならば、そもそも日本の政治的現実において政治学的把握の対象に値すべき何が残るであろうか。ヨーロッパの政治学や国家学の内容をなしているような政治権力の発生、構造、妥当根拠、といった根本問題は、少くとも具体的な日本の国家を対象としては、何一つ真に科学的に取り扱うことが出来なかったわけである。かくして、「国体」の神秘化を欲しない多少とも良心的な政治学者たちは、もっぱら方法論——それも多分に方法論のための方法論——的論議に終始したり政治概念の定義に腐心したりするか、或いは国家乃至政治現象について、ヨーロッパの政治学の教科書にならって抽象的な解明をほどこす事に甘んじ、それを具体的な日本の政治に関連させる事を避けていたのである。[*4]

　ヨーロッパの政治学の概論の一見抽象的な記述の背後には、いわば数百年にわたる欧州政治の歴史的展開が横たわっている。只《ただ》一つの命題でもそうした現実の波動のなかで鍛えられつつ形成されなかったものはない。だからそうした範疇なり命題なりをときほぐして行けば、結局ヨーロッパの生きた政治的現実にまで具体化されるのである。ところが日本の政治となると、根本の国家構造と歴史がすでに同じでない上に、立憲制のようにある程度まで彼我《ひが》共通している政治制度も、それを現実に動かしている精神がまるでちがうために、そうした抽象的概論は現実の政治の動きを理解し分析するには殆ど役にたたない。だから現にそうした概論や方法的論議を得意とする政治学者がひとたび日々の現実政治の問題を論ずるとなると、そうした「政治学」的教養をすこしも持たぬ政治記者と殆どかわらない、常識的な見解を示すにとどまってしまう。これはその学者の能力の問題というよりむしろ、根本的には日本の政治の動きかたそのものの非合理性に帰着するのである。すなわち、前述の様に政治的統合が選挙とか一般投票とか公開の討議による決定とかいう合理的な、いいかえるならば、可測的な(berechenbar)過程を通じてでなく、もっとプリミティヴな原理、たとえば元老・重臣等の「側近者」の威圧とか、派閥間の勢力関係の異動とか、「黒幕」や「顔役」の間の取引(待合政治!)とかいった全く偶然的な人間関係を通じて行われることが多いために、通常の目的合理的な組織化過程を前提した政治学的認識はその場合殆ど用をなさないわけである。従って我国の現実政治を理解するには、百巻の政治学概論を読むよりも、政治的支配層の内部の人的連鎖関係に通ずることがより大事なことと考えられたし、又事実その通りであった。ありあまる政治学的教養を身につけた大学教授よりも一新聞記者の見透しがしばしば適中した所以である(むろん他の学問領域たとえば経済についてもある程度まで同様のことがいわれるであろうが、理論と実際との乖離は政治の場合ほど甚だしくはない)。

日華事変以後の日本の国家的危機に際して、幾人かの政治学者が、自己の学問とその現実的対象とのあまりに大きいギャップに耐え切れずに、書斎を出《い》でて生々しい政治の真只中に入り込んで行った[3]が、結局それらの人々が、特定の有力な政治家乃至軍人と個、人的関係を結び、どこまでもそうした私的関係を通じて政治を自己の希望する方向に動かそうと焦慮しているのを見たとき、私はこの国の政治学の悲劇的な運命を思わないわけにはいかなかったのである。

＊2　political science や sciences morales et politiques という言葉は周知のように非常に広汎な意味をもっており、必ずしも狭義の政治学には限らないのであるが、ここではそうした細かい穿鑿《せんさく》はしない。要するに実質的にそういう名のもとに本来の政治学上のすぐれた労作が出たことが重要なのである。

＊3　この間の事情、とくに政治的なものについての官僚の考え方については K. Mannheim, *Ideologie und Utopie*, 1929, S. 77f.

＊4　我国における科学としての政治学の樹立者というべき小野塚喜平次博士の『政治学大綱』（明治三六年）の序文の末節に次の如くいわれているのは、何かその後の日本政治学の一貫した性格を予言的に要約しているかのようである。

「内外ノ時事ニ対シテ幾多ノ意見ト感慨ト之《これ》ナキニアラスト雖《いえど》モ学殖尚《な》ホ浅クシテ見聞未《いま》タ博カラス自ラ軽々ニ政論壇上ニ立ツヘカラサルヲ信シ寧《むし》ロ思想ノ自由界ニ逍遥シ群籍ノ間ニ盤坐シテ古今ノ諸賢ニ接セント欲ス此書ノ如キモ一ニ全ク学術的ニシテ毫《ごう》モ所謂《いわゆる》政談的ニアラサル也」。

又、我が国家学における劃期的な名著たる尾高朝雄教授『国家構造論』（昭和一一年）が、現代国家における「行動と思想との……跛行《はこう》」を慨嘆し、「実在国家の生命を把握する」ために「科学者の第一線的活動に一兵卒として参加しよう」という烈々たる熱意のもとに著わされたにも拘らず、やはり、そこで「我が大日本帝国の特殊国家構造をば、その実践的意義に於て顕彰しようとする立場は、本書の論究とは直接の関係を持たない」(序、一二頁)とつけ加えられているのは、本書の著わされた時代と合せ考えるとき、旧体制下において国家学、政治学の学問性保持のためにいかに学者が苦闘したかが偲ばれて感慨なきをえない。

しかし我国のこうした制約の下においてすら、政治学の発展が政治的自由といかに関連があるかという事は、我国で政治学の著書が一番多く出た時代が大正七年頃から昭和初期まで、即ち第一次大戦後のデモクラシー運動勃興期に当っている事にも示される。現在活躍している政治学者は殆どこの時代に学問的スタートをきっている。

三

以上の如きが我国の政治学研究のこれまでの状況判断である。短文のなかで巨視的に論じたために、私の言はあまりに政治学界の病理のみを一方的に指摘している感を与えたかも知れない。もとより私は、これまでの政治学界からは学ぶべき何物もないといった様な無茶な事を言っているのでもなければ、幾多の政治学上の尊敬すべきモノグラフを無視するわけでもない。いわんや自らひとり高しとして、他の斯学の先達をけなしつけるという如きは最も私の意図から遠いものである。ただ過去の政治学がたとえば隣接する法律学や経済学に比べても一層非力であり、現実に対する指導性を持たなかったことは、とうてい否定出来ぬ事実である。私は政治学界の末端に身をつらねる者の一人としてこの現状をいかにも残念に思い、この際まず自らの学問のあり方に対する徹底的な反省から出発すべく、その手がかりとして、従来の政治学の不妊性の由来を考えて見たまでのことである。

日本の国家構造は八・一五を契機として見られる如き歴史的な転換を遂げつつある。神秘のとばりにとざされていた国家の中核はいまはじめて合理的批判の対象となりうるに至った。アンシャン・レジームのもろもろの政治力は解体し、暗黒のなかで行われた錯雑した国家意思の形成過程は、いまや国会が「国権の最高機関」とされ、議院内閣制が採用される事によって著しく透明となった。また天皇が実体的な価値の源泉たる地位を去って「象徴」となった事によって国家権力の中性的、形式的性格がはじめて公然と表明され、その実質的な掌握をめざして国民の眼前で行われる本来の政治闘争がここに漸《ようや》く出現した。政治的現実はいまこそ科学的批判の前に自らを残るくまなく曝《さら》け出したわけである。本来の政治学が発展すべき実質的地盤はかくて既に具えられた。今日より以後は政治学者は斯学の不振を徒《いたず》らに客観的制約に帰せしめる事は許されない。政治学は全力を挙げて眼前に横たわるこの厖大なる生きた素材と取り組み、かつてアリストテレスが古代ポリスについてなした如く、マキアヴェリがルネッサンス・イタリーについてなした如く、ホッブスやロックが十七世紀イギリスについてなした如く、マルクスが二月革命やパリ・コンミューンについてなした如く、ブライスが各国民主政についてなした如く、そして現在、ビアードやメリアムやラスキやシーグフリードがなしつつある如く、日本の現実政治の錯雑した動向を通じて政治のもろもろの運動法則を読み取り、またかくして得られた命題や範疇をたえず現実によって検証しつつ発展させて行かなければならぬ。むろん方法論や概念規定の追求も、「科学としての政治学」にとって不可欠の仕事であろう。しかしツィーグラーのいうように、政治概念の論理的分析はレントゲン写真のようなもので、「せいぜい骨組は分っても生きた血の通った温い体軀は理解出来ない。我々のうちに政治の精神が生きていなければいかに精緻な概念的分析も何にもならない」[*5]。のみならず、後にも触れるように方法の問題が対象の問題と不可分にからみ合っているのが政治的思惟の特質なのであって、純粋な、対象から先験的に超越した方法というものはこの世界では意味がないと考えられる。また、他方各国の政治組織の比較政治学的な研究も重要なことにはちがいない。しかし、そうした研究が究極には、われわれの国の、われわれの政治をどうするかという問題につながって来ないならば、結局閑人の道楽とえらぶところがないであろう。要はわれわれの政治学の理論が日本と世界の政治的現実について正しい分析を示しその動向についての科学的な見透しを与えるだけの具体性を身につけることであって、このことをなしとげてはじめて、未曽有の政治的激動のさ中に彷徨しつつある国民大衆に対して政治の科学としての存在理由を実証したといえるのである。政治学は今日なによりもまず「現実科学[4]」たることを要求されているのである。

けれどもここで忘れてならないことがある。政治学が政治の科学として、このように具体的な政治的現実によって媒介されなければならぬということは、それがなんらかの具体的な政治勢力に直接結びつき、政治的闘争の手段となることではない。現代における政治闘争は周知のごとく思想闘争の性格をつよく帯びる。国際間の戦争においても国内の政党間の闘争においても、イデオロギー的武装が重要な役割を占める。この際学者の政治理論が相闘ういずれかの党派の武器として動員せられ利用せられることは免れ難い傾向である。ある意味では、そういった利用価値を全く持たないような理論は、実質的に空虚な、理論としても価値の低いものとさえいえる。しかしながら、学者が現実の政治的事象や現存する諸々の政治的イデオロギーを考察の素材にする場合にも、彼を内面的に導くものはつねに真理価値でなければならぬ。之《これ》に対して、政治家は理論の価値を通常その大衆動員の効果において考える。彼の判断を導くものはいわば宣伝価値もしくは煽動価値である。同じく政治的現実に関与しながら、そこに両者を究極において分つところの Stellungnahme〔立場〕のちがいがあるのである。むろん、学者は他方において市民として、自己の学説がいかなる政治勢力によって利用されるかという事に無関心であってはならない。自分の理論の社会的波及の行くえをつきとめることは市民としての彼の義務ですらある。けれどもそれは彼の思索の内面的動力とは別問題である。たとえ彼が相争う党派の一方に属し、その党派の担う政治理念のために日夜闘っているというような場合にあっても、一たび政治的現実の科学的な分析の立場に立つときには、彼の一切の政治的意欲、希望、好悪をば、ひたすら認識の要求に従属させねばならないのであって、この「禁欲」の精神に貫かれていない限り、彼のものする「理論的」大著と政党のパンフレットとの間には単にヴォリュームの相異しかないのである。政治学が政治の科学として現実的たろうとするに急なるあまり、他方政治の科学たる所以をふみこえて現実の政党勢力の奴婢となることは、その前途に横たわる第二の陥穽といわねばならぬ。

ところがこのように政治学をば特定の政党勢力への直接的な隷属から守ることだけなら、問題は比較的に簡単であるが、政治事象の認識に際してつねに一切の主観的価値判断の介入を排除するということは口でいうより実際ははるかに困難である。というのは政治が元来人間の激情や本能を奥底からゆり動かす力を持っているから、政治的現実の認識の際には、自己の非合理的な好悪に根ざす臆見が、どうしても無意識的に混入して来るからである。しかし、ただそればかりでなく、一歩つきすすんで考えると、政治的な思惟においてはむしろそうした価値づけから無色な認識というようなものはありえないのではないかというふうに考えられて来る。ここにおいて政治的思惟の特質、政治における理論と実践という問題に否応なく当面しなければならない。現実科学としての政治学を科学として確立するためには、このアポリアを回避することは出来ないのである。

＊5　W. Z. Ziegler, *Einführung in die Politik*, S. 1.

四

ビスマルクはかつて政治をば「可能的なものについての術」(Kunst des Möglichen)(5)と呼んだ。政治的思惟の特質は、それがすでに固定している形象ではなくて、何か絶えず新たに形成され行くもの、その意味で、未知を含んだ動的な可変的なものを対象としているところから生れるのではないかという事は既に多くの学者によって感知されていた。十九世紀ドイツ国家学の発展が政治的なるものを国家理論のなかから漸次排除して、ひたすら国法学として完成されて行く過程(この伝統を究極までつきつめたものがケルゼンの純粋法学(6)であることというを俟《ま》たぬ)にほかならぬことは前にも触れたが、そこで、政治学的考察をば、法学的なそれと区別する際に、共通に見られる傾向は、やはり政治を国家の「動態」に関連させて捉えていることである。*6

シェフレが、日常的国家生活(laufendes Staatsleben)と政治とを区別し、既存の法規に従って絶えず再生産される国家行為としての「行政」(Verwaltung)を前者の典型とし、之に対して、個別的決断を通じて新たなるものが形成される場合を「政治」と呼んだのも、また、ブルンチュリが、理論的国家学は静止せる国家秩序(ruhende Staatsordnung)を扱うのに対し、政治学の任務は「国家生活の諸潮流乃至《ないし》諸傾向」の把握にありとしているのも、さらにイェリネックが、国家現象の過去と現在に対象を限定する純粋国家学に対し、応用的=実践的国家学としての政治学を以て本質的に未来を向くところの術学(Kunstlehre)と観念しているのも、夫々《それぞれ》考え方は多少ちがってはいるが、政治を可塑的な未来性において特徴づけていることには変りがない。そのことはまた、イェリネックのように、政治学をもって純粋にある所のもの(Das Seiende)の学ではなく、本質的に価値判断を含む、あるべきもの(Das Sein-Sollende)に関する学であるとする考え方に連なっている。[*7] ドイツ国家学のこのような二つの分類自体のうちに含まれるイデオロギー的意味、乃至はドイツ官僚国家との関連についてはここに論ずる限りではない。そこにまぎれもなく潜在している政治的なるものに対する嫌悪乃至回避の感情を度外視するならば、政治的思惟の特質に対する彼等の直観は決して誤っていないのである。

かくして、政治学はランズフートの言葉をかりていうならば政治的現実を「その可能的な可変性の見地の下に」(Unter dem Aspekt ihrer möglichen Veränderbarkeit)[*8]認識すべく宿命づけられている。従って、ここでは主体の認識作用の前に対象が予め凝固した形象として存在しているのではなく、認識作用自体を通じて客観的現実が一定の方向づけを与えられるのである。主体と対象との間には不断の交流作用があり、研究者は政治的現実に「実存的に、全思考と全感情をもって所属している」[*9]。むろんこうした事実は狭義の政治的思惟にかぎらず、社会的経済的現実を対象とする学問一般に妥当するいわば社会科学一般の宿命とも考えられるが、未来を形成せんとして行動し闘争する人間乃至人間集団を直接の対象とする政治的思惟において、認識主体と認識客体との相互移入が最高度に白熱化する事実から何人も眼を蔽うことは出来ない。この世界では一つの問題の設定の仕方乃至一つの範疇の提出自体がすでに客観的現実のなかに動いている諸々の力に対する評価づけを含んでいるのである。

これを疑うものは、例えば、現在の日本の直面する政治的経済的社会的危機に対して、問題の所在の認識自体がいかに分岐しているかを考えて見るがいい。ある者は資本主義か社会主義かという問題から出発する。他の者は、統制か自由かというふうに問題を提出する。あるひとびとにとっては議会主義か直接行動かが最大の issue〔争点〕であるが、他のひとびとはいかにして民主戦線を結成するかに核心的な問題を見出している。

しかもこれらの問題の提出は、恣意的に頭のなかで案出された、従って、なお他にも任意に無限に並べられるようなものではない。そうした分岐は現実の日本社会の歴史的なダイナミックスとそれに対する諸社会層の適応の仕方から必然的に生起するものであり、それぞれの社会層の根本的利害と結びついている。

従って、統制か自由かという問題を提出する者にとっては、資本主義か社会主義かという問題は現実に存在しないのであって、その意味で単なる「イデオロギー」と考えられるし、後者もまた前者の問題提出をはげしく否認する。それは問題を認めること自体が、政治的社会的変革の一定の方向の必然性を承認することになるからである。現在用いられているいろいろな政治的概念についても同じようなことがいえる。

民主主義的とか、反動的とかいう言葉遣いがすでにその人の世界観的決定に依存しているのはもちろん、「秩序と道義」「少数者の独裁排除」「民族の独立」等々のいずれもそれ自体もっともらしい言葉は、一定のきわめて具体的な政治的状況から発生した用語であり、それらはいずれも現実をば一定の政治勢力のためにもしくは一定の政治勢力に対して方向づけんとする努力と結びついている。従って、研究者がそうした範疇を用いて政治的現実の認識に立ち向う時、既に彼は自ら意識すると否とを問わず現存する政治的諸動向に評価的な選択を下しているのである。

政治学者は自己の学問におけるこのような認識と対象との相互規定関係の存在をまず率直に承認することから出発せねばならぬ。それはいいかえるならば自己を含めて一切の政治的思惟の存在拘束性[*10]の承認である。政治的世界では俳優ならざる観客はありえない。ここでは「厳正中立」もまた一つの政治的立場なのである。その意味では、学者が政治的現実についてなんらかの理論を構成すること自体が一つの政治的実践にほかならぬ。

かかる意味での実践を通じて学者もまた政治的現実に主体的に参与する。この不可避的な事実に眼を閉じてドラマの唯一の観客であるかのようなポーズをとることは、自己欺瞞であるのみならず、有害でさえある。なぜならそれはしばしば「勝てば官軍」的な日和見主義を「客観的」態度の名においてまきちらす役割を果すからである。一切の世界観的政治的闘争に対して単なる傍観者を以て任ずる者は、それだけで既に政治の科学者としての無資格を表明しているのである。[*11]

私はさきに政治学者は他の学者と同様、自己の思索をただ真理価値に従って進めるべきで、その意味で「禁欲」的態度が必要である旨をのべた。しかし、そもそも禁欲は欲望の存在を前提としてはじめて意味をもつ。欲望との内面的格闘が深刻であるほど、

「禁欲」は倫理的価値を増すのである。はじめから欲望が欠如しているものは生理的不具者であり、倫理の場合と同様、政治においても論ずるに足りない。

政治学が特定の政治勢力の奴婢たるべきでないということは、明確な政治的決定を回避する「無欲」の「客観」主義者への献辞ではないのである。政治的思惟がその対象に規定され、又逆に対象を規定する結果、政治理論に著しい主観性が附着し、多かれ少なかれイデオロギー的性格を帯びることは、そのいわば「宿業《しゅくごう》」である。業《ごう》である限りにおいてそれはまぎれもなく真理価値にとってマイナスであり、従っていやしくも学問の自主性を信ずる限り、われわれはどこまでも客観性をめざして、イデオロギーによる歪曲を能う限り排除して行かねばならぬ。しかし思惟の存在拘束性という厳粛な事実を頭から無視することと、他人のみならず自己自身の存在制約を謙虚に認めることといずれが果してよりよくその目的を達するであろうか。価値決定を嫌い、「客観的」立場を標榜する傲岸な実証主義者は価値に対する無欲をてらいながら実は彼の「実証的」認識のなかに、小出しに価値判断を潜入させる結果に陥り易い。之に対して、一定の世界観的理念よりして、現実の政治的諸動向に対して熾烈な関心と意欲を持つ者は政治的思惟の存在拘束性の事実を自己自身の反省を通じて比較的容易に認めうるからして、政治的現実の認識に際して、希望や意欲による認識のくもりを不断に警戒し、そのために却《かえ》って事象《ザッヘ》の内奥に迫る結果となる。*12 悪人の方が善人よりもむしろ弥陀の救いに近く立っているという親鸞のパラドックスに似た関係がここにも成立するわけである。

いずれにせよ、こうした客観性への途は、現実科学を志す政治学者にとっては決して安易なものではない。彼は彼の内心において、理念としての客観性と事実としての存在制約性との二元のたたかいを不断に克服せねばならぬ。その緊張は彼の学問が政治的現実の只中に根を下せば下すほどますます激しくなって行くであろう。その緊張に堪えずして、彼が現実の政治的奔流に身を委ね、彼の学問を特定の政治勢力の手段としての純粋な「イデオロギー」にまで堕せしめるか、それとも、逆に一切の具体的な政治状況に目を閉じて、嘗ての抽象的な書斎政治学にかえるか、いずれかの途をとった時には、我国の政治学は依然として諸社会科学のなかで日陰者の地位に甘んじなければならない。しかし若し彼がこのアポリアとどこまでも取り組んで、苦難の精進のなかから新らしい解決の光を見出すことが出来たならば、その時はじめて日本はどこの国の借り物でもない、みずからの地盤に根を下した政治学を持つこととなるのである。

＊6　同じく例えば、法哲学者の見解として尾高朝雄教授『国家構造論』七五頁、五三二頁参照。

＊7　G. Jellinek, *Allgemeine Staatslehre*, dritte Aufl., S. 13f.

＊8　S. Landshut, *Kritik der Soziologie*, S. 67.

＊9　H. Heller, *Staatslehre*, herausge. v. G. Niemeyer, S. 53.

＊10　一般に社会的思惟の存在拘束性(Seinsgebundenheit)について最も立入った研究をしたのが、マンハイムの知識社会学であることはいうまでもない。私はマンハイムに教えられる所少くないが、ただ、彼のいわゆる相関主義(Relationismus)の概念、及びその実体的担当者を社会的に自由に浮動する知識層(Die sozial-freischwebende Intelligenz)に求めていったことに疑問をもっている。しかし、この点は改めて論ずることとし、ここでは触れない。

＊11　我国では、マックス・ウェーバーの価値判断排除論がとかくこうした傍観的実証主義者の隠れ蓑となっているが、ウェーバー自身は、理論的な価値関係づけと、実践的価値判断との分離は一つの「研究者の理想」で、それを完全に実現することはむしろ人格の統一性と矛盾すると考えていたのである(Vgl. Marianne Weber, *Max Weber: Ein Lebensbild*, S. 330)。彼は「社会科学的認識の客観性」のなかでも、『職業としての学問』のなかでも、彼の所説が世界観的価値判断に対する傍観的態度、乃至は左右両翼に対する「中間派」の立場と混同されるのを鋭く斥け、むしろ学者が各自の世界観乃至政治的立場をハッキリ表明することを市民としての義務として要請している。ウェーバーその人がなにより燃えるような行動的実践的性格の持主で

あったことは、マリアンネ・ウェーバーやヤスパースのひとしく認めているところで、そうなればこそ彼の価値判断排除論がますます生きて来るのである。

＊12　むろんこれは学問的意欲を持っている者の間だけの事で、ひたすら馬車馬のごとく押しすすむだけの「政治的肉食獣」[7]（シュペングラー）はここでは問題にならない。

『現代政治の思想と行動』追記

「科学としての政治学――その回顧と展望」は昭和二二年に、文部省人文科学委員会が編輯発行していた雑誌『人文』でわが国の人文科学の各分野の現況と動向とを概観した際、私が政治学の項を受け持たされて執筆したものである（同誌第二号）。殆ど一〇年を経て、この小論を読みかえして見ると、日本の政治学の貧困さと立ち遅れに対する私の当時のいらだたしい気持が、戦後の解放感――このほうはむろん私個人だけではなく、社会科学界の全般にみなぎっていた――と奇妙に絡まり合っており、そこから流れ出た一種のパセティックな調子は正直のところ今となると少々きまりの悪い思いがする。それにしても、ここで過去の日本政治学の方法とあり方に対して若気の至りで試みた「清算主義的」批判が先輩の政治学者を刺戟し、間もなく蠟山政道氏の『日本における近代政治学の発達』というすぐれた著作を生む一つの機縁となったのは、この論文のまったく意想外の

「貢献」であった。

一〇年の歳月はこの学問の状況を大きく変貌させたことはいうまでもない。社会科学のなかでロクに満足な市民権も認められなかった政治学は今日ともかく隣接分野の研究者から、いな、マルクス主義政党のそうそうたる指導者から、「モダン・ポリティックスの限界」を警告されるまでに成長した。社会心理学や文化人類学のように日本に入って来てまだ日の浅い学問分野で、戦後研究者が増えたことはむしろ当然ともいえるが、ずっと由緒も古い政治学の分野での研究者の激増は戦前の状況を知るものにとってはまさに隔世の感がある。しかも若い優秀な才能をもった研究者がなお続々生れようとしており、各所でたくましいエネルギーとはげしい学問的情熱をもって広大な未開拓の分野に鍬《すき》を入れている。そのテーマや方向もはなはだ多岐に分れ、したがって自ずから専門的にも深まり、私のような日本思想史との「兼業者」は、今日では学界の尖端的な研究動向をフォロウするのが精一杯というところである。国際的な交流も盛んになってきた。

そういう意味ではこの論文がそこから論議を発した日本政治学界の地点は一つの「思い出」になろうとしている。けれども他方ではいまなお依然として継続している状況もあるし、またこの学問にとって新たな困難と問題性も発生している。たとえば政治学者の側では、すでに方法論のための方法論や定義のための定義に日を費す傾向は著しく凋落し、視角や立場はちがいながらも日本の現実の政治過程に真向からとりくみ、あるいは外国の制度なり一般理論にしても具体的な問題意識をもって研究する態度が嘗《かつ》てよりは著しく進んだけれども、政治的現実との相互交通というような面では殆んど進展せず、むしろある面では戦争直後よりも、両者の隔離が甚だしくなっている。またこれは他の分野についてもいえようが、研究条件の地域差や職場差が甚だしく、研究者の分布状況も著しくかたよっているために、とくに地方の学徒はコミュニケーションのないままに孤立しているのに対して、中央大都市では研究発表・集団調査などで、共通の「了解事項」のようなものがどしどしできてしまう。ここに潜んでいる問題は、実はあらゆる領域における明治以来の日本近代化のパターンそのものであって、今日でも一向事態は改まっていない。政治学のようにまだ外国の研究成果を貪欲に吸収している、またしなければならぬ学問では、こうした不均衡的な発展は中央は中央なりの、地方は地方なりの病理現象を生み易いのである。

他の学問領域、とくに伝統をもつ隣接科学（法律学・経済学・歴史学など）との間の交流もまだほとんど行われていないどころか、むしろ政治学の学問的発展に伴って、かえってディスコミュニケーションが甚だしくなるという傾向が出て来た。これには色々な原因があるが、何といっても日本の社会科学の歴史的事情が大きく作用している。政治学の学問的独立はどこでもおおむね法学的アプローチからの自立、つまり国家学から政治学へという方向で行われるが、西欧では、法律学からの独立はむしろ他の社会科学分野との共通地盤の強化となってあらわれる。ところが、日本では経済学にしても歴史学にしてもマルクス主義か、さもなければやはり主としてドイツ系の学派が伝統的に有力なので、政治学が独自のアプローチを試みようとすると、どうも隣接科学から孤立しがちになる。それが最も鋭く表われるのは、政治学の術語である。ラスウェルの用語のように、地元のアメリカでさえ少からぬ当惑をもって迎えられたものは「別格」としても、欧米では一向に珍らしくない範疇や言葉でも、日本では社会科学の世界でまだなじみのうすい場合が少くない。そこでこうした術語をもちいて分析しようとする政治学者はしばしば隣接学者から難解な漢語をつかうとか、外国語をやたらにつかうという非難を浴びる結果になる（政治学の分野でも比較的に伝統のある領域、たとえば政治制度論はまだその程度が少いが、それもアプローチの仕方による）。むろん新らしいアプローチにとかく入りこみがちな衒学や知的虚栄を警戒する必要は、どんなに強調してもいい。また孤立化と言葉の「隠語」化が相互補強関係にあることも周知の社会的事実である。ただ同時に、今の日本でマルクス主義のかなり特殊な範疇や用語法が難かしい漢語訳で堂々（？）と通用し、通俗化しているという事情もあわせて考えてほしい。これは何も政治学の術語の強引な割り込みの主張でもなければ、マルクス主義の術語をひっこめろという意味でもなく、現在の政治学者の苦しい立場に対する寛容へのアピールである。やがては「時」が解決するであろうが、差しあたり政治学者としては、(1)「常識」的な概念を学問的に精錬して行くという「下から」の方法と、(2)アカデミックな術語については、具体的分析におけるその実効性をいつも問題としながら、実効性の比較的に高度なものは普及につとめる、という「上から」の方法とを併用して行くよりほかはない。（ついでに一言しておくが、隣接分野の学者とくにマルクス主義者が「モダン・ポリティックス」という言葉を用いる際には、しばしば近代経済学の政治版だという想定がなされている。むろん政治学のいろいろな流れの中には、意識して、近代経済学と同じような数量化を試みる方向もあるし、また近代経済学だけでなく、社会心理学や意味論まで含めて、それらに共通するある種の認識論的特色を抽出するならば、今日の有力な政治学を、マルクス主義社会科学との対比において、前者の流れに入れることもできよう。けれども私の考えでは、政治学という学問は歴史的に見ても、また方法論的にも近代経済学のようないわば自己完結性を具えたものではないし、他方、マルクス主義体系の中では、経済学と同じような意味で「マルクス主義政治学」なるものを語ることは、少くも今日ではできない。マルクス主義のように単一の方法的基盤に立つ綜合社会科学の観点から見て、政治学の多様なアプローチが一色に見えるのはある意味では当然ともいえるが、アメリカ政治学の中の一つの方法的傾向をもってすべてを推されては、私だけでなく、他の多くの「ブルジョワ」政治学者は迷惑するだろう。）

なお「科学としての政治学」の可能性、その方法の多様性の意義、隣接科学とのアプローチの仕方の相違及び関連、政治学の主要なジャンルといった問題を立ち入って論ずることは、政治学それ自体ではなく現代政治の問題を対象としている本書（『現代政治の思想と行動』）の性質からいっても適当でないので、ここでは触れない。政治学一般に対する私のあらましの考え方は、みすず書房発兌の『社会科学入門』（旧版昭和二四年、改稿新版昭和三一年）中の「政治学」の項（「政治学入門（第一版）」、本文庫二三九―二七四頁、『集』④、および、「政治学」、本文庫二七五―三二三頁、『集』⑥）でのべておいたし、またおよそ政治に対する思考法はどのようなものかということは、本書の各所で言及されている筈《はず》である。さらに本文のなかで私が強調した政治学における「政治主義」と「客観主義」の両傾向に対する批判がその当時及び現在においてどういう意味と役割をもつか、また果してその後の私自身がここでのべた線に沿った歩みをしているかどうか、発展したか、修正したか、退歩したかというような問題に至ってはこの書物全体を読まれた読者自らの検討と批判に委ねたい。

本書旧版以後、政治学一般について語ったものとして「政治学の研究案内」(『経済セミナー』昭和三五年五月号)があることを附記しておく〔この一文、増補版に追加〕。

人間と政治

一

政治を真正面から問題にして来た思想家は古来必ず人間論（アントロポロギー）をとりあげた。プラトン、アリストテレス、マキアヴェリ、ホッブス、ロック、ベンタム、ルソー、ヘーゲル、マルクス、ニーチェ――これらのひとびとはみな、人間あるいは人間性の問題を政治的な考察の前提においた。そしてこれには深い理由がある。

政治の本質的な契機は人間の人間に対する統制を組織化することである。統制といい、組織化といい、いずれも人間を現実に動かすことであり、人間の外部的に実現された行為を媒介としてはじめて政治が成り立つ。従って政治は否応なく人間存在のメカニズムを全体的に知悉していなければならぬ。たとえば道徳や宗教はもっぱら人間の内面に働きかける。従ってその働きの結果が外部的に実現されるかどうかということは、むろん無関心とはいえないけれども、宗教や道徳の本質上決定的重要性は持たない。内面性あるいは動機性がその生命であるがゆえに、たとえ人が外部的に望ましい行為をやったとしても、偽善や祟《たた》りへの恐怖心からやったのでは何にもならぬ。ところが、政治の働きかけは、必ず現実に対象となった人間が政治主体の目的通りに動くということが生命である。例えば、共産主義のプロパガンダにとっては、多くの人が内心に共産主義を真理だと思うようになったというだけでは何にもならぬ。それらの人が共産主義の陣営に現実に動いて来てはじめてそのプロパガンダは政治的に成功したといえるのである。現実に人間を動かし、それによって既存の人間関係あるいは社会関係を、望まれていた方向に変えることが政治運動のキーポイントである。

現実に動かすという至上目的を達成するために、政治はいきおい人間性の全部面にタッチすることになるのである。たとえば学問の人間に対する影響力はもっぱら人間の理性的部分を対象とする。従って学問的説得は、あくまで理性による理性に対する説得であり、相手が説き手の弁舌に感心したり、まるめこまれたり、或いは説き手の人間的魅力にひきつけられてその説を承認したとしても、それは学問的説得とはいえない。恋愛の働きかけはもっぱら——というと言いすぎだが少くとも大部分——人間の情動《エモーション》に訴えようとする。また商品取引というような経済行為の働きかけは主として人間の物質的欲望に訴える。これらに対し政治の働きかけは、理性であろうと、情緒であろうと、欲望であろうと、人間性のいかなる領域をも必要に応じて動員する。要するに現実に動かすのが目的なのだから、政治には働きかけの固有の通路がない。宗教も、学問も、経済も、それが政治対象を動かすのに都合がよければいつでも自己の目的のために使用する。だから逆にいうと、宗教なり学問なり恋愛なりの働きかけで、手段と目的との一義的連関を失って、要するに相手を自分に従わせること自体が至上目的となったときには、それはすでに自己を政治的な働きかけにまで変貌させているのである。

　政治にとって政治目的通りに現実が動くということが生命だから、実際政治家の言動はたえず「効果」によって規定される。真理に忠実だとか自分の良心に忠実だとかいうことよりも、一定の言動なり事件なりが「味方」にどう影響するか「敵」をどう利するかということがつねに彼の羅針盤になっている。（そういう意味で、毎週ラジオでやっている各党代表の座談会はそこに「政治的なものの特質」が典型的に示されているというつもりで聴くとなかなか面白い。）

　従ってまた政治家の功罪に対する批判もどこまでも彼の政策が現実にもたらした結果

によって判断さるべきであり、彼の動機の善悪は少くも第一義的な問題とならない。政治家の責任は徹頭徹尾結果責任である。例えば国民の一部にはまだ、市ケ谷の法廷にならんでいる戦犯被告たちのことを、「あの人たちもお国のためと思ってやったんだから」などというような同情の仕方をする者がある。政治家に対する判断の仕方を知らないのである。

ともかく政治家がもっぱら現実の効果を行為の規準にするところから、政治家はある意味で俳優と似て来る。例えばアジテーションの演説に巧みな政治家はそのポーズや発声法の効果に絶えず腐心する。背後の真実の自己と、効果を考えての「演技」とは遊離しがちである。そこに政治的なもののいやらしさが発生する。「政治をするものは悪魔と手を結ばなければならぬ」[1](ウェーバー)とか「政治は人間を堕落させる」(ビスマルク)とかいわれ、とかく政治は何か不潔なものと本来的に結びついているように見られるが、その大きな原因は結局、政治が人間を現実的に動かして、或る結果を確保するということを本質的要因とするからで、実は政治がきたないというより、現実の人間そのものが、あいにく天使に生れついていないのである。

二

政治の予想する人間像というものは、昔からあまり美しくないことに相場がきまっている。カール・シュミットなどは「真の政治理論は必ず性悪説をとる」[2]とすらいっている。たしかに政治的なものと真正面から取り組んだ思想家はいわゆる性悪論者であった。東洋でも政治（治国平天下）を個人道徳（修身）に帰属させた儒家が性善説をとったのに対し、法や政治の固有の意義を強調した荀子や韓非子の系統は多かれ少なかれ性悪論者であった。ヨーロッパでマキアヴェリやホッブスのような近代政治学の建設者が、いずれも徹底した悲観的人間論者であったことはよく知られている。マキアヴェリは有名な『君主論』のなかでこういっている。

「人間というものは恩知らずで、移り気で、陰険で、危険にあうと逃げ出し、そのくせ転んでもただは起きない。利益を与えれば味方するが、いざ犠牲を捧げる段になると、たちまち尻をまくって逃出すものだ」（多賀善彦氏邦訳『マキアヴェルリ選集』

第一巻、創元社、一九四〇年）による）

ホッブスが「人間は人間に対して狼である」といい、人間は本来エゴイスティックなものだから、政治社会なき人間の状態（自然状態）は必然に万人の万人に対する闘争を現出するといって、そこから強力な専制権力を基礎づけて行ったのはあまりにも有名である。

こういう性悪説は昔からあまり評判がよくない。道学先生からは眼の仇にされる。しかしそれは一つには、マキアヴェリやホッブスの方が道学先生よりも、人間の、従って政治の現実をごまかしたりヴェールをかけたりしないで、直視する勇気を持っていたというだけのことであり、もう一つは、性悪説の意味を誤解しているためである。ホッブスは性悪というとすぐ憤激する手合いにこう答えている。

「自分自身のことを考えて見るがいい。旅行に出るときは武器を携え、なるべく道づれで行きたがる、寝るときにはドアに鍵をかけ、自分の家にあってさえ箱に鍵をかけるではないか。しかもちゃんと法律があり自分に加えられる一切の侵害を罰してくれる武装したお役人がいることを知っていてさえこれである」(*Leviathan*, Part I, chap. XIII)

しかも素朴な性善説やヒューマニズムの立場は、人間関係のなかで現実的に行動する段になると、万人に内在すると信じられた「善」を押しつけることによって、却《かえ》って客観的には非常に残酷で非人間的な結果をもたらすことが少なくない。ソレルは『暴力論』で鋭くこの逆説を指摘している(3)。

しかしそういうことを別としても、政治が前提する性悪という意味をもっと正しく理解しなければならない。性悪というのは、厳密にいうと正確な表現でないので、じつはシュミット自身もいっているように、人間が問題的(problematisch)な存在だということにほかならぬ。前にもいった通り、効果的に人間を支配し組織化するということ、それをあくまで外部的結果として確保して行くことに政治の生命があるならば、政治は一応その対象とする人間を「取扱注意」品として、これにアプローチしてゆくのは当然である。性悪というのは、この取扱注意の赤札である。もし人間がいかなる状況でも必ず「悪い」行動をとると決っているとすれば、むしろ事は簡単で本来の政治の介入する余地はない。善い方にも悪い方にも転び、状況によって天使になったり悪魔になったりするところに、技術《アート》としての政治が発生する地盤があるわけである。ホッブスの万人の万人に対する闘争という観念にしても、人間が欲望の充足のために、現実にたえず喧嘩しているという意味ではない。彼自らも「戦争《ウォア》とは格闘や闘争行為のみを意味するのではなくして、闘争に訴えてまで争う意志が十分に知られている期間を意味する。……恰《あたか》も悪天候という性質は、驟雨《しゅうう》が一度や二度あることではなくて、何日も何日も雨の降りそうな模様を指すのと同じく、戦争の本質も現実の闘争ではなくして、平和の確実性が存しない期間全部を通じて明瞭に存在する闘争への傾向のうちにあるのである」(*op. cit.*)といっている。

　政治の前提する人間はこのように「なぞ」的な人間である。神学にとって人間の原罪性が救済の前提とされているように、人間のこうした「危険性」ということは、人間をトータルに把握せねばならぬ政治が必然に予想すべきモメントにほかならない。

三

政治は人間の組織化行為である限り、政治の対象とするのは個人でなくて、殆どもっぱら人間集団である。そして個々人でなく集団としての人間を一定の期間に一定の目的に動かさねばならぬ場合には、個人の場合よりもなおさら「取扱注意」的性格は増大する。一般に集団を動かす場合、政治家はどうしてもその集団内部の種々の知的・精神的レヴェルの最大公約数の程度まで一旦は下って行かねばならぬ。この場合彼の指導性があまりに強すぎると、彼は自己の率いる集団から遊離する。といって彼の指導力が弱いと彼は忽ち《たちま》渦巻の中に巻き込まれる木の葉のように、集団の下層部に沈澱している傾向性にひきずられ、大衆行動の半ば盲目的な自己法則性のとりこになってしまう。いわゆるミイラ取りがミイラになる。政治は人間を堕落させるというビスマルクの嘆きは、また一つには、この政治の集団性からも来ているのである。

ところで指導なり支配なりに必要とされる政治権力の強さは、いうまでもなくその対象となる集団の自発的能動的服従の度合と反比例する。自発的服従の契機が少ければ少いほど、つまりその政治団体のメンバーに遠心的傾向が強ければ強いほど、それは組織化するのにますます大きな権力を必要とする。ところがここに多くの場合相互作用がはたらき、メンバーに対する組織化作用が強制力に頼る度合が大きければ大きいほど、メンバーの自発的能動的契機は薄れて行き、遠心的傾向が強くなる。そこで極めてパラドキシカルな現象だが、極端な無政府状態と、極端な専制とは紙一重だということになる。いいかえれば、極端な無政府状態は必然に自己の否定としての強力な専制を招き、逆に専制政治が極点に達するほど、それは必然に自己の否定としての無政府状態を内包するようになる。メレジコフスキーは、ロシア革命を例として、この弁証法を鋭く剔抉《てっけつ》している。

「革命は専制の反面にすぎない。専制は革命の裏面にすぎない。無政府状態と君主政体とは同一の第一質料(prima materia)の……二つの異った状態である。万人に対する一人の強制――これが君主政体であり、一人に対する万人の強制――これが無政府状態である。……凍結した無政府状態――これが君主政体であって、溶解された君主政体――これが無政府状態である」(山内封介訳『露西亜《ロシア》革命の予言者――メレジコーフスキイ文芸論集』第一書房、一九二九年、五六―五七頁)

むろんメレジコフスキーは、ロシア革命とツァール専制に共に反対する立場からこういうことをいっているので、そういう政治的な含みをもっていわれていることは注意せねばならないけれども、ここに述べられた無限の権力と無限の放恣との弁証法的な否定的統一関係は、つとにホッブスの指摘したところで、そこには争いがたい真理が含まれている。既存の権威が崩壊し、各人の行動の可測性が全く喪失すると、いわば万人にとって万人が已れを「裏切る」可能性をもった「危険」な存在となるから、相互の恐怖感は絶頂に達する。こうなるといかなる悪しき秩序も無秩序にまさるという真理が生み出されて、やがて強大な権力的統一を呼びおこす。フランス革命の恐怖政治時代からナポレオン独裁が生れたのはむろん種々の歴史的条件によるが、政治的状況の典型としては右の「法則」の著しい例である。

以上の逆に、政治団体内部の組織化において、メンバーの自発的協力の要素が極大に達すると、権力の行使は全く不用になる。そうしてそれが行使されぬ状態が恒久化すれば、やがて退化の法則によって権力そのものが衰滅してしまう。無政府主義や社会主義の最後に狙っているところはいずれもかかる状態である。ただ無政府主義は、国家権力そのものが社会の自発的協同化を妨げる最大原因であると見て、一挙に国家権力の廃止を説くのに対してマルクス的社会主義は最後の状態に至る過程においては却って集中的権力を必要とする。だから人間観についていえば無政府主義は徹底した性善説であり、社会主義はよりペシミスティックな立場といえよう。

四

政治は物理的強制を最後的な保証としているが、物理的強制はいわば政治の切札で、切札を度々出すようになってはその政治はもうおしまいである。なぜなら政治がその切札で人間集団を動かすの止むなきに至ったときは、それは人間の自発性と能動性に自己を根拠づけることを断念したことを自ら告白しているからである。物理的強制は手っとり早いけれども、その対象の自発的忠誠を確保する事が出来ないから存外に持続性がない。そこで政治権力の把握者は、昔から被治者に対して、むしろ権力の強制的性格を露骨に出すことを避け、政治的支配に対してさまざまな粉飾を施すことによって、被治者の内面的心理にできるだけ奥深く入り込もうとした。強力で支配しているという契機はなるべく出さず、その成員から、できるだけ多くの自発的賛同を調達しようとするのである。

アメリカの政治学者メリアムは、被治者の心性への共感を呼び起すための手段をマイランダ（miranda）と呼んでいる（*Political Power*, p. 102f.）。マイランダとは一般に被治者に治者あるいは指導者に対する崇拝・憧憬を呼び起すものである。つまり君主が神から由来しているとか、旱魃《かんばつ》の際に天に祈って雨を降らせる力をもっているとかいうような神話、あるいは君主の権威を飾るためのいろいろな儀式というようなものは、いずれもマイランダである。人智の進歩により、一般の民衆が科学的合理的に思考するようになってくると、魔術的な要素はだんだん消えていき、昔のマイランダはだんだん通用しなくなるがそれにもかかわらず新たな衣装の下に繰り返し現われる。国家の行ういろいろな儀式《セレモニー》、あるいは祝祭日とか国旗とかいう要素は、今日でもなお政治的支配者にとって重要なマイランダを形成している。

しかし近代国家を理念的な純粋な型で捉えてみると、ここでは統治者が特別の権威を飾る道具を一切用いず、もっぱら法の執行者として実質的価値と一応無関係に、法の形式的妥当性の基礎上に政治的支配が行われるのを建て前とする。そこでは権力はもっぱら法的権力として現われ、従って初めから内面性に属する領域への侵入は断念している。何ここでは思想、学問、宗教の自由というようないわゆる「私的自治の原理」が承認される。

が真理か、何が正義かはこの私的自治の領域に属する諸問題であり、国家権力の決定すべきものでないとされる。かくて法とか政治はもっぱら外部的なもののみにかかわり、宗教とか思想はもっぱら内部的なもののみにかかわるというのが近代国家の少くとも本来の建て前なのである。

五

ところがこういう近代国家の建て前は、いわゆる立憲国家の段階においては妥当するが十九世紀中葉以後マッス・デモクラシーが登場してくると、再び変貌しはじめた。「大衆」というものがあらゆる領域において登場してきた。十八世紀において、エドマンド・バークによって豚のごとき多数(4)と言われた大衆が、豚のごとき存在ではなく、きわめて有力な発言権をもって現われてきた。これは、いうまでもなく産業革命にはじまる現象であるが殊に十九世紀以後に、通信機関、交通機関が非常に発達して、それによって報道機関とか、映画とか、一つの観念あるいは思想を伝達する手段が厖大になり、この通信、交通機関の発達と、大衆の大規模の登場という条件が、再び現代において新たなるマイランダを生ぜしめてきたのである。

数万人が集合し得るような大きな広場での人民の集会、あるいはデモンストレーションは、最近のマイランダであるということができる。これは本来大衆的な民主主義の登場とともに起ってきたことは言うまでもないが、近代的な独裁者は、自己の支配の民主的な基礎づけを誇示するために、あるいは国外国内の政治的反対者に、自己の威力を示して圧倒するために、こうした新たな手段をマイランダとして盛んに利用するようになった。ニュース映画によくあった場面として、ナチス・ドイツで青年や子供たちが隊を組んで行進しヒットラーに一斉に挙手の礼をする。ああいう光景を見ていると、ヒットラーの権力が非常に根深く大衆の中に張っているかのように感じられる。メリアムは「自分の政治的立場と反対の立場にあるデモ行進に遭うと、どんな気の強い者でも自分が非常に孤立した存在だという意識を強くする」(*op. cit.*, p. 109)といっている。だから政治的権力を誇示するのにデモは最もよい手段である。

こうして、近代国家によって一旦分離された、外面と内面・公的なものと私的なもの・法的＝政治的なものと文化的なものとが再び区別ができなくなってくる。政治権力が、ラジオとか映画というような、非常に高度な近代的技術を駆使して、自分のイデオロギーを朝となく晩となく人民に注ぎ込む。すると他方、現在支配的な政治力に対抗する陣営でもできる限りあらゆるプロパガンダの手段を用いて自分のイデオロギーを撒布《さっぷ》する。ここで宣伝戦が現代の大きな特徴になってくる。特に第一次大戦によって生れたソヴィエト連邦と資本主義国家との対立関係により、しかも第二次大戦後、社会主義圏が拡大して、資本主義圏とほぼ拮抗する勢力になったことによって、政治力のイデオロギーによる国内闘争が、同時に国際的対立となって現われた。今や個人の外部的物質的な生活だけでなく、内面的精神的領域のすみずみまで政治が入りこんでくる。ラジオをかけると、ラジオで一つの政治的イデオロギーを吹き込まれる。新聞を見ると、新聞がやはりそういう政治的なイデオロギーによって書かれている。政治は今やこのようにして、あらゆる手段を駆使して人間を政治の鋳型にはめこもうとするのである。しかもこれは決していわゆる全体主義国家だけの現象ではない。デモクラシー国家でも日々そうなって行く。ただいわゆる全体主義は、こういう傾向を公然とおし進めていくにすぎない。かくて古典的意味における思想、信仰の自由は日に日に狭められつつあると言ってよい。現代の自由主義というものは新聞、ラジオ、映画等の宣伝機関を縦横に駆使することによって、その誕生期——ロックの時代とまったく相貌を変じているのである。昔の自由主義は私的な自由を確保するために、どうしても必要な限りで政治的なものをミニマムに許容した。ところがそれは今日では遥かに積極的な意味をもち西欧文明全体の擁護者として立ち現われている。しかもそれ自身巨大な政治的力として、自己に敵対する原理に対して、世界的な規模において自己を組織化しつつあるのである。従ってそこにおける被治者も昔のように「自然」的な自由というものは享受していない。やはり巨大なイデオロギー闘争に、その全生活をあげて巻き込まれていると言ってよい。ここに近代国家における人格的な内面性と言われたものの危機が叫ばれるゆえんがある。人格的内面性を最も本来の棲家とするのは、言うまでもなく宗教である。そこでとくに西欧において宗教と政治という問題が、現在一切の内面生活を含めつくそうとする「政治化への傾向」の集中的な表現として登場してくるのである。たとえば英国のカトリック思想家ドーソンは『宗教と近代国家』という近著の中で言っている。「われわれの遭遇しなければならない大なる危機は、暴力による迫害ではなく、むしろ国家によって鼓吹された公論の重圧のために、また純然たる世俗的基礎の上に社会を大量組織することによって宗教が押しつぶされて、近代の生活から姿を消すことである。このような事態は、曽《かつ》ては一度も見られなかったところのものである。何となれば国家は一度も社会生活のあらゆる部門を統制するに足るほど強力でなかったためである」〔深瀬〔基寛〕訳〔弘文堂書房、一九四六年、一二一頁〕による〕。つまりドーソンは現代政治がその本来の領域と考えられるものを越えて、個人的内面性を侵害してきたことを激しく攻撃しているのである。この傾向が絶頂に達するものが共産主義である。ドーソンは「新興国家とキリスト教との間に伏在する対立が、現代の社会意識の中で十分に実現されるのは共産主義においてである。世界史上はじめてキリストに敵するものの王国が政治の形態を獲得し、……キリスト教会を向うに廻して一種の対抗教会として現われ、みずから別個のドグマをもち、みずからの道徳的標準を掲げ、中央集権的な階層組織によって支配せられ、強烈な世界征服の意思を原動力として現われ来《きた》ったのである」と言って、共産主義とキリスト教との対決こそ、今日人類の直面する最大の問題であると言っている。しかし実はこの点では、あの数百年にわたって人間の精神と生活を整然たる教権組織によって隅から隅まで「管理」した歴史をもつカトリックはあまり大きなことはいえない筈《はず》である。中世教皇制が宗教の政治化であるのに対して現代のイデオロギー国家は政治（国家）の宗教化、教会化にほかならない。だから社会主義をば「善」への強制的組織化という意味においてカトリック主義の直系と見たドストエフスキー（『作家の日記』）の方がむしろ逆説的にある真実を語っている。恐らく人格的内面性の立場から最も徹底した抗議をなしうるのはラジカルなプロテスタント、例えば無教会主義者であろう。

　ドーソンはイデオロギーによる組織化の危険性を殆ど彼のいわゆる全体主義国家の問題としてとりあげている。一般に、伝統的というか、すでに長らく支配権を獲得している政治様式が行っているプロパガンダは、宣伝としては案外人の意識に上らないで、それに対して挑戦する側の宣伝は非常に目立つ。そこで一見いかにも人間の内面性を脅かしているものは新興勢力の側にだけあるように思われるが、そう見ては一方的である。前述したように、典型的なデモクラシー国家においても大衆は巨大な宣伝および報道機関の氾濫によって無意識のうちにある一定のものの考え方の規制を受けているのである。この洪水のような宣伝網の中にあって、ほんとうに自由に自主的に考えるということは口で言うよりも遥かに困難で、われわれが自主的に判断していると思っても、実は自己欺瞞であることが少くない。われわれは表面からくる宣伝には敏感になっているが、最も巧妙な宣伝というものは決して正面からは宣伝しない。たとえば新聞などは、ある種の事件を大きく書き、ある種の事件は小さく書き、あるいはそれをまったく抹殺するというような操作によって、最も有効なイデオロギー的宣伝をすることができる。これは読む人にとってはほとんど宣伝として意識することができない。ある地方に同種の事件が頻発しても、報道しないで黙殺することによって、その事件の人民に対する影響を最小限度に食い止めることができる。そういうふうにしてわれわれの「輿論」が、日々、新聞・ラジオによって養われていく。このような無意識的に潜在している心的傾向を利用する宣伝からわれわれの自主的判断を守ることは非常に困難である。「嘗《かつ》て人は自由に思考する事が許されなかった、いまやそれが許された。しかしもはや許されたときは自由に思考できなくなっている」(O. Spengler, *Der Staat*, S. 176)。

六

ともあれ現代のこうした圧倒的な政治化と集団的組織化傾向に対して、人間の内面性に座を占める学問や芸術や宗教の立場が殆ど反射的に警戒と反撥の身構えを示すのは理解出来ないことではない。そうした態度を単にインテリゲンチャの特権意識とか保身本能に帰するのは、未だ問題の存在を衝いたものとはいえない。いかなる政治権力であろうと、それが政治権力である限り人間の良心の自由な判断をふみにじり、価値の多元性を平板化し是《これ》に強制的な編成を押しつける危険性から全く免れてはいないのである。権力が駆使する技術的手段が大であればあるだけそれが人格的統一性を解体してこれを単にメカニズムの機能化する危険性もまた増大する。権力に対するオプティミズムは人間に対するオプティミズムより何倍か危険である。しかしながら同時にわれわれは古典的な近代国家におけるように私的内面的なものと公的外部的なものとを劃然と分離しうる時代には既に生きていないという現実から眼を蔽ってはならない。政治化の傾向は単に共産主義というような一つのイデオロギーだけの問題ではないこと、上に述べた如くである。従って今日は内面性に依拠する立場自体が、好ましからざる政治的組織化に対抗して自主性を守り抜くがためには必然にまた自己を政治的に組織化しなければならぬというパラドックスに当面している。その際政治的なものの範型――効果本位とか、対立の単純化(敵・味方の二分法)とかいったような――に、ある程度まではどうしても我が身をはめ込むことを余儀なくされる。もしこの煉獄を恐れて、あらゆる政治的動向から無差別に逃れようとすれば、却って最悪の政治的支配を自らの頭上に招く結果となろう。殷鑑《いんかん》は遠くない[5]筈である。

一切の事物の豊富なニュアンスが粗野な政治的対立に否応なくふりわけられる時代

――これに似た時代は過去にもないことはなかった。例えばシュテファン・ツヴァイクはエラスムスとルーテルの対立を興味深く叙した書のなかで次のように言っている。

「屢々《しばしば》、世紀の間に起る出来事としては極めて稀だが、全世界が一枚のハンカチのように真二つに引裂かれるほどの風当りの強い軋轢相剋が生じることがある。この嵐は田舎という田舎、町という町、家という家、家庭という家庭、心という心を両断するのである。その時四方八方から巨大な圧力を以て、大衆の優勢は個人の上にのしかかる。そして個人は集団的妄想から自己を防ぎ得ず、自己を救い得ない。このような澎湃《ほうはい》として渦巻く怒濤は、いかなる安固な、いかなる傍観的な立場をも許さないのである」(『エラスムスの勝利と悲劇』高橋禎二訳〔河出書房、一九四三年、一五頁〕)。宗教改革の時代と同様に現代もまた世界史の上で度々とないような大きな変革の時代なのである。そうしてここで述べられたことは、機械＝技術文明の驚くべき発達によって、幾層倍に拡大されてわれわれの時代の現実となっている。この政治化の煉獄をくぐり抜けた後、果して権力的強制が人間社会から廃棄され、万人が己れの内面的個性をはばかる所なく伸展しうる如き世界が来るか、それともN・ベルジャエフが恐れ、A・ハックスリーが『みごとな新世界』のなかで皮肉にユートピア化したような世界(6)――権力による人間の科学的組織化が極点に達し、人間自身が完全に機械化された社会の部分品となるような世界がおとずれるか、それは神のみが知る。ただ万一、後の方向が実現されるようなことがあっても、その際、学問や宗教は政治に対して違約を責めることは出来ない。むしろ「取扱注意」の赤札をついに人間から不要にすることの出来なかったおのれの無力さをこそ嘆かねばならないのである。

『現代政治の思想と行動』追記

二の「人間と政治」は本来、昭和二一年暮に当時京華学園にいた友人猪野謙二と田宮虎彦両氏のきもいりで開かれた文化講座の講演速記が基であって、それが翌二二年二月号の『朝日評論』（廃刊）に掲載された。第一部の二（「日本ファシズムの思想と運動」、『集』③）の場合とちがって一応文章体になってはいるが、やはり収録に際しては字句や表現を所々直していくらか論文としての体裁をととのえてみた。理論的には、ここでのべられている大衆デモクラシーにおける象徴の役割とか、マス・コミュの政治的＝思想的機能というようなことなど、現在ではほとんど常識にまで通俗化し、むしろある意味ではその逆の面を問題にしなければならぬくらいである。ただ一の論文（「科学としての政治学」)が政治学の方法論的反省なのに対して、これは現代政治の諸問題を比較的広い範囲にわたってとりあげているので、両者相俟《あいま》って、戦後間もなくの頃の私の「政治的なるもの」に対する考え方がよかれあしかれ忠実に反映している。私はこのころ一方で、前述した政治学を「現実科学」にする方向を考えると同時に、他方――一見矛盾するようだが――ケルゼンの純粋法学になぞらえて、「純粋政治学」といったものができないかということをしきりに模索していた。それは一つには前述した政治学の学問的自律性への要求と関連しているが、同時に、戦後の政治、いな本来の政治だけでなく、あらゆる文化領域に堰《せき》を切ったように浸潤したイデオロギー的分極化が、一つには――それ自体まさにあらゆる政治的緊張に随伴する傾向としての――激情化によって、また一つには特殊な日本的な(いわゆるウエットな)道徳主義化によって、政治的リアリズムの著しい喪失として現われ、それが日本の民主主義的勢力の発展にとって、いたるところマイナスに作用しているという私なりの現実的関心から出ていたのである。そこでむしろこの際は「政治的なるもの」に、党派的立場をこえ、また歴史的段階をこえて潜む傾向性をできるだけ特殊的条件を洗いおとして抽象化しておく方が、イデオロギーや党派性の感傷化を防止し、かえって真の争点をハッキリさせることになると思った。といってもむろんこの論がそうした「純粋政治学」の現代政治への適用であるという意味でない。そんなハッキリした目的意識はなかったし、第一そういう体系化が私の頭の中でできていたわけではない。ただこの所論の背景に右のような漠然たる志向があったというだけのことである。その後私はやはり政治学というものはどういう意味でも自己完結的に「純粋化」されない本質をもっているという考えに変って行ったが、右のような志向に関する限り、それ自体一貫して今日まで持続していることは、本書を通読されれば容易に看取されるだろう。それにしてもここに示されている「政治の論理」が決してそのすべてでなく、むしろ政治の論理としてもあまりに一面的かつ図式的であるが、これは私のパースナリティ論に対する知識の不足と、もう一つは、右のような精神的雰囲気のなかで「政治的なるもの」のある次元にとくにアクセントをおいたためである（果してこの小論は発表当時、『前衛』の論壇時評で、悪質な反動的論文として紹介された）。けれどもJ・P・メイヤーがいうように「今日われわれの間のうすっぺらで息の短い政治的思考は日々の合目的性のなかに己れを見失って、政治学の人間論的次元をとっくの昔に忘れ果てたように見えるけれども、あらゆる政治的思索の出発点は人間の本質への問いである」（J. P. Mayer, *Alexis de Tocqueville: Prophet des Massenzeitalters*, S. 136）。しかも人間それ自体のなかに長い歴史の星霜を経て持続する側面から、環境との相互作用で不断に変容する側面に至るまで、あらゆる可変性のニュアンスが複合している以上、政治学が人間行動を視察する際に、必要と状況に応じて長短さまざまの尺度《スケール》を用いることは殆どその宿命といえよう。その限りで人間をたんに歴史的社会的条件の束としてしか見ない考え方は、それをもっぱら「永遠の相の下に」把える立場と共に、政治的現実の認識から遠ざかるのである。

　ここでのべられている諸点のうち、とくに政治責任が、結果責任だという点は、昨年「思想の言葉」（『思想』昭和三一年三月）（「戦争責任論の盲点」、『集』⑥）でも戦争責任に関して触れて若干論議を呼んだので、この際、道徳責任との関連について一言しておく。結果責任という考え方は往々誤解されるように、「勝てば官軍」という思想と全く同じではない。たとえばここで指摘されている第一級戦犯の責任は必ずしも戦争に敗けたことに対する責任を言っているのではなく——むろんそういう政治責任を問題にすることも可能であるが――なにより彼等の政治的指導及び彼等の決定し遂行した政策の結果、平和が破壊され、ひいて厖大な民衆の生命財産の喪失、国土の荒廃、貴重な文化の毀損などを招いたことが問題なのである。むろん結果といってもどのような結果をヨリ重大と見るかはその時代なり国民なりの価値観ないしは世界観によって決定されるので、その意味でも政治的なるものと倫理的なるものとは広い全体状況において契合する。にも拘らず政治的評価を個人道徳的評価からハッキリ区別して特質づけなければならぬのは、前者が権力にかかわるからであり、権力は限界状況において人間の生命の集団的抹殺を含むからである。とくに政治的指導者に対して非情なまでの結果責任が追及されるのはひとえにこの点に関連する。「チェザーレ・ボルジアは残忍な男で通っていた。それにも拘らず、その残虐ぶりによってロマーニァを再建し統一し、再びこの地に平和と忠誠をよみがえらせた。この点を考えると、彼の慈悲心は、残虐の悪名を毛嫌いするのあまり、ピストイアが破壊されるのを傍観していたフィレンツェ人たちよりはるかに優っていたことが分る……前者の残虐行為によって危害を蒙るのは個々人であるが、なまじ後者の偽善によってすべての人が危害の淵に立つことになる」とマキアヴェリがいう(『君主論』第一七章)とき、彼はまさに政治の世界におけるモラリズムと感傷主義の罪悪を強調することによって逆説的に政治の倫理(virtù)を浮き出させたのである。

政治の世界

第一章　まえがき――「政治化」の時代

　あるドイツの学者が現代を政治化の時代(das Zeitalter der Politisierung)[1]と呼んでいます。まことに現代ほど生活と政治が密着し、われわれの日常生活の隅々にまで、政治の息吹きを感じさせる時代というものは嘗《かつ》てなかったようです。こうした現代に於ける政治の巨大な力は、一面に於ては政治権力――この政治権力の意味に就《つい》てはまた後に段々ふれるので、ここでは常識的な言葉として理解しておいて下さい――が把えうる人間の数の未曽有の増大として、いいかえれば、政治の世界の横へのひろがりとして現われるとともに、他面に於ては、政治権力が個人個人の生活の内部に滲透する程度の増大、つまり政治的世界の縦への深まりとして現われています。前者の現象を端的に表現するものは、国際政治の圧倒的重要性です。今日われわれの国内政治が圧倒的に、国際政治の影響下に立ち、むしろ、国際政治の動向に依って国内政治のあり方が根本的に規定せられるということは、みなさんの日々の経験に照しただけで、すぐおわかりのことと思います。勿論《もちろん》これは、われわれの国が、敗戦に依って政治的独立を喪失し、連合国の占領と管理の下に置かれたために、一層その感を深くするわけでありますが、しかし、国内政治が嘗てのように、孤立性や閉鎖性を持たず、国際的な動向に依って方向づけを与えられるという事態は決して敗戦国だけの現象ではなく、世界のあらゆる国家、いな超強国(Super-powers)という名で呼ばれるアメリカ合衆国やソ連のような国についてもあてはまることなのです。

御承知のように政治的社会の最終の単位は、最近までの長い間、民族国家(nation state)でありました。政治現象の大部分は、この民族国家内部の事件であって、国際関係というのは、このいわゆる主権をもった民族国家相互間の、いってみれば任意的偶然的な交渉に過ぎませんでした。ところが、今日特に第一次大戦以後に於ては、政治権力が民族国家を超えて益々《ますます》国際的に組織化されるようになりました。第一次大戦後に出来た国際連盟、さらにそれが第二次大戦後に発展した国際連合は、こうした国際的政治組織の尖端を行くものでありますが、権力の国際的組織化の傾向は、必ずしも、そういう狭い意味の国際組織だけに現われているのではなく、民族国家の帝国への膨脹や、アメリカ圏、ソ連圏、英連邦、アジア・アラブ連合といった広域ブロックの形成される傾向、などがみなこれを表示しています。或いは、みなさんは現代はかえって昔より国際間の分裂が激しくなり、およそ世界が一つになる方向とは逆の歩みをしているという印象を持たれるかも知れません。しかしよく考えてみると、国際的な抗争や分裂が私達の眼にますます大きく映って来たということ自体、世界の相互依存関係が今までになく密接になり、政治権力の及ぼす波紋が世界的に拡まって来たことを物語っています。いわゆる冷い戦争《コールド・ウォア》という現象は、決して昔のような意味でのアメリカという国と、ソ連という国との争ではなく、実はこれは、アメリカの実力を中心としてその利益とイデオロギーに従って国際社会を組織化して行こうという傾向と、ソ連の実力を中核としてその利害とイデオロギーに従って世界を組織化して行こうという傾向、との争なのです。嘗ては或る局地に起った事件は、その地方の属している国家内、或いは、せいぜいその隣接地域の諸国家間の問題として処理されたのですが、今日では、世界の片隅の出来事が、忽《たちま》ち世界に電波のように伝わり、世界的な関心を惹き、世界的な紛争にまで発展して行きます。朝鮮戦争、台湾問題、イラン・エジプトの問題(2)等を考えれば、そのことはすぐおわかりになると思います。音楽に譬《たと》えていえば、世界は昔は相互に独立した無数のメロディーの併列的な進行からなっていたのが、今日は、その旋律が互に区別して聞きとれないほど、相互にからみ合い、協和音と不協和音を鳴り響かせているのです。

さて後者の問題、すなわち政治が個人生活に滲透する程度の深まりということに就ても、私達は戦争中の配給生活や、疎開、徴用等の問題を通じて、われわれの生活の隅々にまで及ぶ政治の力をいやというほど痛感したわけですが、これとて、決して、戦時の統制経済という特殊の条件とだけ見ることは出来ません。自由経済の時代といわれる今日、どんな家庭の主婦でも、日々の家計が直接政府の政策に依って、いや遠く海外の一政治家の動きによってさえ、大きく左右されているという実感を持たない人はないでしょう。政府の主要な職能が治安の維持と対外防衛であった時代が去って、産業、教育、衛生、土木、厚生等、殆ど凡《あら》ゆる社会的事業に拡張されて来たということは、典型的な自由主義国家といわれるアメリカ合衆国のようなところでも厳たる事実となっています。日本のように、そもそも近代国家を作り上げた最初から、国家的統制の強かった国でも、こうした点で明治時代と今日では非常な相違があるのです。日露戦争時代の話として、或る天文学者が、毎日空ばかり見ていて、戦争の起ったことも終ったことも知らなかったという話が、学者の世間離れの実例として伝わっています。この話は或いはうそかも知れません。いくら研究室に閉じ籠った学者でもあれほどの大事件を、耳にしないですませるということは一寸《ちょっと》考えられないことです。しかし、そういう話が、話としてでも成立つということ、そこにはやはり、個人生活と政治との距離が、当時は今日より、比較にならないほど遠かったという事態が表現されております。今日では如何《いか》に家の中に閉じ籠っていて新聞も見なくても、隣の家のラジオの音が遠慮なく響いて来ます。戦場は遠い満州にあるのではなくて、日常生活そのものが戦場です。B29が来襲すれば、暢《のん》気《き》に望遠鏡などのぞいてはいられません。まごまごすると次の瞬間には自分の体がすっ飛んでしまいます。上のような逸話は、もう子供にも通用しないでしょう。今日では平時でも世界の火花をちらす宣伝戦はラジオの電波となって世界中の家庭のなかまで持込まれます。つまり政治権力の支配領域の拡大（横へのひろがり）にしてもまたその権力の滲透性の増大（縦への深まり）にしても、結局、産業革命から原子力の解放に到るいわゆる生産力および交通手段の巨大な発達のもたらした必然的な結果であって、政治権力の駆使しうる技術がこうしたラジオ・映画・新聞・テレヴィジョン等の発達によって著しく厖大化したのです。もう一つこのことの端的な表現として、昔の専制君主の権力と二十世紀の独裁者の権力を比較して見ましょう。

われわれは、歴史に於て、〔古代中国の〕桀《けつ》とか紂《ちゅう》とか雄略天皇とかネロとか沢山の暴君の話を聞いております。ところがこういう昔の暴君の振い得た権力と、ヒットラーやムッソリーニや東条〔英機〕が振った権力と一体どちらが大きいでしょうか。古代の専制君主は、如何にも巨大な権力を振ったように見えますが、実はそうした権力が及ぶ範囲というものは今日から考えるとお話にならないほど貧弱なのです、第一交通も発達していず、自分の勢力をラジオや映画に依って遠くの人々にまで伝える力もないのですから、ごく狭い範囲で勝手なことをやっていただけで、人民の日常生活はそうした中央権力の在り方如何《いかん》に殆どかかわりなく営まれていたわけです。さればこそ昔の中国の詩人は、「日出《い》でて耕し、日暮れて止む。帝王の力、我に於て何か有らんや」[3]とうたい得たわけなのです。ヒットラーの存在が、全世界の何千万、何億という人間の生活と運命を根本的に変えたといったようなことは、昔は想像も出来なかったことです。デモクラシーの旗幟《きし》が全世界を覆うようになった二十世紀に歴史上未だ嘗てないような巨大な力を振う独裁権力が出現したということは何という皮肉な逆説でしょうか。ナポレオンが嘗て「政治は古代における悲劇に代る近代の運命として、すなわち個人が屈伏すべき不可抗的な情勢の圧力として用いられねばならない」[4]といいましたが、この不気味な予言がどうやら適中したようです。しかしわれわれは政治を運命として傍観したり絶望したり、逃避したりしてはならないのです。イギリスで出たあるパンフレットに“YOU may not think about politics, but politics thinks about YOU”という文句があるそうです（G. D. H. & Margaret Cole, *A Guide to Modern Politics*, p. 9による）。あなたがどんなに政治が嫌いでも、どんなに政治に無関心でも、政治の方であなたを追かけて来てしっかり摑んではなさない、という意味です。政治がこれほど私達の生命を自由に左右する力をもつからこそ、これに真正面から立ちむかい、政治の力を野放しにせずにこれを私達のコントロールの下に置くにはどうしたらいいかということを、文字通り私達の死活の問題として考えざるをえないのです。

この小冊子でお話ししようとすることは、こうした現代政治の巨象のような現実、それ自身の全面的な解明ではありません。現代の国際情勢の分析やいろいろな政治制度の実証的な説明に就ては他に適当な書物がいくらも出ておりますから、それに譲ることにします。ここでは、大は世界政治から小は町村部落の政治まで凡《およ》そ政治と呼ばれている社会現象が起り、発展して行く場、或いは状況にはどのような共通な法則があるかといったことをごくかいつまんで述べて見たいのです。勿論政治的状況といっても他の経済法律文化といった社会現象と全く孤立して存在するわけはなく、現実には密接にからみ合って存在しているわけですが、やはり政治には政治特有の機能と法則があります。現実にはきわめて複雑な形で現われる政治的状況を出来るだけ単純な方式に還元して行き、そこから出発して、段々にまた錯雑した政治現象に立ちかえって行く——そうしたやり方によってはじめて、生きた政治の世界を分析する手がかりが与えられるわけです。そういう抽象過程を経ないと、政治というものがあまりに常識的で空気のように茫漠としているだけにいつまでも摑《つか》み所のないものになってしまうのです。

政治的状況(political situation)の一番基本的特色は、それが一瞬間も静止せずに不断に動き、他の状況に移行して行くということです。随《したが》って、政治に関する理論というのはフレーベルがすでに早く認めていたように(J. Fröbel, *Theorie der Politik*, [I. 1861, II.] 1864)、何等かの状態(Zustand)の理論ではなく、本質的に運動(Bewegung)の理論です。政治家は不断に新しく生起する現実に対して、自主的に決断を下して行かねばならない。政治的叡智とはこうした、不断に変転する状況に即して、適切な判断と処置を下す能力に他なりません。しかしながら、政治的状況が如何に変転するものであっても、それが全く無法則に動くものであったならば、そもそも、学問的智識の対象とはなり得ないし、どんなに洞察力に富んだ政治家も手をあげてしまうでしょう。われわれが良く見ると、全く摑《つか》え所のないような政治的状況も幾つかの基本的な型の下に包摂されることがわかります。近代的意味での政治学の建設者といわれるニッコロ・マキァヴェルリが、「力は安静を生み安静は倦怠を生み、倦怠は無秩序を生み無秩序は混乱を生み、そうして混乱からは秩序が発生し秩序からは力が発生し、力からは名誉と幸運が生まれる」(『フィレンツェ史』)といっていることにも素朴な形ではありますが、政治的状況の移行を一つの循環法則としてとらえて行こうという努力が現われています。政治的状況をそうした循環《サイクル》に還元したからこそ、マキァヴェルリはあの有名な政治行動の格率を打ち樹てることが出来たのです。こうした政治的状況の基本的類型とその相互移行関係、いわば政治の力学といったものが、われわれのこれから考えてみたい問題なのです。もとより私の能力の足りない上に、きわめて限られた枚数で一通りの説明をしようというのですから、舌足らずになるのはある程度まで止むをえません。まあ、この小論は政治の大建築を案内すると称して、地下室から屋上までエレベーターでスーッと上ってそれでおしまいにされてしまうようなものだ、ということを初めから覚悟してお読みになって下さったら結構です。

第二章　政治的状況の循環《サイクル》形式

私達の周囲にうずまく厖大錯雑をきわめた政治的状況の進行過程を最も単純な公式に還元すると次のように表現出来るでしょう。

C――S　［I］

Cというのは紛争(conflict)を表わす符牒でSというのは解決(solution)を表わす符牒です。紛争が起り、それが解決され、更にそこから新たに紛争が起り又新たに解決されて行く。政治的状況はこの無限の過程からなっております。そこで先ず第一に、政治的な意味に於て紛争とは何を指すか、政治的な解決とはどういうものであるかということが解明されねばならないわけです。

紛争というのは最も広い意味に於ては、社会的な価値の獲得・維持・増大をめぐる争のことです。ここで社会的価値というのは、凡《およ》そ人間社会における人々の欲求の対象を総括する言葉であって、狭い意味での経済的価値だけを意味するのではありません。経済的価値を仮りに財貨と呼ぶならばそうした財貨の他に知識・尊敬・威信・快適・名声・優越・勢力(influence)・権力(power)——こういったものは全て人々の欲求の対象である限りに於て社会的価値となります。こうした価値相互の間には、互に目的—手段の密接な関連があり(例えば富によって快適をうるとか知識によって尊敬をうるとか)、また人々に依ってまた時代に依って、相異る順位階層関係があります。こうした価値序列と社会構造とはまた密接の関係があって、例えばゾンバルト(W. Sombart)が中世封建社会と近世資本主義社会の対比を、それぞれ、「汝《なんじ》、権力あり、故に汝、富めり」という定式と、「汝、富めり、故に汝、権力あり」という定式の対立として説明していますが(*Der moderne Kapitalismus*. I. S. 587)、ここに中世と近世との価値序列の顚倒関係が巧みに表現されています。随って、このような価値序列の相違に依って、その社会で人々が主として何をめぐって争うかということも違ってくるわけです。しかし、政治的な紛争はそれにかかわりなく凡そいかなる社会的価値の獲得・維持・増大をめぐっても起りうるのです。いいかえれば、政治的紛争はその目的対象に依って特色附けられるものでなく、対象としての価値を獲得・維持・増大する方法ないし手段に特色があるのです。この方法が政治的な紛争の在り方を規定します。次にそのことをもう少し立ち入ってお話しして見ましょう。

紛争ということを解明するために競争(competition)という概念をこれに対置させると良いでしょう。競争に於ては、トラックのレースを見ればわかるように、A、B、C、Dが同じ方向を向いてゴールに走ります。図で表現すると次のようになります。

↑——D

↑——C

↑——B

↑——A

A、B、C、Dの間に直接の接触はありません。ところが例えばAが臂《ひじ》を張ってBを妨害したり、BがAのラインに踏込んだりすると競争は紛争に転化します。図で書くと、A↓↑Bとなるわけです。こういうように当事者が互に向き合って対立するということが先ず紛争の第一の条件です。ところで当事者の向き合って争う仕方にもピンからキリまでであります。その一方の端は純粋な論争(discussion)です。学問・芸術・宗教上の論争等をこれに挙げることが出来ましょう。他方の端には、直接暴力(物理的強制力)に訴えての争があります。政治的紛争はこの両極端の何処《どこ》に位置するものでしょうか。前者から後者に近づくに従って政治的な紛争という色が濃くなるような感じがするでしょう。いい換えれば、相手を純粋に倫理的・学問的或いは宗教的なやり方で説得する段階から物理的強制を現実的に行使して相手を圧服する段階に近づくに従って、紛争は政治的色彩を濃化してまいります。ここに単なる紛争の存在だけでなく、その濃度ないし集約度(intensity)の一定程度の高まりということが政治の第二の契機として登場して来ます。カール・シュミットが政治的なるものの特質を、敵味方の区別ということに求めたのは(C. Schmitt, *Der Begriff des Politischen*, 1932, S. 7f.)この点に着目したわけです。社会価値をめぐる争の内容が何であれ、その争の仕方が人間関係を敵味方という集団に区別する程度にまで高まった時、そこに本来の政治現象が発生するというのです。敵味方というような激しい言葉をもって政治的対立を表現したのは、シュミットが戦争・内乱・革命といった、いわば例外的な事態からして逆に政治の常態を解明して行こうとしたからで、些《いささ》か極端な考え方のように思われますが、紛争の一定程度の緊張が政治的状況の出現する要件であることに就《つい》ては、例えばメリアム等のアメリカの学者も、「政治に於ける緊張は決して一旦緩急の事柄ではなくして、事実ノーマルに予期される現象である。少し誇張された表現をすればここではアブノーマルなものがノーマルなのだとさえいえよう」(C. Merriam, *The Role of Politics in Social Change*, p. 36)といってやはりこれを認めております。

随って学問や倫理や宗教といった領域と別にそれと並んで政治という領域があるというより、政治はそうしたあらゆる文化領域を貫いて潜在しているといった方がいいでしょう。学問的、宗教的論争にせよ、それが一定の程度以上に高まる時には純粋な学問的対立から政治的対立へと転化します。互の論争を通じてより高い真理を求めるというより何でもかんでも論敵を打ち負かして議論に勝つこと自体が当事者の主要な関心事になれば、それだけ論争は政治的色彩を帯びてまいります。神様は有るか無いかということを純粋に理性的に論議している間は政治は存在しませんが、無神論は怪《け》しからんから鎮圧するという段階になるとそれは明白に政治的状況となります。経済の領域でも同じことで、大企業に対して中小企業が連合して価格やサービスで競争している間は純経済現象ですが、中小企業擁護の請願を国会に対してしたり、デモを行ったりすれば、もはやそれは政治的対立に移行しているわけです。ただここに注意しなければならないのは、紛争の濃度が純粋な討論と説得とから物理的暴力の行使の方向に近づくに従って政治的色彩が濃化するとはいえ、それは政治的状況が暴力行使を常態とするという意味ではないということです。むしろ、本来の政治の技術はこうした暴力行使を回避するところに発揮されます。このことは国際関係に就ていえば直ぐわかることで、国際間に於ける物理的暴力行使としての戦争は、問題が政治家に依ってではなく軍人に依って解決されなければならなくなったという事態の表現であり、政治家の能力の大部分はむしろこうした暴力行使にいたるまでの外交的折衝の段階に於て発揮されるわけです。軍事的闘争は政治的紛争の極限としてのみ存在するのであって、この意味で「政治家は一生涯戦い続けるが兵士は唯《ただ》例外的に戦う[5]」という或るイギリス外交官の言葉は極めて含蓄に富んでいます。国内政治に於ても同じことで、支配者が警察や刑務所を満員にしなければ統治出来ないということは、もはや政治的支配としては末期現象に他なりません。

　ただ紛争が純粋な理性的討議から暴力的対立の方向に近づくに従って、政治的な臭がするのは何故かというと紛争の政治的解決がなにより相手に対するなんらかの制裁力を背景として、その行使または行使の威嚇によってなされる解決であるからです。制裁力とは相手の所有するなんらかの価値を相手の抵抗を排して剝奪する力です。そこには相手の身体的自由や生命を奪うことから、財産や領土の没収、名誉や位階の剝奪などいろいろの形態があります。そういう制裁はなにも物理的暴力を用いて行われるとは限りません。たとえば学校が校則に違反した学生を退学・停学させたり、政党が党規律に違反した党員を除名したりするのは、みなそれぞれの集団の制裁力の行使です。権力というのは広義においてはこのような制裁力を背景として紛争を解決する能力にほかなりません。そこで、このような権力が紛争解決の媒介になるということが政治的意味でのC—S過程の第三の契機だといえましょう。ですから権力現象は物理的暴力を行使しうる人間ないし人間集団だけに特有のものではないわけです。ただ物理的暴力はこうした制裁力の最も極端な場合ですから、政治的紛争は他の解決手段がすべて効を奏さない場合には、究極には暴力の行使の段階に立ち到ります。その意味で暴力という物理的強制手段を最後の切札(ultima ratio)として持たない集団は、それだけ社会的価値の争奪をめぐる政治的紛争において後れをとることになります。こうして今日政治の世界においていちばん組織化された物理的強制手段(警察・軍隊)をもつところの、国家という社会集団が他の集団に対して優越的な地位に立ち、他の社会集団間の紛争を最後的に解決する力

――これを主権といいます――を持つようになったのです。政治的紛争はこうした国家間におこるか、あるいは国家内の政治的紛争にしても結局のところは国家権力を自己の側に動員しようという動きとなって展開されます。政治現象が大部分国家との関係において現われるのはこのためですが、これは歴史的由来から今日そうなっているだけで、国家が唯一の政治集団でもなければ、国家権力が唯一の政治権力であるというわけでもないことを忘れてはいけません。昔は家族や部族や、都市、ギルドなどがそれぞれ独立の政治権力を持っていましたし、まえがきにのべたように、今後は政治権力は次第に国際的に組織化される動向を示しております(まだ国際的であって世界的でないところにまさに問題があるのですが)。

ともかく政治権力が紛争解決の媒介となるという意味で先の公式はさらに次のような形に発展します。

C……P……S　(Pは権力を表わす)　[Ⅱ]

さてここで先程あげたいろいろの社会的価値の中に権力も入っていたことを思い出して下さい。権力は他の社会的価値(例えば経済的利益)をめぐる抗争の手段として用いられると同時に、それ自体、独自の社会的価値として追求の目標になります。そこでC…P…Sという過程は屢々《しばしば》権力自体を目標として進行します。ここに権力の自己目的化、即ち権力の為に権力を追求するという政治に顕著に見られる傾向が発生するのです。トーマス・ホッブスは有名な『レヴァイアサン』の中で人間の一般的な性向として「死に於てのみ已《や》むところの、不断の止むことない権力への欲望」を挙げました(*Leviathan,* Part I, chap. XI)。これはもともとホッブスの悲観的人間論から出て来る結論ではありますが、ホッブスの政治思想家としての偉大な点はこの無限の権力追求の根拠の説明に当って、「それは既に得た以上に強度な喜びを望む為でもなければ、程良い権力に人間が満足しない為でも無く、より以上の権力を得なければ現在持っている権力をも確保出来ない為である」(同上)としている点にあるのです。ここに権力特有の力学があります。つまり権力というのは決して絶対的＝固定的な存在ではなく、常に他の権力との関係に於ける相対的な力なのですから、諸々の権力が張り合っている状況に於ては、権力は自己の維持の為にもより多くの権力として現われざるを得ないのです。われわれは国際政治に於て、いやというほどこの実例を見ております。イギリスはインドを守る為にスエズを抑えなければならなかった。ところがスエズを抑える為にはエジプトをコントロールする必要が生じた。さらにエジプトを守る為にはスーダン・マルタ・サイプロス〔キプロス〕・ジブラルタルを確保するということになった。日本帝国は朝鮮を防衛する為に満州を生命線と宣言した。ところが満州を現実に支配すると、今度は北支を勢力範囲に入れねばならなくなった。北支の安全を確保する為には、更に中支に進出せざるを得なくなった。アメリカが今日、殆ど全世界地域に国防上の戦略拠点を確保し、極東において日本・フィリッピン・台湾を、西欧において西ドイツまでを勢力圏におさめているのも、またソ連がドイツと西欧諸国が戦っている隙にフィンランド・ルーマニアに進出し、バルチック三国を併合し、またヤルタ会談で千島・南樺太の領有を極力主張し、ついにそれを貫徹したなど、いずれもこうした法則に支配されているわけで、現在の国際社会の様に地球上の空間が残りなく大国の力関係に依ってコントロールされている時には、力の拡張の何処《どこ》迄が防禦的で、何処迄が攻撃的かという限界は甚だつけ難いのです。もとより、上のような権力拡張には、とくに資本主義国の場合には掘り下げて行けば市場の拡張といった経済的要請が横たわっているにしても、国際的な緊張が高度化すればするほど、むしろ直接的に、権力の確保発展自体が目標となり、権力の自己目的化という現象が露骨になってまいります。純経済的な打算からいえば必ずしも有利でない後進地域の資本援助が政治的軍事的拠点の確保という観点から行われるのもこのためです。少し話が脱線しましたが、このように権力が自己目的化するところからⅡの公式はさらに次のような第三の形に発展します。

P……C……S……P′　(P′＞P)　［Ⅲ］

つまり他のなんらかの価値をめぐる紛争が行詰ってそれを解決する為に権力が用いられるというよりは、権力自体の獲得・維持・増大をめぐって紛争が起り、その紛争を媒介として権力がさらに肥大して行くという現象です。これはちょうど商品生産の発展とともに商品―貨幣―商品という関係が貨幣―商品―貨幣という関係に倒錯して行く過程に譬《たと》えることが出来ましょう。

［Ⅰ］及び［Ⅱ］の公式では、即ち紛争の解決ということは紛争の目的物たる社会的価値の帰属配分の決定を意味するわけですが、この［Ⅲ］の場合には相争う政治集団間の権力関係の変動、それに基く新たな権力の均衡の成立が政治的解決の直接的成果となります。そこに齎《もた》らされるものが政治的安定(political stability)です。そうしてこの力の均衡関係が破れるとその限りに於て、政治的安定が失われ、再び、紛争が起ってくる。これが

政治的状況の最も一般的な循環形態です。

このようにして権力が自己目的となるところから大部分の政治現象は権力の獲得・維持・増大をめぐって展開されることになります。そうした権力の獲得・維持・増大の為に取られる凡《あら》ゆる方策を政治技術（politics as art）といいます。例えば革命の戦略戦術といわれているものは被抑圧集団が権力を獲得する為の政治技術に他なりません。権力維持の技術は現状維持の政策（policy of status-quo）として現われ、権力拡張は国際政治上の用語をつかえば帝国主義政策（policy of imperialism）として現われます。ハンス・モーゲンソーはこうした権力維持及び増大と並んで権力誇示の技術を威信の政策（policy of prestige）と呼んで、この三者を政治政策の基本形態としております（H. Morgenthau, *Politics among Nations*, p. 50f.）。最後の権力誇示のための威信という問題について一寸註釈しておきましょう。政治的紛争において興味ある点は権力を見せびらかすことが、屢々現実に権力を増大するのと同じ効果を持つことであって、逆に威信を失うということは、固有の軍事警察力に何ら変動が無くても権力にマイナスに作用するのです。つまり政治的状況においては、或るAという政治集団——例えば政党ないし国家——が現実にどれだけの力を持っているかということよりも、Bという他の政党ないし国家がAの力をどう評価するかということによって、問題が決って来る場合が少くない。そこに威信という心理的な要素が政治的世界に占める独自の地位があるわけです。国内国外を問わず政治集団の行う儀式、特に軍事的威力を誇示する観兵式・観艦式・演習、ないしはデモンストレーションなどは全てこうした威信を示す技術といえましょう。実際の実力を巧みに隠蔽して相手に自己を誇示することを俗な言葉でハッタリといいますが、その意味では政治的世界ほどハッタリが通用する世界はないのです。

　或る集団Aが権力を維持・増大しようという動きに対して、他の集団Bの示す反応には、物理的暴力を使用しての抵抗から、外交的折衝、中立、無関心を経て積極的協力に至るまで実に様々なヴァラエティがあるでしょう。Bが物理的暴力を用いて抵抗をする場合それはAにとって明白な敵であり、Bが積極的協力をする場合にはAにとって明白な味方です。これに対してBが折衝及び中立の態度に出る場合は潜在的な敵ないしは潜在的な味方であるわけで、無関心の場合にはBはAにとって直接政治的視野に入って来ません。そこで結局政治技術の目標は味方を結集し、組織化すると共に敵を孤立させその組織を解体《ディスオーガナイズ》させること——より詳しくいえば抵抗する明白な敵を、せめても折衝する潜在的な敵にまで引き下げ、潜在的な敵はせめても中立者に、中立者及び潜在的な味方はこれを自己に積極的に協力する明白な味方に転化させるということ、になるわけです。政治集団がこの目的のために駆使する戦略戦術は、純粋の説得から純粋の暴力行使に到るまで実に広範多岐をきわめます。この際にもまた宗教・学問・芸術・経済などにならぶ政治固有の内容領域はなく、却《かえ》ってそれ等一切が政治の手段として動員されるということに注目しなければなりません。こうして政治はその目的達成のために、否応なく人間性の全面にタッチし人間の凡ゆる営みを利用しようとする内在的傾向を持つのです。まえがきに述べた政治化の現象とはつまり社会集団間ないし国家間の抗争が激化した結果、凡ゆる文化領域が政治的世界に動員されるにいたったことにほかなりません。要するにアメリカの国際政治学者クインシー・ライトがいみじくも述べているように、「紛争こそは政治の本質である。政治に従事する人々は皆一種の闘争に従事している。弾丸(bullets)の戦でない場合にも投票(ballots)の戦に、軍隊の戦でない場合にも修辞術《レトリック》の戦に、戦略の戦でない場合にも説得の戦に従事しているのだ」(Q. Wright, "Political Science and World Stabilization", *American Political Science Review*, Vol. XLIV, No. 1)ということが以上の簡単な叙述からもほぼおわかりになったことと思います。

ところで、C—P—Sという公式は政治の世界では屡々P—C—S—P′という形に顚倒するとさきほど申しました。ということはつまり、政治の世界でのいちばん中心的な、いちばん大きな問題は権力の問題であるということです。これまでの叙述では、一応権力を、制裁力を背景として紛争を解決する能力と簡単に定義して論をすすめて来ましたが、これからはこの点にもう少し立ち入って、政治権力の生産と再生産の過程を追求してみることにしましょう。すなわち、いままでの話では、それぞれ政治集団が権力をもって活動するということが当然の前提とされていたわけですが、一体、政治集団たとえばその典型的なものとしての国家の持つ権力というのはどのようにして生れ、どのような構成をもち、どのようなそれ自身の運動法則をもつのかという問題です。この問題に入るためには、政治集団相互間の(横の)関係から、政治集団の内部の(縦の)権力関係に眼を移す必要があります。というのは権力を媒介とする紛争の解決にせよ、紛争の解決を媒介とする権力の拡大にせよ、結局A集団によるB集団の圧服、究極には、B集団が独立の権力単位たることを失ってA集団に併合されるという過程で進行するわけですから、P—P′ということには、集団外関係から集団内関係への転化の傾向が内在しているのです。集団間の併列権力関係を一般的に外交(diplomacy)と呼び、集団内の従属権力関係を一般的に統治(government)と呼ぶならば、外交関係が統治関係に進展するほど権力の統合(integration)が進展するわけです。ここでも外交とか統治とかいう国家現象に限られるような言葉を使いましたが、例えば大政党による小政党の圧伏や併合、トラスト・カルテルによるアウトサイダー企業体の圧倒などにも共通する問題であることに注意して下さい。ですから以下にのべる統治関係の分析はもとより大部分、典型的な国家的統治を頭に置いて論ずるわけですが、論理的には、国際組織にも政党・労働組合・教会等の内部統制にも、ある程度あてはまるのです。

　そこでこうした統治関係を中心として権力の生産および再生産の過程を図式化してみましょう。その場合にはさきの政治的状況の公式は次のようなずっと複雑な形として、展開されます。

P（D から d へ点線で結ぶ）
(C—) D—L—O—d (—S)　〔Ⅳ〕

　この公式で、Dは支配従属関係(domination and subjugation)を現わし、Lは政治権力の正統化(legitimation)を、Oは政治権力の編成及び組織(organization)を、dは権力・利益・名誉等社会的価値の分配(distribution)をそれぞれ現わしています。

この各段階について次の章から具体的にお話しして行くわけですが、ここでごく一通り説明すると、最初の括弧に入れたCは紛争です。たとえば国家と国家の間に紛争が起り、A国がB国を征服併合すると、ここにABの間に支配関係が設定される。あるいはA階級とB階級との間の闘争の結果A階級がB階級を従属させる。これは集団間の外交関係からいえば紛争の解決ですが、集団内部の統治関係はまさにここから始まるわけです。この場合Aは治者となりBは被治者となります。支配従属関係は成立の当初に於ては赤裸の実力即ち物理的強制による圧伏が前面に出ますが、やがてBはAに対してその支配の正統性を明示的にか黙示的にか承認する段階となります。そうなると今度は支配関係を法的に編成する段階、すなわち権力を担う諸々の機関《オーガン》が法的に組織化《オーガナイズ》されるようになります。ここで始めて統治関係は臨時的なものから恒常的な関係へと推移するわけです。しかし如何《いか》なる統治関係も被治者を社会的価値への参与から全面的にシャットアウトすることは出来ません。そこで権力、財貨、名誉等を統治の根幹を揺がさない限りにおいて、広く被治者に配分するということが行われます。この場合被治者がどの程度そうした価値に参与出来るかということは治者、被治者の力関係に依って決定されます。がともかくこの段階を経てはじめて統治権力の安定ないし均衡(stability or equilibrium)がもたらされます。そうしてその均衡が破壊される時、新たな紛争が起ります。この紛争の結果再び支配従属関係が更新され、ここで統治関係のサイクルは完結するわけです。もしその新たな支配従属関係に於て、治者と被治者の関係が顚倒するならば、そこには革命が成立したということが出来ます。革命権力はこうして新たなる正統性を求める段階へと進んで行きます。また紛争が新たなる支配従属関係の設定に終らず、被支配者がその政治集団を離脱して別個の政治集団を作ることに依って紛争が解決される場合もあります。例えば植民地の母国よりの独立とか、或いは政党が分裂して別個の政党を組織するというような現象がそれです。こうなるとＡＢは統治関係ではなくしてふたたび前に述べた広義の外交関係つまり権力並列関係へと転化するわけです。

こうした抽象的な説明ではむろん説明になっていないので、次に章を新たにして、この各々の段階に於ける政治的状況を順々にとり上げてみましょう。

第三章　政治権力の生産及び再生産

一　支配関係の樹立

統治（government）はまず支配従属関係の設定からはじまり、それは統治の全過程を貫通する背骨として存続します。支配関係の設定の目的は通常その社会に於ける最も主要な社会的価値を支配者が占有し、その帰属配分を自主的に決定するためであり、その出発点をなすものは、被支配者の武装解除、その物理的強制装置の剝奪です。これをやらなければ、被支配者が紛争の解決を暴力に訴える可能性がいつでも存在していることになり、政治的な統一体とはいえないからです。たとえばみなさんは日本史で豊臣秀吉が刀狩《かたながり》をやったということをお習いになったでしょう。あの刀狩によって農民の武装を解除したことによって、はじめて農民を農奴として土地にしばりつけておく封建的支配関係が全国的に樹立されたのです。維新においても、版籍奉還、廃藩置県、徴兵制施行という一連の過程によって、封建諸侯の私有する軍隊を解体させたことが、絶対主義政権の出発点になったわけです。統治機能が歴史的に進化すればするほど、一方で単一の政治権力の支配する領域が拡まって行くと共に、他方では、その領域内部で物理的強制手段が中央権力に集中して行きます。それと同時に、その領域内の個人ないし集団は、紛争を暴力という最後手段を用いて解決する可能性を禁じられ、定められたルールに従って紛争が処理されるようになって来ます。そうして暴力は対内的にはこのルールの違反に対する制裁としてだけ認められるようになって来る。いわゆる力による解決が法による解決に代るわけです。こうした過程については、実際はとても複雑で、到底ここでお話ししきれませんが、ともかく近代国家に於て、はじめて政府がその領域内に於て合法的な物理的強制力(軍隊警察)の唯一の所有者かつ行使者となりました(例えば徳川時代は封建社会としては最高度に組織化された時代ですが、そこでもまだ仇討《あだうち》とか、武士の切捨御免《きりすてごめん》とか、親の子に対する折檻《せっかん》とかが合法的な暴力として公認されていました。今日、国家が物理的強制手段を持ち、その自主的な使用が許されている限り、国際間の紛争を暴力(戦争)によって解決することの合法性を完全に排除出来ないのと同じことです)。そこで前章にものべましたように、今日では統治現象は典型的に国家において現われ、支配関係は具体的には国家権力を媒介として実現されるわけです。

ところで資本主義社会を基盤とする近代国家の統治関係には、それ以前の社会に見られない顕著な特色が二つあります。第一には、そこでは政治権力の直接的な担当者と、実際上の支配階級との間に一種の分業が成立っているということです。たとえば、封建社会に於ては、領主は農奴を直接に物理的強制(いわゆる経済外的強制)をもって土地に縛りつけ、そこから地代を汲みとりますから、そこでは経済的な収取関係はそのまま政治的な支配関係として現われます。ところが資本主義の生産関係はこうした物理的強制を用いずに、労働力が商品として自由契約の形で売買されるという建て前で出来ているので、資本制社会の主人公たるブルジョアジーは、直接その手に物理的強制手段を握っている必要はなく、従って、国家権力の現実的な行使を、その専門的な担当者——多く小市民層出身の政治家・官吏・軍人——に委ねます。そうしてブルジョアジーとそういう国家権力の直接的担当者との間には、べつに身分的な命令服従関係があるわけではありません。ここに近代国家に於ける支配関係がそれ以前の社会ほど透明にあらわれずにボカされて来るゆえんがあるのです。しかもこれと並ぶ第二の特色がいっそうこういう傾向に拍車をかけます。それは発達した近代国家がいわゆる法治国家という構造をもっているということです。「法治主義」とか「法の支配」とかいうことの意味を穿鑿《せんさく》すると面倒なことになりますが、かいつまんでいえば、(イ)国家権力の発動が、個別的な命令でなく、前もって制定公布されてその内容が公知されている一般的法規範に従ってのみ行われ、(ロ)そうした権力行使の適法性が、執行部から独立した司法機関によって保障され、(ハ)しかも上の一般的法規範の制定に人民から選ばれた代表機関が参与する、ような仕組に統治構造を組織しようという主義ないし理念です(なおこの点はあとでも触れます)。発達した近代国家はどこでもこうした理念に従って組織されているために、そこではもはや封建社会のように、支配階級が特別の身分的特権を法的に認められることなく、すべての人が社会的地位の上下、差別にかかわりなく、同じ法の拘束の下に立つという原則が妥当しているわけです。こうした近代国家の二つの特質によって、あたかも近代国家においては支配関係は消滅したかのような外観を呈します。事実、ブルジョアジーは通常決して自らを支配階級だと思っていません。封建領主や貴族が自らを治者として特質づけ、一般人民から身分的に隔離することに関心を持ったのと反対に、近代ブルジョアジーは極力自己を人民あるいは国民一般として表現しようとします。フランス革命のときに、「第三階級とは何か、すべてである」[6]という有名な言葉をアベ・シェイエースが叫びましたが、ここに従来の貴族・僧侶に対するブルジョアジーの立場が最も鮮明に現われています。ブルジョアジーは対立階級としてのプロレタリアートの台頭によって、不承不承自己《ふしょうぶしょう》が「すべて」でなくて「階級」であることを容認するのです。しかし、近代国家に於てもブルジョアジーの主観的意識にかかわりなく、彼等が現代の最も主要な社会的価値である生産手段(資本)を排他的に所有していることによって実質的な支配関係は貫徹していることを忘れてはなりません。ただ前にも述べましたように、資本制生産関係は本来「経済外強制」を俟《ま》たずに、それ自身の内在的な法則で運転される仕組になっていることと、とくにブルジョアジーは、自己と異質的な階級である君主・貴族の手に国家権力が握られている社会で、権力の濫用によって経済の「自律的」な運行が害せられる傾向とたたかいながら大をなしたという歴史的事情とによって、国家権力組織と経済体制とを一応分離し、商品生産流通の自由と安全を確保しうるよう、国家権力を合理的な、見透しのきく法体系に編成したわけです。むしろ共通のルールによって保障されて経済的な自由競争が行われるという建て前によって、はじめて生産手段を私有している階級がそれを持っていない大多数の人間を支配し、また巨大な生産手段所有者が小所有者を圧倒する「自由」が憚《はばか》るところなく実現されたといえましょう。しかも「法の支配」という理念にしても、現実にはあらゆる人、あらゆる場合に平等に適用されるわけでなく、私有財産制を維持しようとする方向には有利に、反対にそれを変革しようとする方向には不利に解釈され、適用されていることは、わが国のような法治国の伝統の浅い国だけでなく、英米のような本家本元でもそうであることは、ハロルド・ラスキなどが豊富な実例をあげて鋭く指摘しているところです（H. J. Laski, *The American Democracy*, p. 30f., p. 189, p. 445; *Reflections on the Revolution of Our Time*, 邦訳『現代革命の考察』下（笠原美子訳、みすず書房、一九五〇年）、二二三頁以下）。以上ややくどく述べましたのは、要するに、近代国家においては、支配関係は直接単純な権力的強制として現われずに、国家権力を媒介としてきわめて間接的に現われることが特色であるが、そのことによって却《かえ》って実質的な支配関係が貫徹されるという事実に着目していただきたかったからです。その限りでハンス・クラッベのように、「われわれは現在もはや自然的人間であろうと、構成された人間（法人）であろうと、ともかく人間の支配の下にあるのではなく、規範という精神的な力の支配の下に住んでいる」（H. Krabbe, *Die moderne Staats-Idee*, S. 81）ということは、客観的にはこの現実を隠蔽するイデオロギー的機能をはたすものです。とくに現代のように巨大な独占企業——アメリカのラスウェル教授は、こうした企業体の支配者を実業家《ビジネスマン》の範疇に入れずに、これを「独占政治家」[7]と呼んでいます――と国家権力との融合が顕著になって来ると、もはや上のような近代国家の理念は理念としても通用しなくなるのでしょう。この傾向が進んで法治主義の原則が公然と破られ、潜在していた支配関係がふたたび露骨に表面化した形態がすなわちファシズムにほかなりません。

二　権力の正統化(Legitimation)

支配関係の設定には、政治権力に依る物理的強制組織の独占が要件になるとはいえ、統治がこのような物理的暴力の使用又はその使用の威嚇のみによって行われるということは現実には先ずないといってよいでしょう。非常に特殊な事態、例えば無政府状態の直後に樹立された権力とか、旧支配階級の打倒に成功した瞬間の革命政権、或いは戦争で敵国の領土を占領した直後の状態等は、ほぼ赤裸の暴力的支配に近いでしょう。然《しか》しこうした事態は極めて異常な一瞬間に過ぎません。ルソーが『民約論』の中で「力というものは権利を作らない。暴力から義務は生じない(8)」といっています(権利とか義務とかいうのはここでは狭い法律的意味ではなく、もっと精神的な意味です)。治者がいかに暴力ないし暴力の威嚇を以て被治者を支配してもそこからは被治者の自発的な服従というものは生れて来ないのです。そこでいやしくも持続的な統治関係を樹立する為には治者は――ルソー的な表現を使うならば――急速に力を権利に変える努力を開始しなければならないのです。つまり被治者に統治関係を、積極的でないにしても尠《すくな》くとも消極的に認めさせなければなりません。被治者の服従に最小限度の能動性が無ければ何事をも為し得ない。被治者の能動的な服従は、被治者が治者の支配に何等かの意味を認めて始めて可能であります。「政府はただ意見の上にのみ基礎づけられる。この格率は最も自由かつ民主的な政府に当てはまると同時に最も専制的かつ軍事的政府にも適用される」[9]というデヴィッド・ヒュームの有名な言葉はあまりにも合理主義的に表現されてはいますが、政治権力のこうした心理的基盤を適確に示したものといえます。被治者が明示的にせよ黙示的にせよ統治関係を容認し、これに意味を認める根拠を通常権力の正統性的根拠と呼ぶのです。被治者の大多数が治者の支配にいかなる正統性も認めず、単に己に対する暴力的抑圧としてしか意識しなくなった時は、その政治権力はどんなに強大に見えても実は顚覆の前夜にあるといってよいでしょう。こうした権力の正統性的基盤については色々な学者が様々な類型を区別しておりますが、中でもマックス・ウェーバーの伝統的支配・カリスマ的支配・合法的支配の三つの分類が有名です。然しこのウェーバーの分類は今日から見ると必ずしも充分とはいえないので、次にこれを補いながら歴史的に現われた、主な正統性的根拠の類型を列挙して見ましょう。

第一の類型はウェーバーのいわゆる伝統的支配で、これは統治が長い伝統や慣習を背景に持ち、そうした統治の長い歴史的由来に対する被治者の信頼が治者の支配を正統づけているような場合です。この場合、統治者は神聖な伝統を最も熟知している古い家柄の長老であったり、或いは日本の天皇制の場合のように君主自らが伝統的価値の体現者として現われます(万世一系という神話はこうした意味を持っているわけです)。しかし伝統的支配は必ずしもこうした家父長制や君主制のような古い支配様式だけに見られるものでなく、例えばアメリカ合衆国最高裁判所(U. S. Supreme Court)のもつ強大な権威などは、アメリカ憲法の神聖化された伝統の守護者であるという観念に根拠づけられております。こうした伝統的支配に於ては歴史的伝統それ自体が最高の権威を以て被治者のみならず治者をも拘束しているということが特色です。随って伝統或いは格式に拘束された治者は決して自分勝手な振舞は出来ないので、行住坐臥悉《ことごと》く伝統或いは格式に拘束されていて、傍《はた》から見るほど自由ではないのです。封建時代の殿様や日本の嘗《かつ》ての天皇や皇族(今でもそうかも知れませんが)のことをお考えになったらすぐおわかりになると思います。こういう治者がうっかり伝統を破って新規のことを始めようものなら大騒ぎになり、甚しき場合には、まさにこの神聖な伝統の名に於て革命や叛乱が起るということにもなりかねません。革命が統治体制それ自体の変革に向けられないで、寧《むし》ろその体制に内在する伝統を蔑視或いは逸脱した個々の為政者の変更を目的とするような場合をウェーバーは伝統主義的革命(traditionalistische Revolution)と呼んでいます。昔の中国などに多く見られた革命はこれです。要するに伝統が正統性の根拠になるのは、長く続いたものは、長く続いたということだけで、尤《もっと》もらしくなるという人間の心理的な惰性から来ることです。この惰性は政治の世界では仲々馬鹿にならない作用をもっています。

第二の類型は統治の正統性が自然法に根拠づけられる場合です。自然法というのは為政者によって制定せられた法律(制定法)や長い慣習に基づいて一般に拘束力が認められるようになった慣習法とも違って、目に見えないけれども全ての人の理性の中に生れながら備わっていると考えられている規範をいいます。この考え方では、治者の発する現実の法律や命令はこの自然法に合致している限りに於て正しいもので、それに反した法律や命令は如何《いか》に物理的強制を以て被治者に施行されても被治者はこれに服従する義務はないことになります。しかしその他面に於て、もし現実の統治関係ないしはその根本を定めた憲法や法律等が、こうした自然法を体現しているということになれば、それは通常の法律や命令のように時々の必要に従って勝手に変えたり廃したりすることの出来ない永遠の掟という権威を持つこととなります。つまり自然法という考え方には非常に保守的な面と非常に革新的な面とが共に備わっているので、自然法に基づく支配というのはいわば両刃の刃の上に乗っているともいえます。こういう自然法の思想は洋の東西を問わず随分古くからあるものでそれが果した役割も亦様々です。例えば、中世末期から近世始めにかけての、いわゆる絶対主義の形成期に於ては、貴族や教会、ギルド等は自分達の身分的特権を擁護する為にスコラ的自然法という理論的武器を用いて絶対君主と抗争しました。又ジョン・ロックやモンテスキューやルソーなど十七、八世紀の啓蒙的自然法は、それぞれイギリス・アメリカ・フランスに於けるブルジョア革命の思想的な準備となりました。自然法というのは目に見えないだけに、誰がそもそも自然法を認識し判定する資格を認められるかによってその演ずる政治的な役割は或いは急進的となり、或いは反動的となるのです。

第三の類型は、神或いは天による授権ということが支配の正統性的基礎になる場合です。ヨーロッパの絶対君主制のイデオロギーとなった帝王神権説(Divine Right Theory)はその典型的なものですし、儒教政治思想の背景となった古代中国君主に於ても天命に依る支配ということが統治を正統づけています。この場合、君主の祖先が有史以前に神から統治権を与えられたという神話が作られることが多く、その際には伝統的支配類型と癒着しますし、神或いは天の命令が規範として意識されると自然法に基く支配と合流します。神権説は近代社会になって殆ど正統化の力を失ってしまいました。二十世紀になっても、これが通用し大っぴらに国定教科書で教え込まれていたのは先ず世界中で日本帝国位のものでしょう。

第四の類型は、治者が一般人とちがって特別の能力をもった統治のエキスパートであり、或いは選良(élite)であるという観念です。こうした正統性は古来もっとも広く行われ、いろいろな形態をもって現われています。家父長的な支配や長老政治(Gerontokratie)などにしても一面伝統的支配であると同時に、他面、そうした長老の年齢・経験知識の優越性が一般に信じられていることが大きな精神的な根拠になっているわけです。イギリスの貴族が民主主義思想が常識化した後までも大きな政治的声望をもっているのは、血統や家柄ということそれ自体よりも、彼等が伝統的に統治のエキスパートであるという信頼感に俟つところが少くありません。しかしより純粋な形の「選良《エリート》」的治者はむしろ伝統に基く正統性に反逆した形で現われます。「能力」はしばしば「血統」や「家柄」に対する挑戦の意味をもつからです。ところで被治者による治者の特殊能力の容認がエキスパートといった比較的合理的な考え方から、治者の天才的資質に対する非合理的な帰依に進むにつれて、それはウェーバーの、いわゆるカリスマ的正統性になります。カリスマ(Charisma)とは或る人格が所有する日常的なものを超えた超人間的な資質です。例えば昔の酋長などが良く魔術を用いましたが、そういう魔術のような超自然的なものに対する信仰によって人民を服従させているような場合、或いは又中国古代の天子のように旱魃《かんばつ》の際に天を祭って雨を降らせる能力が、君主固有の資質とされているような場合、或いは神の啓示を聞く預言者的能力、更には将軍の天才的な戦争指導の能力——こういったものが正統性の根拠になっている場合、全てカリスマ的支配に属するわけです。カリスマ的支配も他の正統性的根拠と結合して表われることがあります。例えばカリスマが治者の血統に備わる資質である場合——ウェーバーはこれを相続カリスマ(Erbcharisma)と呼んでおります。天皇制はやはりこれにも属するでしょう——支配の正統性はカリスマに基くと同時に歴史的伝統に由来するわけです。しかし、カリスマは日常性を超えた非凡な力ですから、それだけ他方に於て、強靭な因襲や伝統を打破する作用が強いわけです。随ってそうした固定的慣習の強い古代に於ては、革命的な運動の指導者は大抵こうしたカリスマを担っていたのです（預言者の革命的役割）。カリスマは超自然的な理性的判断を超えた能力ですから現代のように人間の精神が合理的になれば消失するものかというと却々《なかなか》そうではありません。却って二十世紀に於て、指導者原理（Führerprinzip）に基く新しいカリスマ的支配が誕生したということは、きわめて注目すべきことです。あれほど科学的なレベルの高い国民といわれるドイツ国民がアドルフ・ヒットラーというろくな教養もない独裁者の「カリスマ」にコロリと参ってしまったということは随分考えさせられるではありませんか。こうした極端な場合ではなくとも、現代のデモクラシーは、一般に人民に依る政策の決定ではなくなり、人民は単に政治的指導者を選択するだけで政策に就《つい》てはその指導者に白紙委任状を与えるという傾向が強くなって来ております。それだけに、いわゆる大衆デモクラシーになればなるほど、指導者の持つ人格的魅力が大きな意味を持って来るのです。第二次大戦でフランクリン・ルーズヴェルト、ウィンストン・チャーチル、ヨシフ・スターリン、といった政治家の巨大な人格的魅力とその政治的能力に対する大衆の信頼とが連合国の戦争指導にどれほど大きな役割を占めたかということは今さら述べるまでもないことです。今年（一九五二年〕のアメリカ大統領選挙で民主党も共和党も、大物の発見に苦しみ、アイゼンハワー元帥等を盛んに追掛け廻しているのも、ルーズヴェルト亡き後のアメリカ政界におけるカリスマ的資質の真空状態がもたらした現象ともいえましょう。

最後に挙げるべきは近代に於て最も普遍的な正統性的根拠としての人民に依る授権です。デモクラシー原理が世界中到る所に於て勝利を博するようになったために、現代の凡《あら》ゆる支配者は自己の支配を人民による承認ないし同意の上に根拠づけるようになりました。人民は嘗ての神にかわる地位を占めるにいたったのです。さきにカリスマ的支配のところで述べたヒットラーやムッソリーニの如きファッショ的独裁者にしても近代の議会主義的民主主義を激しく否認しながらやはり、民主主義的正統性に依拠せざるをえなかったのです。即ち彼等は自分達こそ、議会政治家のような虚構の民意の代表者ではなく「真の」人民の代表者であると呼号しました。ファシズムに真正面から対立する共産主義のプロレタリア独裁という立場もやはり議会主義的民主主義の欺瞞性を指摘しつつ、ソヴィエット形態の統治こそ最も直接に人民の意志に基く権力であると主張するわけです。随って正統性的根拠に関する限り、現代の主要な政治思想は悉く民主主義的正統性に帰一したといえるでしょう。しかしそのことを逆にいえばある政治権力が民主主義的正統性に依拠しているからといって、それだけではその権力が現実にどの程度人民に責任を負い、どの程度人民の福祉に仕えているかを判断する規準にならないということにもなるわけです。或る場合には人民と自己を同一化することによって政治権力は国民や人民の名に於てどんな専制的な残虐な行動を仕出かさないとも限らない。随って人民の同意ということに現代の正統性が帰着すればするほど、それだけ、私達は権力に対する監視と批判の眼を鋭くしなければならないのです。

なおウェーバーは前述のように、合法性に基く支配ということを独立の類型に挙げておりますが、これには大いに問題があります[10]。統治が一定の法規の規定する権限(Kompetenz)に基いてなされ、随ってその権力が合法的であるということが被治者の服従の根拠になっている場合を、ウェーバーは合法性に基く支配と呼ぶのです。彼は例えば近代国家の官吏の行使する権力をその典型として挙げているのですが、そうした形式的合法性(Legalität)はどこまで行っても合法性で、実質的な正統性とは異ると思います。ただ近代国家の場合特に立憲的な法治国に於ては前にのべましたように、政治権力はなまの事実上の権力という形では決して現われないで、必ず法律という殻をかぶって現われる建前になっており、そこにたしかに「法の支配」というイデオロギーが近代国家権力を合理化しているゆえんがあるのですが、つきつめて行くと「法の支配」が被治者に与える安心感というか正統性の感覚というものも、ただ権力が法規に従って発動するというだけでなく、その法なるものが一方的に支配者によって作られたものでなく、被治者たる人民の参与によって、具体的にいえば人民を代表する議会の同意によって作られるという点に根ざしています。つまり人民が作った法に人民が従うという観念が合法性そのものを正統化しているわけです。こういう風に、合法性に基く支配は、掘りさげて行くと、以上に挙げた正統性的根拠のどれかに帰着してしまうので、それ自身独立のカテゴリーにはならないように思われます。

三　権力の組織化

統治が恒常的な性格をもつためには、一方に於て正統性が確立されると同時に、他方に於て、権力が行使運営される現実のルートとしての組織が作られねばならない。前にもたびたび組織とか組織化とかいう言葉を使いましたが、一体組織(organization)というのは何でしょうか。あまりに常識的になっている概念だけに、ひらき直って問われると誰でもちょっとまごつくと思います。そこでここでその意味をいくらかでもハッキリさせておきましょう。H・ヘラーは組織または組織化を定義して、「それに参与する個人および集団をば、上・下・および並列秩序を通じて、全体としての協働にまで具体的に形態づけること」といい、構成員・秩序・機関の三者を組織の構成要件としてあげています(H. Heller, *Staatslehre*, S. 231, 249)。また、アメリカの行政学者T・ガウスによりますと、「組織とは、なんらかの一致した目的の達成を容易ならしめるために、機能と責任を割当てることを通じて人員を配置すること」というのです(cf. Merriam, *Systematic Politics*, p. 152)。これによっても分りますように、組織は単に構成員の集合体ではなく、随って組織の作用能力は、個々のメンバーの給付の算術的合計ではありません。その個々の複数的な結び付きが計画的な分業によって内部的に秩序づけられて、外に対して統一的な行動単位として発現されるというところに、組織された集団の作用能力と組織されない集団のそれとの間に幾何級数的なひらきが出て来るのです。そこで、こうした組織化のプロセスを経なければ、いかなる権力も厖大な被治者に対して現実に機能しうる権力とはならない。その意味ではいかなる統治関係にもある程度客観的に秩序づけられた下部組織は付きものなのであって、もしこうした秩序づけられた組織を法組織と呼ぶならば、たしかにケルゼンが言っているように、およそ凡ゆる統治体(国家)は「法治国家」だともいえましょう(近代国家を法治国家というときの「法」とは前にも申しました通り、法一般ではなく、個別的な法規範——命令・判決・執行等——に優位する「法律」という特別の形の法を指すのです)。国家がこうした多数の人間の協同を意識的に計画的に秩序づける組織を必須の要件としているという点では、それはどこまでも政党・労働組合・会社・協会等の目的団体《アソシエーション》と共通した要素をもつのであって、この点からも国家を、家族とか民族とかいった自然的共同体《コンミュニティ》と単純に類比したり同視したりするイデオロギーがまちがっていることは明白です。国家の進化とともにその機能が、治安の維持や対外防衛といった簡単な段階からますます複雑になって来ますから、それと共に、統治の諸機能を担当する機関の間の分業が進行し、しかもそれを計画的に統一づける必要がいよいよ増大します。こうして現代国家において、統治体系をいかに組織化するかという問題は決定的な重要性を帯びて来たのです。

それでは政治権力の組織にはもっとも一般的にいってどのような態様があるでしょうか。むろんこれについてはいろいろな角度からの分析が可能でしょう。中央集権と地方分権という周知の問題もありますし、文官組織・武官組織といった観点からも分けられます。メリアムは政治団体の一般的な組織を、一、元首あるいは最高指導者、二、執行部(executive)、三、裁判機関(organs of adjudication)、四、会議体、とくに立法機関(conciliar organs)、五、管理《マネジメント》機関——狭義の行政各部がみなここに入ります——というふうに分けて考察しております(Merriam, *op. cit.*, p. 119ff.)。

こうした政治組織の具体的なあり方については、到底ここで述べる余裕がありませんから、以下には近代国家の最も一般的な組織原理とされる三権分立制を中心として、その現代に於ける変質過程に簡単に触れてみたいと思います。

近代国家の母体となった十六、七世紀の絶対主義国家において、統治体制はそれ以前の段階から飛躍的に組織化されました。それを具現しているのはいうまでもなく、専門的な官僚制および軍隊組織の発達です。ここで封建制下に於けるように、家臣が行政の物的手段(役所の建物、諸々の備品、武器等々)を私有する原則が禁じられ、こうした物的手段の所有から切り離されて君主の下で俸給をもらって専門的に行政・軍事を担当する近代官僚の組織が誕生しました。封建的な権力の多元性はこれによってはじめて打破されて、統一国家が形成されたわけです。ところがやがて中世の等族会議から発達した「議会」が統治機構の中で立法機関として漸次重要な地位を占め、君主及び官僚層に依って代表される行政機関と併立するようになり、行政機関から又司法機関が分化して、ここに立法部、司法部、行政部という殆ど常識化した近代国家の統治組織の分類が生れるようになったのです。

三権分立と俗にいいますが統治組織の問題としては三機能の分化といった方が正しいのです。何故なら、国家が統一的な秩序である限り、物理的強制を背景として紛争を最終的に解決する能力としての国家権力は唯一つしかないのが当然でそれがどんなに多様な機関の分業と協同に依って運営されても、最後的には一つの権力作用として発動するのでなければ、統一的な政治組織ということは出来ないからです。にも拘らずこれが諸権力の分立のように観念されているのはひとえにその歴史的由来によるものです。即ち、絶対主義国家の胎内でブルジョアジーがその社会的実力を貯えるにいたった際、絶対君主は国家財政をまかなうためにブルジョアジーの協力を得る必要が愈々《いよいよ》増大し、その為に貴族僧侶及び平民から成る三部会(États généraux)という会議体が租税の徴収や財政の支出のことを協議監督する機関として発達し、これが後に立法府としての議会に発展して行ったことはここに述べるまでもなく御承知のことと思います。そこで議会は上からの統治機関という意味と被支配階級が国家権力の中に割り込む通路という意味とこの二つの意味を帯びることになりました。こうして行政府は君主貴族という旧支配階級のシンボル、立法府は新興ブルジョアジーのシンボルとしてそれぞれ異質的な社会的利益を代表するものと観念せられ、そこからこれら諸機関の間の牽制と均衡(checks and balances)によって国家権力の濫用を防ぎ市民的な自由と安全を守るという自由主義の政治観念が発展したわけです。そうした思想を最初に体系づけた思想家はジョン・ロックでした。そこでロックの政治論〔『統治二論』〕(*Two Treatises of Government*)を見ればお解りになるように最初は立法、司法、行政という三権分立ではなく、主として立法府による行政府の牽制が問題になっていたのです。それがモンテスキューにいたって始めて三権分立という観念に発展し(『法の精神』*De l'esprit des lois*)、独立後のアメリカ憲法の中にこの観念が成文化された為に恰《あたか》も三権分立が近代憲法の基本的原則であるかのように考えられるようになりました。ところが実際は自由主義の母国イギリスを始め、大部分の近代国家ではこの「三権」は決して対等の関係で分立していたわけではありません。むしろ立法府の行政府に対する優越ということが理論的にも実践的にも自由主義的民主主義の核心をなしているのです。つまり、政党の発達と相まって議会に於て多数を占めた政党が行政府の頂点としての内閣を組織し、内閣は行政府全体を統轄して議会に対し責任を負うという議院内閣制(parliamentary government)が自由民主制の最も通常の形態になった。「イギリスの議会は男を女にかえ、女を男にかえる以外は何でも出来る」(11)という有名な言葉はこの立法府の優越を最も簡潔に表現しています。ただ独りアメリカ合衆国のみは立法、司法、行政の三部を完全に対等の位置においた憲法を今日まで保持しています。即ちアメリカの統治組織に於ては行政府の首長としての大統領は議会からでなく、直接人民の選挙に依って選ばれ、内閣員に当る行政各部の長官は議会に責任を負わず、大統領が自由に任免します。その代り大統領も時々教書を送って議会に勧告をし、法律案に対して拒否権をもつ外は議会の立法に関与出来ず、況《いわ》んや議会を解散する権限もありません。そうして、他方連邦の最高裁判所はいわゆる法令審査権を以て議会を通過した法律や大統領の行政命令に対して憲法違反の判決を下すことによってその効力を停止するという強大な権限を持っております。アメリカが建国にあたってこうした比較的純粋な三権分立を採用した歴史的事情についてはここでは立ち入らないことにします。むしろここで注意したいことは、イギリス型の議院内閣制にせよ、アメリカ型の大統領制にせよ、国家の諸機関を互に牽制させてそれに依って人民の自由を保証するという考え方は、二十世紀に入ってからは益々《ますます》影が薄くなって、むしろそうした諸機関が緊密に協同して統一的な国家意志として強力に作用する為の配慮に益々重点が置かれるようになりました。権力の分立ではなくして却って権力の統合と集中という問題が日程に上って来たのです。つまり権力の分立とは実は諸機能の分化と分業に過ぎないという統治組織本来の面目が益々はっきりして来たともいえましょう。凡《およ》そ国家に限らず、あらゆる近代的組織体はその職能が増大するにつれて、組織を構成する諸機関の相互依存関係が密接になり、一つの部門の故障や機能の停滞が全体の運営に及ぼす影響が甚大になって来ますから、それだけに組織が能率的に作用するためには高度の計画性が要求され、その計画に従って各部局が機械のように正確に動くことが必要になるわけです。カール・マンハイムは社会の凡ゆる組織に於けるこうした要請を機能的合理性（functional rationality）[12]と名づけていますが、このような機能的な合理化が進めば進むほど、組織の計画樹立者《プランナー》及びその計画の中央執行機関の指導的地位が重要になり、そこに組織内部の権限が集中してまいります。ローベルト・ミヘルスは最も民主的な組織であるべき政党特に進歩的政党内に於ける指導者への権力集中の傾向を実証的に調査してこれを寡頭支配の鉄則（das eherne Gesetz der Oligarchie）と名づけました（R. Michels, *Zur Soziologie des Parteiwesens in der modernen Demokratie*, 1911, Teil VI, Kap. 2）。国家組織に於けるこの傾向を端的に表示しているのが、現代に於ける執行権の強化という現象です。資本主義の高度化に伴う社会的対立の激化は国家機能を急速に複雑化し、国家権力が国民生活の凡ゆる部面に関与するようになったことは、第一章でも述べた通りですが、このことは自《おのずか》ら官僚層の量的質的な強化をもたらし、とくに行政権の首長としての内閣総理大臣、或いは大統領の権限を急速に増大させるにいたりました。議院内閣制度の国々でも立法技術の専門化は議会の実質的な立法能力をだんだん低下させ、国内的、国際的諸条件の急激な変転に即応するために議会の審議に俟っていられないような情勢が生れたところから、就中《なかんずく》経済恐慌や戦争の危機の切迫といったような場合、勢い行政部に白紙委任状を渡すような結果となり、広範ないわゆる委任立法がなされるようになりました。こうした傾向を一歩進めれば議会政治の実質的な否定に立ち到ることはナチスの「授権法」や我が国の戦争中の「国家総動員法」「戦時行政特例法」などがヒットラー、東条独裁の足場になった例からも明白です。アメリカですらこの傾向はニューディール以来、大統領及びそれに直属する官僚の実質的な権限の急激な膨脹として現われ、伝統的な三権分立制も影が薄くなって来ました。チャールス・ビアードは、いまや官僚勢力は帝国内の帝国(imperium in imperio)となりつつあると警告しています。この執行権の強化の傾向を如何にして民主主義の要請と調和させるか、いい換えれば増大する執行部の勢力を如何にして人民に責任を負わせ人民のコントロールの下に置くかということが世界中を通じての現代の最大難問の一つになっています。

これは国家組織だけでなく、実はミヘルスが指摘したように、凡そ現代のあらゆる組織に共通する問題です。例えば政党や労働組合を見ても形式的には党大会や組合総会が最高決議機関ということになっていますが、実際は党や組合の執行機関ないし書記局に益々権力が集中し、大会はただ執行部を選ぶだけで、実質的な政策ないし運動方針の決定や実施は、党、組合の幹部に委ねられ、大衆がこれをコントロールし得る力は微弱になる傾向にあります。然《しか》しながら、もしこの傾向が一方的に押し進められるなら、組織の一般構成員大衆は組織の運営に対して益々無関心になり、その組織の一員としての自覚なり責任感なりは減退し、遂には組織全体の作用能力そのものが麻痺してしまうわけです。組織の高度化と共に少数プランナーへの権力が集中する傾向はある程度避けられないとはいえ、行き過ぎる場合には却って全体のエネルギーが低下する。機能的合理化を一方的に押しすすめると実質的な不合理性が生れて来る。ここに現代のあらゆる組織の、したがって国家組織の当面する大きなディレンマがあるのです。

四　権力及び社会的価値の配分(Distribution)

冒頭にお話ししましたように凡そ政治的状況の発生の出発点となるものは権力、財貨、尊敬、名誉といった社会的価値の獲得・維持・増大をめぐる紛争です。そこで紛争の解決にともなって当然こうした社会的価値の配分帰属が決定されるわけです。政治集団相互の「外交」関係における社会的価値の配分にはせいぜいより多くより少くという量的な差異しかありません。例えば、戦争の結果戦勝国は領土・賠償・権益等の獲得に依ってより多くの権力(随ってまた財貨・威信等々)を持ち、戦敗国ないし中立国の分け前は相対的に減少しますが、この場合、戦敗国でも戦勝国への併合等によって滅亡しない限り――この場合にはもはや「外交」関係ではありません――、社会的価値への自主的な参与権を原則的に失わないのです。ところが「外交」関係が支配関係に転化すると、支配者被支配者の価値参与権には質的な相違が生れて来ます。この場合に於て社会的価値の配分方法を終局的に決定する力はむろん支配者の側にあります。この決定権を確保する為にこそ前にも申しました通り、支配者は物理的強制手段を集中的に組織化しようとするのです。したがって支配関係が極端に現われる場合には、治者は単に権力のみならず一切の物質的精神的価値を専有し、被治者をそれへの参与から全く排除するということになります。奴隷制の支配関係の如きその典型的な例です。こうした価値からの被支配者の隔離を完璧にするために古来政治的支配者はいろいろの方法を案出しました。例えば被治者と治者の居住地を区別したり、両者の凡ゆる形での交通を禁止したり、両者の信仰や儀礼を区別したり、甚だしきは言語をも異にさせたのです。封建社会を見ても単に治者は権力を独占するだけでなく、道徳名誉観念をも独占する傾向があります。「士は義によって立ち、農工商は利によって立つ(13)」と山鹿素行が言ったように、農工商という被支配階級は「義」を持たない、随って私欲のみを追求する倫理外的な存在とされたのです。

しかしながら、他面、被治者をこうした社会的価値への参与から隔離すればするほど、当然に被治者から能動的自発的服従と協力を期待しうる可能性は減少し、随ってそれに比例して被治者の服従を確保させる為の強制装置は徒《いたず》らに厖大化します。ここにもまたあらゆる支配権力の当面するディレンマがあります。特に他の政治集団と敵対関係に立つような場合には、価値の参与から排除された被治者は自分の属する政治集団に対する忠誠の念が薄く、随ってそれを敵の攻撃から守ろうとする意欲も湧きませんから、集団全体の防衛力は甚だ脆弱になるのを免れません。明治の政治家板垣退助が自ら語るところ[14]によると、彼が嘗て官軍を率いて会津城を攻撃した時、会津の農民が自分の藩の危急存亡の危機に際して、全く無関心で平然と官軍を迎え入れる有様を目撃し、「由《よ》らしむべし、知らしむべからず[15]」の政治が如何に人民の愛国心の発達を阻害するかに思い到り、これが彼をして維新後、自由民権運動に投じさせる動機となったということです。ですから、統治関係を安定させ強固にする為にも治者は自己の重大な権益が侵されない限りに於てそうした社会的価値を被治者に配分する方が得策なのです。況《いわ》んや、被治者の政治的自覚の向上とともに、下から権力・財貨・名誉・知識等への参与を要求する声はそれだけ熾烈になりますから、治者はこの点からも或《ある》程度の譲歩を余儀なくされます。こうして近代国家に於ては、もはや、支配階級に依る価値の排他的独占ということは実際的に不可能になったのです。国家が階級的搾取と抑圧の道具であるという面を最大限に強調するレーニンも、「ブルジョア政府及び封建政府の世界的経験は人民を抑圧裡に保って置く二つの方法を作り出した。一つは暴力である……しかし特に「教育のある」外国ブルジョアジーに依って幾つかの大革命や革命運動を通じて完成されたもう一つ別のやり方がある。うそ、おべっか、空語、数々の約束、一文の施し物、大切な物を保有する為に重要でない点で譲歩することである」（「我が国の革命に於けるプロレタリアートの任務」（大月書店版『レーニン一〇巻選集』第七巻、一九六頁））といってきわめて皮肉にではありますがやはりこの点を認めております。

社会的価値の配分といっても全ての種類の価値が等しい程度で配分されるとは限りません。いずれにせよ、治者にとって、価値の被治者への分配はいわば「やむを得ざる悪」なのですから、治者の価値序列のうちで高位にあるもの、つまり治者にとって大事な価値はしっかり抱いて放さず、その代りに他の価値を思い切って大量的に配布するといったようないろいろな方法が講ぜられます。専制君主国や独裁国に於ては被治者に権力を与えない代りに経済的な利益や、或いは位階勲章といった名誉を与えるのが通例です。この点で維新以後の日本帝国は社会的価値の巧妙な配分に依って民主主義的要求を抑えつつ政治的、社会的安定の確立に成功した典型的な例です。そこでは、どんなに貧しい家庭の子弟でも、どんなに低い家柄の出でも、頭さえ良ければ、旧藩の殿様や財閥の育英資金によって帝国大学に進み、高等文官試験を経て官吏になることに依って顕官の地位に昇進するか、または殆ど経費のかからない軍関係の学校に入って最高の武官にまで昇進出来るような極めて行き届いた配慮が早くからなされました。こうして日本の支配階級は全国津々浦々の俊才を、磁石が砂鉄を惹くように支配機構の中に吸い込むことが出来たのです。立身出世主義は国家主義と癒着して、全教育体系を貫通するイデオロギーとなりました。「末は大臣大将」という抜け駆けの功名心によって階級的連帯意識の成熟がチェックされると同時に、そうした未来の夢が政治的自由の欠如を心理的に補完する役割を果したわけです。が、昭和の始め日本資本主義の行きづまりによってこうした吸上装置が利かなくなり、就職難、失業と「軍縮」の嵐が吹きまくるようになった時に、知識階級の急激な左翼化と青年将校の急進ファッショ化が社会を聳動《しょうどう》したということからも、逆に明治の支配者の作った価値配分装置が、かなり長い間、天皇制国家の安全弁としてどれほど大きな作用をして来たかということがわかると思います。

こうした例にも現われているように、昔から治者が最もしっかり握って放さなかった価値は政治権力であって、権力は唯《ただ》被治者からの圧力に依ってのみ譲歩されて来ました。いわゆる民主化の過程というのは、この意味で何より権力配分の過程、逆にいえば、被治者の権力参与の過程として現われるわけです。近代国家に於てこうした権力配分過程を具象化しているのはいうまでもなく、代議政治(representative government)の発達でした。しかしながら代議政治を具象化している議会は単に人民の力の結集点ではなく、先に権力の組織化の所で申しましたように、一面ではどこまでも統治組織の構成要素なのです。この面を忘れると、あたかも代議政治によって、支配関係が解消したかのような幻想が生れます。そこで多少前にのべたところと重複しますが、近代代議制の政治的意味と役割をここで、近代市民社会の価値配分形態の特色と関連づけて一言して置きます。

　フランス革命に於て定式化された、いわゆる自由主義的デモクラシーの根本的な建前は一方、市民社会を構成する人間の具体的な生活条件を不平等のままにしておいて、他方抽象的な公民としては万人に平等の権利を与えたというところにあります。つまり、近代社会に於ける平等というのは、その最も完成された形態を見ても具体的な職業や地位や財産の如何《いかん》に拘らず公民として法の前に等しく取扱われる権利であり、随ってそれを裏返しにすればアナトール・フランスが皮肉ったように、「金持も貧乏人も等しくパンを盗んだり、橋の下に眠ることを禁じられる平等[16]」ということにならざるをえません。法的地位の平等に依って却って資本家、地主、労働者、サラリーマン、自作農、小作農といった社会的地位の不平等が裏付けられているのです。随ってここで「民意」と呼ばれているものも、人民がそれぞれの職場で自分の所属する階級の具体的一員としての意見ないし利益を主張することではなくて、寧《むし》ろ各人が抽象的公民として持っている一票ずつの投票権を算術的に寄せ集めた結果に他なりません。カール・ベッカーが「民主主義は頭を叩き割るより頭の数を算《かぞ》えた方が良いという原理に立脚している」(『現代民主主義論』、邦訳(石上良平・関嘉彦訳、社会思想研究会出版部、一九四八年)、一一八頁)といっているように、こうした、算術的計算の上に立つ選挙制度は確かに直接的な物理的強制の行使に比して遥かに合理化された政治的テクニックではありますが、同時にそれが人民をバラバラな原子的個人に解体することに依って、その階級としての組織化をチェックする客観的役割を果すことは到底否定することは出来ません。その意味で「イギリスの人民は自分を自由であると思っているが、それは大変な思い違いで、彼が自由なのは投票の日だけだ、投票の済んだ翌日からは再び奴隷になる」というルソーの諷刺(『民約論』第三篇第一五章)や、「選挙権が拡がれば拡がるほど、一人の選挙人の力はそれだけ小さくなる」というシュペングラーの皮肉(O. Spengler, *Der Staat*, S. 166)には争い難い真実が含まれております。人民が日常的に働く職場を通じて具体的に権力、財貨、尊敬等の価値に参与する時に始めて民主主義は現実の人民の為の民主主義になるのです。アメリカ等でも労働組合とか宗教団体とか婦人団体とかいった組織化された利益集団が、直接大統領や議会に向って働きかける傾向が強くなり、こうしたいわゆるプレッシャーグループス（pressure groups）の活潑な活動が議会政党に充分反映されない社会的利益の主張擁護の役割を果していることは、古典的な代議政治の変質を表わすものとして極めて注目するに足ります。既に第一次大戦の頃、或るアメリカの経済学者が、「われわれの社会は一方、政治権力が大衆に与えられているのに他方、経済的権力が少数階級の手中にある限り、常に不安定で、爆発的な化合物たるを免れないであろう。最後にはこの二つの力のうちどっちかが支配するだろう。金権政治がデモクラシーを買取ってしまうか、それともデモクラシーが金権政治を投票によって斥けるかどちらかである」（cf. H. Lasswell, *Power and Personality*, p. 149）と警告していますが、いまやますます激化して行くこの矛盾を解決しうるかどうかに、代議制の将来はかかっているといっても過言ではないでしょう。

五　権力の安定と変革

以上、支配関係が設定されてから、正統性的基礎づけを経て権力が組織化され価値の配分が行われるまでの過程について大急行で説明しました。政治権力は以上の諸過程が均衡を保った時に最も良く対内的な安定を確保することが出来ます。上の各段階にはそれぞれ矛盾した要請が含まれております。例えば支配関係の設定には権力及びその他の価値の治者への集中の要請が含まれ、これに対して最後に述べた価値の配分の要請は方向として矛盾するわけです。この集中と拡散との間の適当なバランスをとることが政治的安定の条件となります。又権力の組織化の段階に於ても統治組織の内部での中央集権と地方分権のバランス、上からの指導性と下からの自発性のバランスといったことが必要になってまいります。権力の正統化の際にも現実には相矛盾した要請が現われます。例えばカリスマ的支配や神権的支配は治者と被治者の異質性と距離性を強調する方向への正統化であり、これに対して人民による授権はいうまでもなく治者と被治者との同質性ないし近接性を強調する方向への正統化です。ところが現実の政治権力はやはりこの二つの要請の間のバランスを取って行かなければならないのです。この悩みを最も端的に表現しているのは現代に於ける立憲君主や独裁政治家です。彼等は一方に於て被治者から或程度の距離を保って、荘重な礼儀や服装などによって民衆に自己の威厳を示さなければならぬと同時に、他方、時折民衆の中に下り立って、親しく言葉を交わしたり、或いは民衆と変らない自分の生活態度を示したりして、極力民衆に人間的な親近さを感じさせなければならないのです。しかもまたこの同質性の強調が余りに過ぎれば、何も君主でなくとも大統領でもよい、ということになったり、また特定の独裁者のカリスマが消失してしまいます。日本の天皇のように神様から急に人間になった君主はそれだけこの間の調整が難しいわけです。

以上のような色々な条件に依って制約される均衡状態が破れる程度に応じて、内部集団間の紛争軋轢が大きくなり、遂には権力の変革にいたります。政治権力の変革には次のような各種の態様が考えられます。

［Ⅰ］支配関係自体の変革
- (a)合法的
- (b)非合法的

［Ⅱ］権力の最高担当者の変革
- (a′)合法的
- (b′)非合法的

［Ⅲ］統治組織内部の変革
- (a″)合法的
- (b″)非合法的

先ず最後の［Ⅲ］の方から先に説明しますと、これは統治組織の内部での権力比重が変化する場合、例えば統治組織を構成する各機関の階層関係が逆転するような場合です。先に権力の組織化のところで述べたように、立法機関の執行機関に対する優位が崩れて、権力の比重が相対的に執行部を占める官僚の手に移ったような場合とか、或いは戦争中の日本の場合のように憲法には些かも手を触れないで軍部が統治機構の中でヘゲモニーを握るようになった場合等がこれに当ります。こうした権力――というよりはむしろ正確には権限――の相対的移動は、合法的に行われる場合もあれば非合法的に行われる場合もあります。非合法的に行われる場合をクーデターといいます。南米諸国やタイでは今日でも軍部に依るこうしたクーデターが年中行事のように行われています。日本の二・二六事件などは未成功に終ったクーデターの典型的な例です。一九三三年のヒットラーの「国民社会主義革命」などはワイマール憲法を実質的に停止したきわめて大規模な変革ですが、現代社会の階級支配関係を根本的に変えたとはいえないので、やはりこのカテゴリーに入れるべきでしょう。

［Ⅱ］は、統治組織の機関相互関係の変革ではなくて、それを具体的に担当する人格が変る場合です。といっても、権力下部組織の具体的な担当者が上級機関の命令で更迭する場合はむろん権力の変革には入らないので、結局最高首脳部の変革だけがこれに当る

わけです。議会制に於て、反対党に政権が移り、内閣が更迭するいわゆる「政変」がその典型的な例です。むろんある場合にはそれが同時に［Ⅰ］の変革ともなるでしょう。また、ある人間が元首の地位を暴力的に簒奪《さんだつ》し、しかも統治組織そのものには手をふれないというような場合があれば、それはこの［Ⅱ］の中の非合法的変革の類型といえます（この場合も通常クーデターと呼ばれます）。

さて今度は例えば、君主制を標榜する政党から共和主義の政党へ政権が移動し、それに依って君主国が共和国になったというような場合とか、或いは資本主義政党に代って社会主義政党が内閣を組織したというような場合には、具体的なケースによって問題がいろいろに分れます。社会主義を標榜する政党が天下を取っても、統治組織を若干変えるか、或いは重要産業の国有化という政策を実施するだけでは、［Ⅱ］と［Ⅲ］の変革の範囲にとどまります。第一次大戦後のドイツ社会民主党政権や今次大戦後のイギリスでの第二次労働党内閣などの場合がこれです。

ところが、社会主義政党が政権を掌握して、統治組織を大規模に変革するのはもちろん、階級支配関係を根本的に覆すということになると、これは［Ⅰ］の変革に移行します。むろんそうした変革は短時日では行われないので、果して権力の変革が［Ⅱ］あるいは

〔Ⅲ〕にとどまるか、〔Ⅰ〕まで行くかということは、相当長い目でみないと判断出来ません。ともかく、この[Ⅰ]の場合が最も純粋な意味での革命になるわけです。革命は戦争と並んで政治的状況に於て紛争が解決される最も急激な場合です。いな革命という巨大な社会現象は決して、政治的状況の単なる一局面といったものでなく、これを全的に分析し理解するためには、政治学、経済学、社会学、心理学、精神病理学等の広範な学問の協力に依って凡ゆる角度からアプローチして行かなければならない問題で、到底政治学だけでは手に負えません。これを政治学的見地に限っても、それ自身が今迄述べて来たような政治的状況の全過程を包含しています。即ち旧権力の物理的強制手段(軍隊警察)を麻痺解体させて、革命的権力を樹立する最初の段階から、新たなる正統性の確立を経て、新政権の法的な組織化、革命に貢献した人々に対する論功行賞(価値の配分)に到るまで、これ等全部が革命の過程の中に含まれるわけです。こういう短い紙面ではたとえスケッチ程度でも、全過程の問題を採り上げることはできません。そこでここでは唯《ただ》、政治的安定と均衡が崩れて紛争が革命的情勢に立ちいたる政治的条件はどのようなものかということだけ、ごく簡単に触れておきましょう。

革命が社会的価値の分配の現状に対する不満から起るというのは極めて昔からある考

え方で、既にアリストテレスが『ポリティカ（政治学）』第五章の中で「革命の根本原因は平等への要求にある。平等者は彼等が持っていない絶対的平等を求め、不平等者は彼等の現在置かれている不平等の状態の終焉を求める」といっております。然しこうした価値配分への不満があっても、それが物理的強制力を独占している支配権力に対する反抗となって現われるのはよくよくの場合でなければなりません。革命は往々人が考えているように、又凡《あら》ゆる時代の支配階級が宣伝するように一部の人間の煽動等によって起るものでは決してないのです。このことは誰よりも今世紀に於ける革命の「神様」ニコライ・レーニンが口を酸《すっ》ぱくして強調した所です。レーニンは革命の起る条件について次のようにいっています。「全ての革命、特に二十世紀に於ける三つのロシア革命に於て確証された革命の根本法則は実に次の点にある。革命の為には被搾取・被圧迫大衆が古い方法で生活することが出来ないということを意識して変更を要求するというだけでは不充分である。革命の為には搾取者が古い方法で生活し、統治することが出来なくなるということが必要である。「下層」が古い方法を欲せず、そして「上層」が古い方法でやり得なくなった場合においてのみ、かかる時にのみ革命は勝利し得る。換言すれば……革命は全国民的（被搾取者をも搾取者をも捲き込んだ）危機なくしては起り得ない」

（『共産主義〔における「左翼」〕小児病』）。又彼の後継者スターリンもこういっています。「問題は古い制度を維持することが不可能であり、その倒壊が不可避であることを前衛が意識することではない。問題は大衆が幾百万の大衆がこの不可避性を理解し、前衛を支持する用意を表面化することにある。だが大衆は自分自身の経験によってのみこのことを理解し得るのである」（『レーニン主義の基礎』）。

こうした条件の一つでも欠けている場合、如何に革命的政党の宣伝、煽動が行われても、如何に労働組合運動が急進化してもそれだけでは革命は起らないのです。この点に関して世上屢々《しばしば》簡単に類比される革命と戦争の関係をここで考えて置くのも無駄でないと思います。両者はなるほど政治的対立の最高度に集約化した形態であり、紛争解決の最も急激な手段たることに於ては共通していますが、そのことから両者を政治に於ける暴力現象として一括するのは、甚だ粗雑な考え方だと思います。戦争は既に完全に組織化された物理的強制手段を持つ国家と国家との暴力的衝突です。随ってその闘争は必然的に武力闘争であり、しかもその武力闘争たるや関係当事国の駆使し得る最大の破壊力を持った武器を用いての闘争たらざるを得ません。ところが革命は、組織された武力を持ち何時《いつ》でもこれを行使出来る態勢にあるのは支配権力の側だけで、大衆は通常武装していないどころか、充分に組織化されてもいないのです。しかも革命型には無血の平和革命から民衆の武装鋒起に到るまで無数の段階がありうるわけです。その最も極端な場合、民衆が武装して立ったという場合にも、その武装の程度は支配権力の武装に比して劣るのが常です。殊に現代のように技術、機械文明の発達に依って政治権力が原子爆弾を筆頭として航空機、戦車、レーダー等々高度の科学兵器を自由に駆使し得るようになった時代には、治者と被治者との物理的な力の差は殆ど圧倒的といってよいほど大きいといってよいでしょう。バリケードによった市街戦などはとうの昔の夢になってしまいました。このことは何を意味するでしょうか？　国家と国家とが軍隊を総動員下に置いて対峙しているような場合には、戦争の危機はそれこそ一触即発、極端にいえば大国の最高政治家がボタンを一つ押せば、それだけで忽《たちま》ち全世界を動乱の中に捲き込みます。ところが革命の場合はどんなに精鋭な組織を持った革命党の首領が「革命！」と叫んで党本部から指令を発しても、それだけでは革命の力の字も起らないでしょう。つまり戦争は革命に比して遥かに上からの指導性に依存する程度が強く、革命は遥かに下からの自発性に依存する程度が強いのです。ということは、又戦争は革命に比してずっと少数権力者の陰謀や冒険に依って起される可能性が強いということです。しかも両者の及ぼす惨害の範囲についても最近の傾向は益々顕著な対照を示しています。即ち戦争は昔の軍隊と軍隊の衝突という時代から、最近の総力戦段階に至って益々広範な国民をその渦中に捲き込み、戦闘員と非戦闘員との区別は事実上なくなりました。例えば空襲一つとって見ても、最も惨憺たる被害を蒙るのはいうまでもなく、最下層の民衆であり、それに比べると支配層の安全性は遥かに大きい。これに対して、革命の鋒先《ほこさき》は益々上層権力に集中し、従って、被害も上層部ほど激しくなる。とくに物理的強制手段が高度に集中的に組織化されている現代の国家のような場合には、軍隊や警察のような組織の内部に反抗が起って、その鋒先がそのまま、支配権力の側に向くということが、殆ど唯一の可能な暴力革命の具体的形態となって来ました(ただ戦争が起って、外国軍隊が侵入し、それが革命的内乱に転化する場合とか、革命に対して外国が武力干渉をする場合には局面が変って来ます。この場合には戦争そのものの持つ上述のような惨害性が国内に再現される可能性が濃くなります)。一般的な傾向としては、機械技術文明の発展と、権力の集中にともなって、戦争の被害対象は益々下降し、革命の被害対象は益々上昇するという法則が立てられると思います。

私はこの冷厳な事実によって、戦争はすべて好ましくないが革命はすべて好ましいということをいおうとするのではありません。戦争はもとより革命にも、憎悪心や復讐心の非合理的爆発や、反革命への警戒の醸しだす疑心暗鬼、相互不信などの「悪」がどうしてもつきまといます。その意味で、暴力革命なしに、社会的不正義が除去せられ、社会が進化して行くことがなにより好ましいことです。しかし現実にフランスやロシアの革命の過程が私達に示しているところでは、革命が暴力的な状況に立至るかどうかということは、客観的情勢と主体的条件の複雑な関連できまることで、革命政治家が自由にきめうる問題ではないのです。むしろ支配者が歴史の方向を洞察して適当に譲歩する聡明さをもっているかどうか、また外国が革命を鎮圧するために武力干渉するかどうか、が革命のコストを大きく左右するのが事実です。

しかも革命と戦争とは概念の論理では類比されますが、歴史の論理の上ではむしろ対抗関係として現われています。すなわち、ある状況においては、人類は戦争を防ぐ為に革命をも賭すか、それとも革命を避ける為に戦争に訴えるかという深刻な二者択一を迫られるのです。そうして日本を筆頭として多くの国々は国内の革命的情勢の進行をチェックする為に支配層が対外的な戦争に訴えた、あまりに多くの例を示しています。これに対して反戦革命運動が奏功した例は話しにならないほど尠《すくな》い。何故こういう結果になるかということは以上述べたことをお考えになれば容易に解ると思います。とすればわれわれが何を措《お》いても闘わなければならないのは果していずれの「悪」でしょうか。一方では革命家が大衆を煽動して平地に波瀾を起す可能性及び危険性と、他方では支配階級がそうした煽動を口実に民衆の自発的な政治的批判を抑圧して、特権の温存をはかり、乃至《ないし》は民衆の不満のはけ口を特定の外国への憎悪や敵意に振り替えさせる危険性と——この二つの危険のうち果していずれが大きいでしょうか。皆さんの賢明な判断に俟ちたいと思います。

第四章　あとがき——「政治化」の時代と非政治的大衆

これで政治の世界における基本的な状況とその運動法則についてのごく粗雑な説明を閉じることにします。もとよりはじめに申しました通り、政治現象はきわめて厖大な錯雑した問題を含み、随ってそれを解明して行くのにもいろいろの角度からの取上げ方が可能です。この小論は決して政治学概論といった包括的な説明を意図したのでなく、随ってそこからこぼれ落ちている問題もたくさんあることを御承知になって下さい。ただこの散文的な分析が、みなさんが生きた政治を観察する際の何かの手がかりを与えることになれば望外の喜びです。

そこでこの小論を結ぶにあたって、ふたたび一番はじめに提出した現代における「政治化」という問題に立ちかえって、私達が現在当面する最も大きな矛盾に、皆さんの御注意を喚起しておきたいと思います。

それはどういうことかといえば、前章でも随所に暗示しておきましたが、現代のように政治権力の及ぶ範囲が横にも縦にも未曽有の規模で拡大し、国民の日常生活が根本的に政治の動向によって左右されるようになった時代において、かえってますます多くの人が政治的な問題に対して積極的関心を失い、政治的態度がますます受動的、無批判的になり、総じて政治的世界からの逃避の傾向が増大しつつあるといういたましいパラドックスです。民主主義が抽象的政治理念としては世界中でゆるぎない正当性を認められるようになった時代において、民主主義の当の担い手である一般民衆が、政治的無関心と冷淡さを増して行くという事態は何としても驚くべき現象ではありませんか。

まず具体的事実を見ましょう。今日（〔一九五二年〕三月六日）の『朝日新聞』の「吉田内閣をどう見る」という世論調査をみますと、国会が開かれているという事実を知らないものが実に全体の三五パーセント、知っている者のうちでも、そこで大きな問題になったのはどんなことかときかれて、「思い出せない」と答えたものが一八パーセントを占めています。つまり選挙権をもっているものの半数以上は、国の最高機関であり、民主政治の中心体ともいうべき国会について全く無知無関心だということになります。また、「吉田内閣はもっと続けてやらせるべきか、それとももう代るべきか」という問に対しても、「どちらでもよい」「わからない」と答えたものは総計四六パーセント、「支持する政党は何か」に対しても、全体の四八・三パーセントは「支持政党なし」或いは「分らない」と答えている有様です。やはり有権者の約半数が、およそ現在の内閣や政党に対して無関心かあるいは絶望しているわけです。こうした政治的無関心や絶望の上に行われる選挙がどのようなものであるか、その結果が果してどれほど「民意」の表現といいうるのかはおよそ想像がつくではありませんか。こういうと、皆さんは、それは日本人が多年「由らしむべし知らしむべからず」の封建的秘密専制政治の下におかれていて、民主政治の経験に乏しい結果だからとお考えになるでしょう。たしかにそういう面は否定出来ません。民衆が政治をもっぱら上から、或いは外から与えられた環境として宿命的に受取り、みずからの生活を向上させるために、自分達の力で変えて行くべき条件というふうには考えない長い習慣が滲み込んでいる日本のような国と、民衆が革命というような大変革を自力でなしとげて、よろめき、つまずきながらも、政治的権利を血と汗とで獲得して行った西欧諸国とでは、自《おのず》からその点に少からぬ差異があるでしょう。政治的無関心が権力の濫用や腐敗を生み、それがまた逆に国民の政治に対する嫌悪と絶望をかきたてるという悪循環は、一般に民主主義の伝統の浅いところほど甚しいにちがいありません。しかし、それならば、民主主義の総本山として自他ともに許しているイギリスやアメリカにおいては、こういう傾向は見られないでしょうか。こういう国では、民主主義の教科書に書いてあるとおり、人民がひとりひとり独立の識見と理性的判断をもって、積極的に政治的意見を表明し、権力を不断に批判しているでしょうか。どうやら教科書と現実とはそこでも大分かけ離れているようです。

一つのアメリカの例をとって見ましょう。ニューヨーク州のスケネクタディという市のある新聞が一九四七年六月に全市の有権者について試みた調査の結果では、二人のうち一人（つまり半数）は市の最高行政首脳者の名前を知らなかった。ところがその人の名前は六日のうち五日は、その市の新聞の第一面に載っているというのです。また、やはり二人のうち一人は議会《コングレス》に出ている自分らの代表者の名前もいえなかった。しかもその議員はこの調査の行われた八ヵ月前に再選されたばかりなのです。さらに一〇人のうち四人は自分の子息が政界に入るのは反対の意向をもち、四人のうち一人は、政界に入りながら正直で潔白な人間であり続けるのは不可能だと考えている、というのです。

　このスケネクタディという市は、人口一〇万ばかりですが、ゼネラル・エレクトリック会社やアメリカン・ロコモーティヴ会社というような全米でも有数の大会社の親工場があり、大学出の技師や科学者、サラリーマンが比較的多く、主としてインテリと労働者の居住地ですから政治意識もアメリカ全体のレヴェルよりずっと高いところだということです。それですら、以上のような結果が現われたわけで、この調査を分析したJ・デュマスが、「このようにわれわれはいたましいパラドックスの前に置かれている。われわれは一方において、あらゆる〝主義《イズム》〟を声高に排撃し、われわれの制度を生命かけて擁護しようとしながら、他方において、われわれの大多数は、自分たちの政府について何も知らず、政策を定める人に不信を抱いているのだ」と警告しているのも故なしとしません（cf. A. N. Christensen & E. M. Kirkpatrick, *The People, Politics and the Politician*, 1950, p. 262）。では、アメリカの世界政策に対しては一般国民は果して相当の知識と関心を持っているでしょうか。戦後アメリカの最大の国際計画であり、四年間の支出総額一七〇億ドルという巨額が予定されていたマーシャル・プラン(欧州復興計画)について、ある調査報告の示すところでは、一〇〇人のアメリカ国民のうちプランの目的をほぼ正確に述べえたものは一四人の割合にすぎません。一〇〇人のうち七〇人はその存在を知っているだけで内容を答えられず、残りの一六人に至っては、凡《およ》そマーシャル・プランなどというものを聞いたことがないというのです。この調査が行われた時は一年と四ヵ月にわたってその問題が社会的に討議された後、連邦議会がこれを可決する僅か一ヵ月前であることに注意して下さい(cf. H. D. Lasswell, *National Security and Individual Freedom*, p. 162)。このほかにもアメリカで、大衆がますます政治的に受動的《パッシイヴ》になって、強力な指導者を待望し、その指導者に万事お預けにするという傾向が強くなっていることを実証した研究が近時少からず出て居ります。他方、イギリスの労働党系の学者で有名なコール夫妻も普通市民の政治的態度について次のように言って居ります。「彼(一般国民のこと)についてまず第一に目につくことは、政治問題について殆んど考えないか、乃至《ないし》は注意を払わないということである。むろん彼は新聞でそういう問題を読み、友人知己とある程度議論したりすることはあるだろう。しかし彼は、政治問題を自分と密接に関連した事柄として、是非とも不断に関心を持たねばならぬ問題として、真剣に受取る習慣が出来ていない。大抵の人にとって政治とは何か遠くかけ離れた事柄なのだ」(G. D. H. & Margaret Cole, *A Guide to Modern Politics*, p. 505)。

そうして、コールの皮肉な解釈によると、議会政治は、すべての人間が政治的動物であり、いつでも政治のことを真剣に考えているという建て前で出来ているにも拘らず、実のところは、この建て前が非現実的であるからこそ議会政治は無事に運営されているということになります。つまり、そこでの政治的指導者は、政治的自覚をもった少数者の頭越しに、無批判的な非政治的大衆に直接アピールすることによって、そうした少数の政治的自覚者の批判を封じてしまうのが常だというのです(*op. cit.*, p. 507)。

こうした例を挙げたのは、なあに、どこでも同じようなものだといった「悟り」や「あきらめ」を皆さんに持たせるためではありません。況《いわ》んやこうした先進民主主義国の現実を見て日本の政治家にあぐらをかかれてしまっては、私達国民はたまったものではありません。むしろ私達は、「政治化」が進めば進むほど大衆の「非政治化」が顕著になるという矛盾が、いかに現代文明の本質に根ざしているかということをためらわずに認識して、そこから将来の打開の方向を真剣に考えて行かなければならないのです。

「政治」の領域の未曽有の拡大および滲透をもたらした根本的な動力が生産力および

技術・交通手段の飛躍的な発展であったことは「まえがき」で触れた通りですが、それと逆行する大衆の非政治的受動的態度をはぐくむ地盤も実はやはり現代のいわゆる機械文明にあるのです。現代を機械文明とか機械時代とかいうゆえんは決して単に現代の社会的生産が大工場の機械生産によって行われるようになったというような狭い意味だけではありません。むしろ社会そのものの組織がますます機械化され、人間があたかも機械の部分品のようになって行く根本的傾向を指していうわけです。現代国家はその内部に社会的分業が進むに従って、さきに「権力の組織化」の節で述べましたように、ますます精緻な階層組織《ヒエラルヒー》が生長してまいります。これをマックス・ウェーバーに従って官僚化の傾向と呼ぶならば、そうした官僚化傾向は国家組織だけでなく、実は会社・銀行・学校・種々の協会・政党等あらゆる現代の社会集団の内部に存在します。そうした無数の社会集団がそれぞれ一個の機械と化しつつあるわけです。現代の人間は昔のように家族とか部落とかいった「自然的」集団に全存在をあげて包まれているのではなく、むしろ、多数の目的団体に同時的に所属しておりますから、現代社会の「機械化」とともに、人間は四方八方からの部分品化の要請に適応するために、その人格的な統一性を無残に引き裂かれ解体される運命にあります。

さきに私は人間の原子化ということを現代の選挙制度に内在するイデオロギー的役割として指摘しましたが、よく考えて見れば、それも結局こうした大きな趨勢の一つの表現ないし徴候にすぎないわけです。こうして人格的な全体性を解体され部分人(Teil-mensch)と化した人間に、どうして社会や政治の全般を見渡す識見と自主的判断が期待されるでしょうか。彼は職場で機械のベルトのように毎日きまりきった仕事に精根を尽き果し、ヘトヘトになって夜、家庭に帰ります。家庭だけが恐らく人間関係が機械化されないで保たれており、従って彼が「全体性」を恢復しうるまず唯一の場所でしょう。しかし現代人がそこに憩いうる時間というものはほんの僅かしかありません。彼はそこで朝起きたときと、夜遅く仕事を終えて帰ってから、新聞や雑誌類に目を通したり、ラジオをきいたりします。彼の政治や社会に対する考え方、見方は大部分この短い時間に得られた「知識」を基にして形成されるわけです。ここにまた問題があります。つまりそうした新聞・ラジオ・テレビといった報道手段は一方ではさりげない見出し・解説のうちに一定の傾斜をつけて読者や聴取者の思考・判断を一定の溝に流し込むと同時に、他方では政治的・社会的事件を興味本位に報道して大衆の関心を瑣末なもしくは私的な問題にそらせ、あるいは消費文化に興味を集中させるなど、いろいろの仕方で大衆の非政治化に拍車をかけています。マス・コミュの恐るべき役割は積極的に一つのイデオロギーを注入することよりも、むしろこうして大衆生活を受動化し、批判力を麻痺させる点にあるといえましょう。「新聞の自由」は民主主義の合言葉となっていますが、実は現代の世の中では「新聞からの自由」——新聞の見出しや報道の仕方にまどわされずに、その背後の真実を読みとる力——の方がはるかに実現困難な理想であり、それだけに強調する必要があるわけです。

こうして多忙な生活に追いまくられる現代人は職場において「部分人」となるだけでなく、家庭へ帰っても、大量的報道手段(新聞・ラジオ・映画・テレヴィジョン等)の圧倒的な影響下にさらされて、自発的な思考力を麻痺させられてしまいます。彼の教養内容そのものがますますダイジェスト的なこまぎれと化し、趣味はいよいよ瞬間的、刹那的となります(パチンコ!)。現代文明は実にこのように、独自の個性と人格的統一性を喪失して、生活も判断も趣味、嗜好も劃一的類型的となりつつある夥《おびただ》しい「砂のような大衆」を不断に産み出しているのです。

現代民主政治がこうした原子的に解体された大衆の行使する投票権に依存しているところに、形式的な民主主義の地盤の上に実質的な独裁政が容易に成立するゆえんがあります。大衆が日常的に政治的発言と討議をする暇と場所がなくなればなくなるほど、彼の政治的関心は非日常的、突発的となります。それだけに彼は容易に新聞の大見出しに興奮し、巷間のデマに忽《たちま》ちまどわされます。通信報道手段を左右しうる力をもった政治的指導者はこうした衝動性に点火することによって、忽ち圧倒的な「世論」を喚起して、反対勢力や特定の外国に対する大衆の憎悪をかき立て、自己の政治目的を達成します。今度の戦争前の「国体明徴」「暴支膺懲《ようちょう》」「鬼畜米英撃滅」といったスローガンが横行した雰囲気を思い出して下さい。ヒットラーの「ユダヤ人排撃」「ボルシェヴィズム打倒」がいかに一時なりとも「国民的」な支持を背景に持ちえたことか。さきに私は、ドイツ国民のような科学的レヴェルの高い国民がヒットラーの「カリスマ」にたやすく参ってしまった不可思議を問題として提出しましたが、上のような「原子的大衆化」の傾向が現代社会の機械化に内在するものである限り、必ずしも智能程度とは関係しないのです。いわゆる「インテリ」も上のような意味では滔々として「大衆」化しつつあります。専門の分野では偉い学者でも、一般的な政治的社会的判断力では、街のあんちゃん並《なみ》ということは稀《めず》らしくありません。会社の重役や官庁の高官でも、家でどてらをきて夕刊を見ながら、「フーム、今の大学生は怪《け》しからん」といって憤慨するときは、百パーセント

「大衆」なのです。その限りで「砂のような大衆」は社会的実体として存在するというよりは、むしろ現代社会の人間が身分地位教養の如何《いかん》を問わず持つところの或る行動様式《ビヘイヴィア》であり、資本主義の高度化はこうした行動様式をますます普遍化しつつあるということが出来ましょう。

　では、この現代文明の深刻な袋小路を私達はどうして切り抜けたらいいのでしょうか。私達は「機械文明」による人間の解体に、ただ「二十五時」的絶望[17]の嘆息をするほかないのでしょうか。もとよりこれはとてつもなく大きな課題で、おいそれと処方箋を出せるような簡単な問題ではありません。問題をこうした現代文明一般論でなく、民主政治の問題に限定して、現代における政治領域の圧倒的な拡大と、それに反比例する政治的関心の低下と合理的批判力の鈍麻という矛盾をどう解決するかということだけをとりあげても、きわめて複雑困難な課題です。ここではただ将来の方向を模索する際の問題点だけをかいつまんで申上げて、いくらかでも皆さんの示唆に供したいと思います。それも結局はいままでの私の叙述の中に暗示されていたことです。

　民主主義を現実的に機能させるためには、なによりも何年に一度かの投票が民衆の政治的発言のほとんど唯一の場であるというような現状を根本的に改めて、もっと、民衆の日常生活のなかで、政治的社会的な問題が討議されるような場が与えられねばなりません。それにはまた、政党といった純政治団体だけが下からの意思や利益の伝達体となるのではなく、およそ民間の自主的な組織（voluntary organization）が活潑に活動することによって、そうした民意のルートが多様に形成されることがなにより大事なことです。ラスキは、アメリカ民主政を批判して、一方ではアメリカほど巨大ジャーナリズムによって民衆の意見の劃一化される危険の多いところはないといって警告しながら、他方で、アメリカにおいて夥しい自主的組織（宗教団体、婦人団体、教育団体、組合、××同盟とかいったもの）がそれぞれ機関紙をもって活潑に動いて来たことが、そうした劃一化に抵抗する力となって、民主政の健全性を維持する役割を果して来たことを指摘しています。その意味においてそうした自主的組織の結成と活動を圧殺するような立法や政治的動向は、それがいかに民主主義の名において行われようと、実は大衆を民主的な「市民」から嘗《かつ》ての「帝国臣民」に逆転させる以外の何ものでもありません。もとよりそうした自主的組織とても、やはり現代社会に内在する機械化官僚化の傾向から全く免れることは出来ないでしょう。しかし、そういう危険は、これを官僚的に統制することによって助長されこそすれ、なくなることはありません。むしろますます活潑に下からの活動を再組織することによってのみ、こうした組織の官僚化を防ぎうるのです。要するに、盛んに、到るところに横のグループをつくること、これが民主主義の動脈硬化をチェックするなによりの方法です。といっても、一般国民が職場と別にそうした自主的組織を作ったり、それに参加して活動するということは、やはり現実問題としてはなかなか困難でしょう。そこで何といっても重要な意味を帯びるのが、職場における組合です。労働組合こそは現代社会における大衆の原子的解体に抵抗する最も重要な拠点でなければなりません。随ってまたヒットラーのようなファッショ的独裁者が権力を獲得して真先に手を着けたのが、自主的労働組合の解体であったことも当然といえます。労働組合の使命は単に狭い意味の経済闘争にあるのではなく、むしろ、そこで政治・社会・文化のあらゆる問題が大衆的に討議され、また教育されることによって人間の規劃品化、大量通信報道機関による知識の劃一化、趣味・教養の末梢化の傾向と戦い、大衆の自主的な批判力と積極的な公共精神を不断に喚起するところにあるのだと思います。民主主義の根をしっかりと培うことを真実に欲する人々はなにより、大衆の政治的関心を日常化する場として、組合の強化発展につとめ、これを不具化し矮小化する動向と闘わなければなりません。

しかし、いかに労働組合が大衆の社会的発言の重要なルートであるとはいえ、もとより、組合だけでは現代人の機械化傾向を押しとどめることは出来ません。長時間労働で身心を使い果し、しかも失業の恐怖に不断に襲われている勤労者にとっては、組合への関心すらも非日常的になりがちでしょう。そうなると結局民主主義が現実に民衆の積極的な自発性と活潑な関与によって担われるためには、どうしても国民の生活条件自体が社会的に保証され、手から口への生活にもっとゆとりが出来るということが根本だということにならざるをえません。しかもそうした社会的な保障も、ある天気晴朗なる日に突然天から降って来るわけではなく、やはりそれ自体私達の日常的な努力と闘争の堆積によってのみ獲得されるのです。この問題をどうどうめぐりの悪循環にするかしないか、――それはひとえに私達国民の決意と選択とにかかっています。

Ⅱ　権力の政治学

権力と道徳
——近代国家におけるその思想史的前提——

まえがき

権力と道徳という問題は形式的にいえば、はじめに権力とは何か、次に道徳とは何かという筆者の定義をしてから然《しか》る後にはじめて両者の関係の考察に立ち入るべきものであろう。しかしそうした方法は問題の具体的な解明のために必ずしも実効的とは考えられないし、下手をすると、入口のそのまた入口というあたりに無限に足踏みしているだけに終ってしまう。そこで、以下においては、まず一応の常識的概念を前提として、権力と道徳のイデオロギー的関係について大ざっぱな歴史的見取図をえがいて、そこから問題の理論的な焦点を見出して行くことにしたい。ただこれだけのことは最初に断って置こう——ここでいう権力とは公権力、つまり普通の意味での政治権力として理解する。

ウェーバーに従って権力を「ある社会関係の内部で自己の意思を抵抗を排しても貫徹すべき一切のチャンス」(*Wirtschaft und Gesellschaft*, Teil I, S. 28)という風に広く考えてこの問題を考察することもむろん可能かつ必要であるが、それではあまりにテーマが錯雑厖大になりすぎて筆者の手には到底負えないし、第一こうした小論で取り扱うには適しないからである。そこで当面の問題はむしろいわゆる政治と倫理という古来最もしばしば論じられたテーマに近いといってよかろう。ただここではどこまでも一般的な権力現象の集中的表現たる限りにおいての「政治」が問題なのであり、政治権力のデモーニッシュな性格と道徳的規範との合一、分離、背反の諸関係が基本的観点になるわけである。

一

道徳と宗教、法と習俗、政治と経済というような人間の主要な文化活動が概《おおむ》ねそうであるように、権力と道徳の関係も歴史をさかのぼって行くと遂には両者の区別が見分け難いような時代に到達する。そこでは政治権力は外部的な強制力としてよりも、むしろある精神的な拘束として意識され、逆に道徳は純粋に内面的な規範ではなくてきわめて具体的な感覚的実在性をもった規範として受け取られる。それは道徳と権力の直接的統一の状態と呼ぶことも出来よう。という意味はそこで政治権力が道徳的価値判断に照してつねに「善き」権力であったという意味ではない。むしろそうしたいわば抽象的な価値判断の形成ということ自体が起りえないで、道徳が権力的強制のなかに実体化された形においてのみ存在し、従ってまた権力も、一つの道徳的権威の体系として自己を顕現するような社会の謂《いい》である。しかし同時にそれはいかに文化活動が未分化とはいえ支配形象それ自体がまだ成立していないような氏族共同体とは区別されるのであって、そうした氏族共同体の内部に労働の社会的分業が進み、氏族の共同事務の処理が氏族の首長に漸次集中することによって、統治機能が彼に専門的に帰属するようになった段階——もちろんそうした段階は言葉で現わすほど実際には確定が困難であるが——が少くもわれわれの考察にとっての出発点であり、権力と道徳の絡み合い方に関するすべての歴史的様式がそれからの距離において測定されるような原基形態である。

　このような端緒期における政治権力はどこでもまず祭政もしくは神政的な権力として現われた。権力と道徳の直接的統一を背後で支えていたのは殆どつねになんらかの宗教的権威であったのである。

元来原始社会における集団的統制は周知のごとくその成員間に伝えられたトーテム信仰のような宗教的強制力に圧倒的に依存しているが、その際最初から「僧侶」的な身分が明瞭に分化していたのではなかったし、ある程度儀式や礼拝の執行者が専門的に分化した場合にも、必ずしも彼に直ちに集団の権力的統制機能が帰属したわけではなかった。ただ、そうした古代人の生活と意識において呪術《マギー》の占める地位が非常に大であり、とくにそれが経済的生産と結びついている結果は、自《おの》ずから、超自然的な力との通路乃至《ないし》媒介者としての司祭者のプレスティッジを増大することになり、やがてそうした司祭者の権威が集団内部の階級的分化とともに恒常的な権力体にまで発展するのが通常の成行だったのである。政治団体の起源は概ね、一方にはこうした司祭者的権威、他方には他部族とのしばしばの戦争の間に確立された軍師的権力との二者の合流する所に成立したのであって、政治権力というものは既にその端緒においてエートスとクラートスの統一という性格を運命づけられていたのである。

むろんその合流の仕方にはさまざまの歴史的形態があり、司祭者階級が世俗的権力に喰い込んで之《これ》を支配した場合もあれば、逆に軍師的権力が礼拝に対する支配を獲得し、司祭者団を行政組織のなかに編入して行った場合もあるし、或いは回教の場合のように、純粋な予言者がそのまま自己を政治的支配者にまで高めて行った例もある。いずれにせよ、古代国家においては概ね最高の行政首長と最高の司祭者（或いは予言者）とは同一人格のなかに統一されていた。こうしたところでは権力のヒエラルヒーと道徳規範のヒエラルヒーとは概ね相照応し、併行する。社会の成員はその全存在、全人格を挙げて政治的秩序の価値体系のなかに編み込まれる。そうした価値体系への反逆は従ってただ自然的事実として起るのみであって、反逆そのものに倫理的意味が認められることはないのである。

こうした神政政治体系がもっとも大規模に実現されたのはバビロン・アッシリア・エジプト・ペルシア・中国の古代帝国であり、そこでの皇帝乃至国王はいずれも単に礼拝の最高執行者にとどまらずに、彼自身神性を分有し、生ける神、或いは地上における神性の代表者となったのである。従って権力の皇帝への集中は同時に一切の倫理的価値の彼への集中をも意味し、地方的な習俗道徳はこうした集中的統治組織のなかに編み込まれるか、或いは押し潰されてその独自的な規範力を喪失してしまった。しかし政治的社会の組織化がこのように高度化されて行った過程は、他面においてまた権力と道徳との直接的な統一が次第にイデオロギー的性格を露呈して行った過程でもあった。つまり、氏族的首長においていまだかなりの程度において実在的な基礎をもっていた権力の道徳性が権力の集中と共にますます「虚偽意識」としての性格を濃化して来るのである。統治領域が広大になり、権力の下部行政機構が法的に整備されて来るほど、イデオロギーと実在との距離は大きくなる。その意味で、権力と道徳との原始的な統一に現実的にくさびを打ち込んで行った大きな契機はどこでも政治権力における法体系の形成であるといっていい。むろん法もまた習俗から生れたものにはちがいないが、それが法である限り、それはやはり、最小限度に目的意識的な産物である（慣習法もまた慣習とちがって造られるものである）のに対し、道徳はどこまでも人為的な形成でないというところにその規範力の基礎があるからである。この矛盾が最高度に現われたのはローマ帝国であった。ローマ帝国における皇帝の神化、一切の公的規範の最高権力（インペラトール）への統合は、具体的にはローマ法の壮大な形式的支配として現われ、それは民衆の私生活から全く抽象された目的合理的産物であった。権力と人倫の直接的統一が最も空虚な虚偽意識と化したとき、その胎内から、最も純粋な内面的心情の倫理をもったクリスト教が成長したという事は偶然というにはあまりに深い世界史的な意味をもっていた。

しかし権力と道徳の直接的統一の現実的解体は、必ずしも直ちに、両者の原理的な独立を意味するものではない。また古代帝国のように政治権力が神政的君主の手に集中されることなく、「寡頭政」或いは「民主政」として分割されている場合でも、その政治的社会における道徳が本質的に集合的道徳(Kollektivmoral)としての性格をもっている限り、たとえ政治権力への忠誠と道徳的義務との相剋が起っても、その相剋はいわば同じ社会的平面における相剋であるから、両者の間の緊張関係はどこまでも例外的事態であり、従って間もなく新たな平衡が成立する。政治的価値のヒエラルヒーと道徳的なそれとの間の原理的な相互依存関係はそこで失われることはないのである。このことは、東方帝国のような強力な君主の単独支配の代りに、民主政を古典的に完成させたギリシャ都市国家において明らかである。周知のようにギリシャ市民における自由とはポリスへの参与を意味し、それに尽きていた。彼の生命と身体は挙げてポリスに属しており、道徳の体系はポリスへの忠誠に統一せられ、信仰はポリスの宗教への信仰であり、教育はポリスの公民への教育にほかならなかった。ソクラテスの悲劇にも拘らず、いなまさにこの悲劇が確証しているように、合法性(Legalität)と正統性(Legitimität)とはいまだ全く分裂を知らなかった。ギリシャにおける個体性はヘーゲルの指摘しているように(*Vorlesungen über die Philosophie der Geschichte*, Lasson Ausg. S. 599f.)、根本的に美的個体性であって倫理的なそれではなかった。むろんギリシャ人にも個人道徳が存しなかったのではない。しかしそれは道徳のヒエラルヒーの最下位に立っていたのであり、それがポリスの徳に優位するようになったときは、ギリシャの政治的統一自体が崩壊し、人々が現世からの離脱のためにそうした徳を求めるに至った時代であった。そうして、やがてマケドニア君主単独支配がその上に打ち建てられたとき、そこには、アレキサンダー大王の一身において、東方帝国に見たのと同じ、地上における神が出現した。政治権力への合一化を原理的に拒否しうる道徳は、集合道徳とも私人道徳(Privatmoral)とも区別される人格性の道徳(Persönlichkeitsmoral)[1]としてのみ可能であり、それこそ一切の人古代世界に欠けていたものであった。世界宗教としてのクリスト教はまさにこうした人格の究極的価値の信仰に立って、ローマの皇帝崇拝に真向から対決を挑んだのである。権力と道徳の問題は、ここに全く新たな展望が開かれることになった。

二

クリスト教的倫理が政治権力への合一を原理的に拒否する倫理として登場したという

ことは、それがつねに政治権力に対する批判的な或いは進んで革命的な契機として作用したという意味ではない。むしろその点からいえば歴史的クリスト教会は旧教であれ、新教であれ、政治権力に対する絶対服従を教え、若しくは進んでこれをジャスティファイする役割を演じた場合の方がはるかに多かったことは歴史の明らかに示すところである。にも拘らず、クリスト教の出現が当面の問題にとっても、世界史的な意味をもつ所以は、それが、社会的乃至政治的平面に解消し尽されない人格の次元を人間に開示することによって、一方には「カイゼルのもの」の絶対化を永遠に拒否すると共に、他面単なる現世からの逃避ではなく、むしろ此岸的な活動の――従ってまた政治社会形成の内面的なエネルギーとして働いたことによって、権力と道徳の間の緊張がある程度つねに再生産される結果となったからである。この平凡な事実の認識なくしては西欧世界と他の世界との歴史的発展の仕方における根本的な相異が見失われてしまうのである。

もちろんヘブライの予言者からローマ教皇までの距離はきわめて遠く、クリスト教史は自らのうちに宗教の社会的なあり方のすべての類型を包含している。むしろ宗教的権威が厖大に組織化されて世俗的支配を確立したという点で、規模の大きさにおいて中世カトリック教会に及ぶものは史上多くはないであろう。にも拘らず、それがどこまでも教会という本来霊的な従って超現世的な使命をもつ結合体の独自的な組織化である点がやはり重要なのであって、さればこそそれは古代の司祭的権力のように世俗的支配権に完全に転化したり、それと合一したりせず、かえってそこに国家と教会というその後もヨーロッパ史を貫通する二元的な関係がつくり出されることになったのである。そうして宗教改革はまさに教皇権の世俗支配への堕落に対する「プロテスト」として発生したのであった。倫理的にいえば、それは中世の階層的社会秩序の支柱としてあまりに客観化され、集合道徳化したクリスト教倫理をふたたび人格の内面性にひきもどす運動であった。逆説的な言い方であるが、宗教改革を自らの胎内から産んだということは、ローマ教会の政治化の結果であると共に、またその政治化に本質的な限界があったことの証示でもあるのである。

しかも中世カトリシズムは、政治権力の道徳的制約に関して後世に巨大な足跡を残した思想を発展させた。いうまでもなく自然法の思想がそれである。ストアに発する自然法思想がいかに中世世界に受容され、いかに体系化され、いかに機能したかというようなことは法思想史の叙述に譲るが、それが現実的には教権——教権もまた一つの権力であった——の俗権に対する優越と統制を合理化する役割を果し、全体として、中世的政治体系のイデオロギー的支柱となったことは否定出来ないとしても、同時にそれは、法的政治的秩序に対する服従が決して無制限的なものでなく、むしろある場合には之に対する抵抗こそが倫理的義務であるという命題（もっともトマスはその場合の決定を個人的判断ではなく、公的権威に委ねたのであるが）を内包したことによって、近世の革命権乃至抵抗権の思想に大きな影響を与えたのである。さらに中世政治権力はその対内支配において自然法的制約の下にあっただけでなく、その対外的な権力行使においても、普遍的《カトリック》世界秩序のイデオロギーによって強く制限されていた。このクリスト教的共同体（corpus christianum）の理念も、その後、それを実体化した二つの権威――ローマ教会と神聖ローマ帝国――の衰頽乃至消滅にも拘らず、ヨーロッパ国家の国際関係を瞑々の裡《うち》に支配する規範的理念として存続している。

三

ともかく、クリスト教の人格倫理と現世的政治権力との間に本来内在する緊張関係は、中世においては一方においてカトリック教会の世俗性と他方における政治権力の宗教性によって調和されていたのであるが、この抱合関係はルネッサンスと宗教改革によって解体した。教皇と神聖ローマ皇帝との二重の神政政治体制の崩壊のなかから、近世国民国家が誕生し、それを担った各絶対君主は、外は教皇乃至皇帝に対し、内は封建諸侯、ギルド、自治都市等の勢力に対し、主権の唯一不可分絶対性を強調しつつ、権力的統一を完成させて行った。こうした近世国家の権力集中を可能ならしめたものは、いうまでもなく、間接的には封建的生産様式の崩壊によって解放された生産及び交通技術諸力の発展であり、直接にはそうした地盤の上に形成された行政機構及び常備軍組織であった。いずれにせよその政治的統一はもはや古代帝国や中世王国のように宗教的権威を必要とせず、かえってその拘束に反撥しつつ貫徹されたものであった。むろん近世初期においては王権神授説のごときが、なお絶対君主の正統性を擁護する理論として用いられたが、それは過渡的な現象であり、しかも神権説そのものも次第に内的な変質を遂げた。一言にしていえば、王は神聖なるが故に最高権力をもつのではなく、逆に最高権力を持つが故に神聖となった(この転換は思想史的にはホッブスにおいて成し遂げられた)。ルイ十四世が「朕は国家である《レタ・セ・モア》」といったとき、それは同時に彼が「神の子」でもなければ「祖国の父」(Pater Patriae)でもないということを意味していたのである(ヴント『民族心理より見たる政治的社会』、邦訳〔平野義太郎訳、日本評論社、一九三八年〕、三七二頁）。こうして国家権力は宗教的＝道徳的＝習俗的制約――一言にしていえば政治外的制約から独立して、自己の固有の存在根拠と行動原理とを自覚した。これが即ち近世における国家理性《レーゾン・デタ》のイデオロギーである。宗教改革が教権の世俗的支配に抗して、クリスト教的信仰の彼岸性と内面性を強調したさしあたりの結果は、世俗権力の大っぴらな自己主張として現われたのである。

それでは近世の国家権力はもはやあらゆる倫理的規範と無関係になったのかというと、それは二重の意味においてそうではなかった。第一に、国家理性《レーゾン・デタ》のイデオロギーはしばしば、無制限かつ盲目的な権力拡張の肯定と同視されるが、そうした理解はその最初の大胆な告知者たるマキアヴェリにおいて、既に全くちがっている。それは具体的には教皇の世俗的支配権の武器として機能していたようなクリスト教倫理に対するアンチテーゼであり、彼はその批判を通じて政治権力に特有な行動規範を見出そうとしたのである。いわば政治に対する外からの制約の代りにこれを内側から規律する倫理を打ち立てようというのが彼の真意であった。むろん彼はアンチテーゼを主張する点であまりにラジカルで、その反面積極的な体系の建設においては必ずしも成功していないけれども、いわゆるマキアヴェリズムが凡《およ》そ彼の本質から遠いことは確かである。この点、カール・シュミットが、「若しマキアヴェリがマキアヴェリストであったとするならば、彼は彼の悪名高い『君主論』などの代りに、むしろ一般的には人間の、特殊的には君主たちの善性について、人を感動させるようなセンテンスを寄せあつめた本を書いたことであろう」(C. Schmitt, *Der Begriff des Politischen*, 1932, S. 47)といっているのは、よく問題の焦点を衝いた言葉である。政治に内在的な行動規範とはどのようなものかということはいずれ別個に論ずるとして、ここではただ近世の国家理性のイデオロギーが単なる権力衝動の肯定ではないことだけを指摘して置こう。

しかも第二に、まさにこの近世に目覚めた国家理性は、宗教改革を通じて内面化されたクリスト教倫理と全く新たな局面において対決せねばならなかった。世俗的支配権の独自的な意味が認められ、それを直接拘束するヨリ上級の宗教的＝道徳的権威体をもはや持たなくなったことによって、却《かえ》ってクリスト教倫理と政治権力との内面的な相剋は一層深刻な相を帯びるのである。宗教改革は恩寵の律法に対する優位を強調し、個人の良心の道徳的優越を強調したため、それは、その最初の主張者の意図にかかわりなく伝統的な政治的秩序に対する批判的精神を喚起する結果となった。プロテスタンティズムが若い産業ブルジョアジーに担われて思想・信仰・言論の自由等基本的人権獲得のための血みどろの闘争をいたるところに惹起したことは改めて説くまでもなかろう。そうして中世の自然法論はモナルコマキ(2)を経て人民主権論に基く啓蒙的自然法に展開して行った。それは十八世紀以後、とくに大陸においては、クリスト教的な色彩を漸次洗い落して、所謂《いわゆる》俗的自然法(Das profane Naturrecht)として発展したけれども、ロックを通じてアメリカ独立宣言に流れ込んで行った契約説がピューリタン的信仰に深く底礎されていることは周知の事実であり、革命は地上におけるアピールの手段を奪われた植民地人民の神へのアピールとして肯定されたのである。そうして平等な成員の自発的結社(voluntary association)としての教会と、権力と服従の強制組織(compulsory organization)としての国家を鋭く区別し、後者を止むをえざる害悪とするロージャー・ウィリアムスらの思想(3)こそは、国家と社会の二元論に基いて権力を不断にコントロールする必要を説く自由主義国家観の原型となったのである(cf. A. Lindsay, *Religion, Science and Society in the Modern World*, p. 16)。

近世において解放された二つの要素、すなわち一方における絶対的な国家主権と、他方同じく奪うべからざる個人の基本的人権と、その二つの対立的統一は、凡そ近代国家の宿命であるように見える。それはイデオロギー的には、国家理性の思想と近世自然法思想の相剋として現われる。その相剋は根本的には全ヨーロッパ的現象であったけれども、どちらかといえば、西欧においては、自然法思想が優位を占め、之に反してドイツにおいては十九世紀以後国家理性の思想が急速に成熟した。その結果、英米においては国家権力は国内的にも国際的にも決して無制限ではなく、それが一定の法的制限を持たねばならないこと、その法の拘束力は究極において普遍的な倫理的＝宗教的価値に基くこと——そうしたイデオロギーが支配的であるのに対し、ドイツでは、国家は最高の価値であり、その存立の必要のためには、国際法や個人道徳的規準をも無視せねばならぬという思想が、ヘーゲルからビスマルク、トライチュケとずっと尾を引いている。これがドイツの悪評高い軍国主義的、権力国家的伝統の思想的反映としてしばしば指弾される所以である。しかしそこには両者における近代国家形成過程の大きな歴史的相違が横たわっている事を忘れてはならない。その相違は既によく知られている所で今更ここで述べる必要はあるまい。西欧諸国にしても苛烈な国際的権力政治の只中において行動した場合、決して客観的に国家理性に従わなかったとはいえない。むしろその点ではドイツよりもはるかに先輩なのである。イギリス自由党の輝ける指導者ロイド・ジョージは、一九一一年の有名なアガジール問題(4)が切迫したとき、演説していった。「もし、英国が幾世紀にわたる英雄主義《ヒロイズム》と功業によってかち得た偉大にして有利な地位を放棄したり、或いは我国の利益が致命的に脅かされている場合に、まるで我国が国際会議で一顧に値せぬかのような取扱を受けるのを甘受することによってしか、平和を保持する道がないような状況に追いつめられるとするならば、その時こそは私は断乎としていおう――かくの如き犠牲を払って得られる平和は、我国のごとき偉大なる国家が到底忍ぶ能わざる屈辱である」と(R. Niebuhr, *Moral Man and Immoral Society*, p. 92-3)。これは国家理性の端的な表明でなくて何だろう。ただ、英国のようにきわめて早く中央集権的統一を完成し、ブルジョア革命も産業革命も真先に経験し、強大な海軍力に援護されて国民的独立について比較的に最も危惧する必要がなく、政治的＝経済的に国際社会に優越的地位を保持し続けた国家においては、近代国家の求心遠心二要素のうち、遠心的側面がイデオロギー的に強調されるのは当然であった。そこでの国家の権力性は現実に脅かされた経験が少いだけに意識の面にのぼることが自《おのず》から少かったのである。このことはアメリカにも、またヨリ少い程度においてフランスにも妥当するであろう。ところが、ドイツは十九世紀初めにおいて、まだブルジョア革命どころか、国民的統一もなく、漸《ようや》く成長しはじめたばかりのブルジョアジーが内に強大な封建的ユンケルを控え、外は、既に強大な先進資本主義国家の圧力に面しつつ、国民的統一と自由主義革命との二重の課題を負ってよろめいていた。しかも国民的統一は自由主義革命の犠牲においてユンケル出のビスマルクの鉄血によって漸く遂行されたのである。事態はマキアヴェリの生きていたルネッサンス・イタリーにきわめて似ていた。フィヒテとヘーゲルがナポレオンの馬蹄に蹂躙された灰燼のなかではじめて、マキアヴェリの積極的意味を強調し、「権力の裡にある真理性」(Die Wahrheit, die in der Macht liegt—Hegel, *Die Verfassung Deutschlands*, 1802)(5)を説いて以後、権力国家の思想は夢魔のようにドイツの知識人にとりついて離れなかった。ドイツの中産階級や知識人にはもともと国家思想はきわめて稀薄であり、周知のようにレッシングやゲーテは愛国心を嘲笑し世界市民たることを誇りとしていたのである。国家理性の思想はフランスから学んだものであった。ところが一たびそれに目覚めるやドイツは権力の問題を徹底的に追求した。——それは現実の世界以上に観念の世界で激しかった。しかしフリードリヒ大王からトライチュケに至る国家理性の思想を詳細に吟味したマイネッケがいっているように、そこには終始クリスト教的な普遍的人倫の理念とのはげしい内面的な格闘が貫いていたのである。とくに第一次大戦当時、ドイツ軍国主義の思想的責任者として連合国陣営から最も激しい攻撃を浴びたトライチュケにしても、決して「強者の正義」を主張したのではなく、むしろ、文化的に無内容な権力国家は彼が極力斥けたところであった(vgl. Meinecke, *Die Idee der Staatsräson in der neueren Geschichte*, S. 498f.)。自己の是認しえない戦争を祖国が行った場合、いかに行動すべきかという問題に対して彼は次のごとく答えている。「私が人格的《ペルゼーンリヒ》に是認しない戦争に対しては私は責を負うことは出来ない。しかしこうした場合でも私は祖国に対して私の任務を果す義務はやはりある。……個人は彼の属する国家の一員であり、従って国家の誤謬をも自己の身に引き受ける勇気を持たねばならぬ」(O. Baumgarten, *Politik und Moral*, 1916, S. 169)。この結論はむろん問題である。にも拘らずひとはそこに内面的人格の理念と政治的義務との悲劇的な葛藤を読みとらないであろうか。それはまたマックス・ウェーバーのような自由主義者(むろんドイツ的の)をも等しく苦しめたところの二律背反であった。ヘーゲルはもとよりトライチュケもクリスト教的共同体(corpus christianum)の普遍的な理念を前提としていたところに、後年のナチの道徳的ニヒリズムとは截然と区別される一線が存する。「正義行われよ、たとえ世界は滅ぶとも」(Fiat justitia, pereat mundus)という道徳律の絶対命令《カテゴーリッシェ・インペラティーフ》から、国家と道徳との統一(但しもはや古代のように直接的統一ではない）を経て、遂にアリアン人種の絶対化に至る近代ドイツ思想史は、権力と道徳との緊張に堪えかねて一端から他端への命がけの跳躍を試みた国民のいたましい足跡を物語っている。

従って近代ドイツの問題のなかには、宗教改革とルネッサンスが解放した二つのモメント、即ち国家権力の自主性と道徳の内面性の二元的相剋が圧縮的に現われているのであって、実は近代ヨーロッパに共通に課せられた問題なのである。ドイツの悲劇はあまりに潔癖な倫理的要請とあまりに過剰な権力の肯定との間のバランスが終始とれなかったことにある。その結果ドイツ国家思想にはたえず一抹のシニシズムがただよっている。ニーチェはこのドイツ的シニシズムを大規模に展開させた「不幸なる」哲学者であった。彼は「客観性」「批判的精神」「献身」「愛」「人倫性」といったヨーロッパ精神の中核をなす諸徳をことごとく「権力への不能」の表現として、その偽善と狡猾を嘲笑して止まなかった。しかし他面ニーチェのシニシズムはビスマルクの権力国家に対しても仮借なき批判となって現われた。彼は国家を「組織された非道徳性」(Die organisierte Unmoralität）と呼び、「国家というものが個人の到底納得出来ないような事を恐ろしく沢山やらかすのはどんな方法によってであるか」と自問しつつ次のように答えている、「責任、命令、実行の分割によって。服従、義務、祖国愛、君主愛というような諸徳の仲介によって。矜持、厳しさ、強さ、憎しみ、復讐等——要するに英雄型に矛盾するあらゆる典型的特質を保存することによって、である」(*Material zum Willen zur Macht.* §717. 傍点は原文ゲシュペルト)。その限りでは彼のシニシズムはあらゆる政治権力のまとう道徳的扮装に対する強烈な漂白作用たりえた。ところがひとたびそれがニーチェのような「季節外れの観察者」ではなく、現実の権力の担当者に感染する場合には、忽《たちま》ちにして、政治権力の無軌道的な発動、いわゆる国家の「神聖な利己主義」(sacro egoismo)の不敵な肯定へと転化し易い。「苟《いやしく》も偉大な国民が、自国の存立と条約遵守とのどちらかを選ばねばならぬ破目に至った時に、前者を後者の祭壇にいけにえに供するようにその国民を動かすことは出来ないであろう」というビスマルクの基本的立場(vgl. O. Baumgarten, *Politik und Moral.* S. 131)はやがて第一次大戦における有名な「条約は一片の紙切」[6]という大胆な宣言に伴うベルギー中立の侵略として具体化した。イギリスの学者が大戦を法の支配《ルール・オブ・ロウ》という原理と国家理性《レーゾン・デタ》の思想の争いとして特徴づけたとき、ドイツ側は「イギリス人にとって法の支配が即ち彼等の最大の利益なのだ」と応酬した。リエージュの一僧侶がドイツ兵の暴行を訴えたとき、フォン・デル・ゴルツ元帥は答えた、「吾々は征服しよう、そして栄光は総てのものを絶滅するであろう」(デュギー『法と国家』(堀真琴訳)、岩波文庫版、一五六頁による)。こうしてドイツのシニシズムは権力美化に対する一つの解毒剤たる役割を超えて漸次国家の中枢神経を冒すに至った。ナチスがA・ローゼンベルグのいわゆる「本能の革命」に成功したことはその過程の最後の完成にほかならない。ヒットラーがポーランド進撃に際して、「余は戦闘開始の理由を宣伝家のために与えよう——その真偽は問題ではない、勝利者は後に真実を言ったかどうかを問われはしないだろう。戦端を開き、戦争を遂行するに当って重要なことは正義ではなくして勝利である」と告示し、親衛隊長ヒムラーが「一ロシア人、一チェッコ人に如何《いか》なる事態が起ったかということには余は全く興味を持たない。……諸々の民族が繁栄しようと餓死しようと、それが余の関心を惹くのは、単にわれわれが同民族を、ドイツ文化に対する奴隷として必要とする限りにおいてである」(ニュルンベルク国際裁判判決記録による)と放言するとき、そこでのシニシズムはもはや最も破廉恥な権力行使の上に居直った無法者の捨てばちな啖呵《たんか》でしかなかった。

しかし「山上の垂訓」の倫理と権力の必然性との間の激しい緊張の意識からシニシズムが生れるように、他面両者の調和の意識にもまた他の頽廃が附随するのを免れない。

偽善乃至は自己欺瞞への堕落がそれである。ドイツが比較的前者の例を豊富に提示しているとすれば、後者はむしろ英米仏等の自然法思想が優位した国家においてヨリ多く現われる。権力の苛烈な追求と人道主義的な要請との間に巧みにバランスをとる術を伝統的に心得ているアングロ・サクソン民族に対するドイツ人の——これまた伝統的な——偽善者呼ばわりには、ドイツ人の政治的未熟性から来る劣者心理が働いていることは否定しえないが、その批判が常に的外れであったとはいい難い。それは、例えば国際関係についていえば嘗《かつ》てのアジア及びアフリカへの帝国主義的進出の時代には、西欧文明の普及、いわゆる「白人の負担」(white man's burden)[7]のイデオロギーとして現われ、かくして世界的優越の地位を確保した後においては「国際秩序の尊重」のそれとして現われた。また国内的にはブルジョア・デモクラシーを超歴史的に絶対化する事によってその解放の限界に対して盲目を露呈する結果となった。そこにはしばしば明々白々な権力利害に基く行動に対しても、ウェーバーのいわゆる「吐気をもよおす《エーケルハフト》ような道徳化」(Marianne Weber, *Max Weber: Ein Lebensbild*, S. 615)が欠けてはいなかった。こうした西欧国家における政治権力の偽善性乃至は自己欺瞞性は、近くはたとえば「馴らされたシニック」[8]を以て自任するアメリカの鋭利な神学者、R・ニーバーによって執拗に追及されていることは周知のとおりである(Esp. *Moral Man and Immoral Society*, chap. IV)。

以上ヨーロッパにおいて古代社会に共通に見られる権力と道徳との即自的統一が分化して以後その両者の相剋が近代国家思想を貫流して来た次第をきわめて大ざっぱにたどった。要するにヨーロッパ世界を特色づけるのは、政治権力の固有な存在根拠と、クリスト教の人格倫理との二元的な価値の葛藤であり、その両者はどんなにさまざまのニュアンスにおいてからみ合っても、究極において合一することなく、たえずその間には距離が保たれ、そこから新たな緊張が生れて来た。シニシズムへの転落も、或いは偽善性への堕落も根本においては内面的道徳性の目に見えぬ、しかしそれだけに強烈な規制力を前提としての転落であり堕落であった。近世国家理性の荊棘《けいきょく》に満ちた発展を閉じるにあたってマイネッケが「国家は絶えず繰り返し罪を犯さざるをえない」(a.a.O., S. 538)というとき、彼はそれによって凡そヨーロッパ近代国家に共通する宿命的な二律背反をいみじくも表現しているのである。

『現代政治の思想と行動』追記

「権力と道徳」は昭和二五年三月の『思想』特輯号「権力の問題」への寄稿である。この論文は「まえがき」に書いた問題提示にいうところの権力と道徳のイデオロギー的関係についての歴史的見取図だけに終って、「問題の理論的な焦点」には殆んど触れていない。これは、がらにもなくこういう難かしいテーマを引き受けて四苦八苦した揚句、史的背景のところまでで息が切れてしまったためである。内容を誤解のないように限定するため、新たに副題を附けた。当初の構想はとてつもなく大きなもので思想史的な部分としても、この後に続いて、クリスト教世界における国家と教会の二元性の伝統に対する巨大な例外としてのロシア帝国の場合をドストエフスキーの思想を中心としてのべ、ついで儒教の有徳者君主思想とそこから帰結される易姓革命の思想を一つの世界史的類型として挙げた後に、日本のとくに明治以後における「国是」という観念をめぐるレーゾン・デタの思想をそれらと対比する予定であった。その初めの部分は当時書いた原稿が半ペラ三〇枚ほどあるので、本書〔『現代政治の思想と行動』〕のためにその後を書きつづけることも一応考慮したが、そうなるとあまりに思想史に偏したものとなって、本書の「後記」〔『集』⑦〕でのべたような収録の基準から大きく逸脱するので、むしろ一応まとまっている既発表分に限ったわけである。はなはだ身勝手な申し分であるが、これを思想史の論文としてでなく、むしろ第一部、第二部で論じられている日本のナショナリズムやナチズムとの問題的な連関性という観点から読んでいただきたいというのが私の希望である。

この問題に対する接近の仕方はいろいろ考えられる。本論のように、国家権力と「倫理的なるもの」との歴史的な関連から入って行く以外にも、たとえば最初から道徳を倫理性一般ということでなく、諸徳(virtues)にまで具体化＝個別化して、権力の維持の方向に動く徳(たとえば秩序の徳など)、権力の妨害になる徳(たとえばいわゆる宋襄《そうじょう》の仁など)、既存権力を打破する徳(革命的モラルなど)というように分けて、その相互関連性を解明して行くことも可能であろう。いずれにせよ、このテーマをたんに歴史的もしくは政治哲学的考察にとどめずに、経験的な政治学の課題として処理するためには、どうしても権力と道徳という次元から権力の道徳という次元への視角転換が必要になってくる。権力と道徳という問題には本論中に暗示されているように永遠の二律背反が含まれており、そうしたアンチノミーの自覚が喪《うしな》われれば、一方、道徳の内面性を保持する方向も、他方、権力の即自的な倫理化の危険を避ける方向も、ともに閉ざされてしまうことを避けられない。けれども、そのことはもとより権力と倫理が全く関連をもたないとか、具体的な権力のあり方がつねに反倫理的だという意味ではない。むしろ両者はさきの二(「人間と政治」)の追記(本文庫六五―六八頁)でものべたように、それぞれ固有の平面をもちながら、ともに人間にかかわることによって必然的に交差する。この両平面の交差する地点をハッキリ浮き立たせるためには、一旦徹底的に権力主体の視点に立って(つまり権力に対する外からの、あるいはヨリ上級の規範的制約をすべて括弧に入れた上で)、権力維持にとって有害な可能性をもつ諸徳を一つ一つとりのけて行くとよい。そうするといかなる権力もそれを保持することなしには必然的に権力そのものをも喪失するような徳に行き当る筈《はず》である。古代ローマやルネッサンス・イタリーの政治を素材としてこの操作を意識的にまた徹底的に行ったのがいうまでもなくマキアヴェリなのである。たとえばマキアヴェリが「人々は一つの禍害からまぬがれようと思えば、必ずそれと別のある禍害に陥るものだというのは事物の秩序である。しかるに賢明さとは、禍害の質をひきくらべ、ヨリ少い悪を善であるとして把握する点に存する」(『君主論』第二一章)というとき、ここで「賢明さ」はまさに権力の立場から諸徳の選択を可能にする徳として提示されている。ショルツもいうように「賢明さこそは何百万という人間の運命を双肩にになっている政治家にとっては単に知的な徳でなく、倫理的な徳」なのであり、あらゆる政治的指導者の基底徳(Grundtugend)にほかならない(*Politik und Moral.* S. 146)。そうして、この権力と倫理のミニマムの媒介からして、マキアヴェリやE・バークなどが挙げているような慎重(prudence)とか、盲目的支配欲の抑制とか、自己陶酔や虚栄心の排除、あるいは、M・ウェーバーが「無暗にのぼせ上った素人政治家」から真の政治家を区別する指標としての「魂の制御」ないしは「ものと人との間にある距離をおいて見る精神」など(『職業としての政治』参照)、一連の徳が導き出されて来る。これらはいずれも個人倫理でありながら同時に、権力のリアリズムにとって必須の倫理である。「憎悪を煽り立てる者の顔には、憎悪がふきもどされて彼を焼く」とロマン・ロランがのべている(「戦いを超えて」)ことも政治過程に決して稀でないダイナミックスである。政治的リアリズムはいわゆる「現実政策《リアル・ポリティックス》」と同語ではなく、むしろ「現実政策」一点ばりの追求はしばしば結果的にリアルでない。こうした問題を歴史的過程によって実証しながら、権力の道徳を解明して行くことが、第二部の五(「「スターリン批判」における政治の論理」、

『集』⑥〕でも触れた、道徳的感傷主義といわゆるマキアヴェリズムとの二者択一的思考を政治的観察と実践から排除する上に重要な課題になって来るのである。

支配と服従

一

甲という人間あるいは人間集団が乙という人間あるいは人間集団に対して多少とも継続的に優越的地位に立ち、そのことによって乙の行動様式(pattern of conduct)を同じく継続的に規定する場合、甲と乙との間に客観的に認知しうる程度の従属関係が生ずる。支配・服従関係というのはそうした一般的従属関係の特殊の態度にほかならない。そこまでは明白であるが、さてそれでは、支配関係をそれ以外の一般的従属関係から区別する基準は何かということになると、容易に一義的な解答は見出されない。結局あらゆる社会的結合様式は微妙な相互移行の可能性を持っており、その間の限界は薄明に蔽われているのを常とする。そこで支配・服従関係についても、最初からこれに関する絶対的な決疑論《カズイスティーク》をつくろうとするよりも、むしろ現実の広汎な従属関係のなかで、濃厚に支配関係らしい性格をおびるものと、逆にどう見てもそうらしくない関係とを抽出して行って、その間から支配関係の相対的な位置づけを見出して行くのがヨリ妥当な方法のように思われる。

まずここに教師と生徒という関係を考えて見よう。生徒は教師に服従するといってもそれほどおかしくないが、逆に教師は生徒を支配するという言い方はきわめて不自然にひびくであろう。生徒は多かれ少なかれ教師の影響力（influence）の下に立ち、教師は生徒に対し一定の権威（authority）をもっている。生徒が教師の精神的価値（知識・人格等）の優越性を認めるところに、はじめて教育機能は成立するからである。のみならず通常そこには権力関係（power relation）の存在すらなしとしない。教師は生徒に対して一定の義務（学習義務）の履行を命じ、或いは一定の行為を禁止し、そうした義務の懈怠《けたい》もしくは禁止の違反に対して一定の制裁（進級の停止、退学、廊下に立たせること、ある場合には——それが効果的かどうかは別として——体罰）を科する。そうした制裁の行使が教育の常態になることは教育の自殺にほかならないが、このような権力関係の存在自体がアプリオリに教育目的に矛盾するわけではない。にも拘わらず、一般に教師と生徒の間に支配関係が存在するとは考えられないのである。

今度はそれと対蹠的な従属関係として奴隷と奴隷所有者(かりに主人と呼ぶ)という関係をとり上げて見る。何人もここに最も支配らしい関係を見出すに躊躇しないであろう(奴隷は厳密にいうと「物」で主人の所有権の対象にとどまるから、両者の間に人間関係は発生しないという考え方もありうるが、ここでは一応度外視する)。アリストテレスが「ある種のものごとは恰《あたか》も発生の瞬間から一方は支配されるように、他方は支配するようにわけられている」(*Politica*, chap. 1)と言ったとき、まさしく彼の意味したのはアテネの奴隷関係であった。主人は奴隷に対し単に権力関係に立つだけでない。主人は奴隷の全人格を己れに隷属させ、可能な一切の物理的強制を用いて、彼を使役する。奴隷が主人に対し提供する労働量には本来限界がない。ただ彼の肉体の再生産を不可能にする程度の搾取が結局搾取の継続自体の不可能を招来するという主人の打算のみが、搾取に事実上の限界を与えるだけである。従って、逆にいえば人間労働力が自己の肉体の再生産に必要な限度以上の生活資料を生産しはじめた瞬間から、奴隷関係は可能になるわけである。これが人間の歴史において、大規模な階級対立がまず奴隷制という形態においで出現した所以であり、支配形象はそうした奴隷においていわばその原型(Urtypus)を見出すといいえよう。

この主人—奴隷関係をさきの教師—生徒関係に比較するとき、その最も顕著な対蹠点はどこにあるかといえば、すぐに明白に分ることは利益志向の同一性と対立性ということである。教師は生徒と同じ方向を向いている。教師は人間的完成をめざし、生徒もまたそれを欲する(もちろんここで述べていることは社会結合の型の問題であるから、個々の現実の場合の偏差は問われていない)。生徒の成績の向上は同時に教師の成功を意味し、生徒の失敗はまた教師の失敗である。生徒にとって、教師は多かれ少なかれ模範(Vorbild)という意味をもつ。教師にとっては、生徒があらゆる精神的水準において自分に近づき、遂には自分をも超えるのが教育の理想である。教師の制裁はこの方向をめざす限りにおいてのみ、教師の制裁でありうる。主人と奴隷はまさにそのすべての点で反対の関係に立つ。両者の利害は真正面から向き合っている。主人は本来出来るだけ奴隷を使役しようとし、奴隷は本来出来るだけその使役から逃れようとする。主人は奴隷と共同の目標を持たず、共同の運命に立たない。奴隷が主人に近づくどころか、奴隷と主人の距離を固定化することがまさに主人の関心事である。奴隷にとっては主人はいかなる意味でも模範ではなくして、憎悪・恐怖たかだか羨望の対象にすぎない。奴隷がいくらかでも人間的な自由と幸福を得ようとすれば、彼に残された途は逃亡或いは反乱しかない。赤裸の物理的強制（鞭・鉄鎖）のみが彼と主人とを結ぶ絆である。

現実の社会的従属関係は、この両極間の広大な領域に存在して居り、それが第二の型に近づくほど、支配関係としての性格を濃厚にし、第一の型にちかづくほど、支配関係と対立した意味での（精神的）権威関係という様相を帯びる。

もし一定の地域においてそこに生活する人間が、物理的強制を背景として、一般的かつ継続的な従属関係に組織化された場合、そうした社会を最も広い意味で政治的社会と呼ぶならば、古代においてそうした政治的社会が、徐々に或いは急激に出現して行く過程はまさに上述した一極から他極へ向かっての進行のあらゆるヴァライエティーをわれわれに開示している。氏族共同体において未だその内部の社会的分業が階級対立を発生せしめるに至らず、また他集団の征服も行われない場合における族長或いは酋長と氏族員との関係は以上の意味での権威関係をほぼ純粋に表現していたと考えられる。H・フライアーはそこでの族長の性格を次のように表現している。「彼は他人が不完全に所有しているものを残らず所有しており、他人においては表現に欠陥があることを完全に表現している。かかる個性化形式をわれわれは権威と名付ける。……それ故権威とはそれを担う者を共同社会から取り除き之《これ》に対立させ対抗させるものではなく、むしろその中央に置き込むのである。そうして、他の者は権威を有するものに志向し彼を模範或いは基準とする」(『現実科学としての社会学』、邦訳〔福武直訳、日光書院、一九四四年〕、二九八頁)。すなわちここでの族長はまさに完全な意味で「教育者」である。プラトンの「理想国」以来、最高の教育者たることはあらゆる時代を通じて政治的指導者のノスタルジァであった。と同時に、今日まで人民を「奴隷的」境涯に抑圧しているという非難攻撃から全く自由な政治権力は存在しなかった。ということは、この氏族共同体の崩壊以来、もはや政治的社会がこうした純粋の権威関係としては存在しえなかったこと、言い換えればそこに支配形象が決定的に介入したことを物語っている。その介入をアダム・スミスのように牧畜の私有から起ったと見るか(*Lectures on Justice, Police, Revenue and Arms*, ed. by Cannan, 1896)、グンプロヴィッツ、オッペンハイマーら墺太利《オーストリア》社会学者のように種族間の闘争征服を重視するか(前者の *Der Rassenkampf*, od. *Die soziologische Staatsidee*, 後者の *Der Staat* 等)、或いはエンゲルスのように両者を相関的現象として把握するか(*Der Ursprung der Familie, des Privateigenthums und des Staats* 及び *Anti-Dühring*)、更にまた数多くの学者のように家父長的権力の成長に決定的な要因を求めるか、というようなことはここで触れる限りではない。またそうした政治的支配の構造が、西洋及び日本の封建制度のように行政職（Verwaltungsstab）が行政手段（Verwaltungsmittel）を私有するという原則によって貫徹され、従って支配・服従の身分的階層制をとるか、それとも古代アジア帝国や近代国家のように行政手段の最高主権者への集中、従って官僚機構の形成という形において編成されるか、といった問題は、M・ウェーバーの精緻な分析に委ねることとしよう（*Gesammelte Politische Schriften* 乃至《ないし》 *Wirtschaft und Gesellschaft*, Teil I u. III 参照）。ここではただ支配者と被支配者の利害対立に基く緊張関係があらゆる支配形象の決定的な契機であり、しかもそれは今日まで存在したあらゆる政治的社会に多かれ少なかれ内包されたことを注意すれば足りる。

従って支配関係には、その社会における物質的精神的価値を支配者が占有し、被支配者のそれへの参与を能う限り排除するという要素が必然に随伴する。その排除を有効に遂行するためにこそ支配者は物理的強制手段（軍備・警察）を組織化するのである。しかしそれと同時に、支配者はそうした価値から、被支配者を隔離するためにさまざまの方法を発明して来た。被支配者との間に文字通り空間的距離（両者の居住地の隔離から始まって、食卓の区別――Am Tisch scheiden sich die Klassen〔階級は食卓で分かれる〕という諺がドイツにある――に至る）を設定し、異った身分間の交通を禁止することは最も屢々《しばしば》行われたところである。そうして、両者の「交通」を遮断するために信仰・儀礼を区別し、道徳名誉観念を支配者が独占し(「士は義によって立ち農工商は利によって立つ」山鹿素行)、甚だしきに至ると言語を全く異にせしめる。こうした隔離に基いて支配の閉鎖性を維持する最も典型的な例は周知のように、インドのカスト制に見ることが出来よう。

二

しかしながら、支配形象はまさにこのように、「被支配者を重大な点において支配身分の精神的世界から排除する」(フライアー、前掲書、二九九頁)という所にその本質を持つにも拘らず、いなむしろそれゆえに現実の政治的支配は純粋の支配関係(上述の主人―奴隷関係)のみでは成り立たないという帰結が生れて来る。奴隷の主人に対する服従においては、服従の自発性は零あるいは零に近い程度を出《い》でないから、そこには本来服従行為(Unterwerfungsakt)があるというよりも服従という事実状態(Unterworfenheit)があるにとどまる。主人の鞭が鈍り、或いは鎖が解ける程度に応じて、奴隷のサボタージュの程度はいわば物理的必然として増大するのである。従って、労働の生産性という点では、奴隷労働ほど非能率なものはない。生産力の発展がある段階に達すると、大抵の場合、奴隷制がその社会の支配的な生産様式たることを止めて、賦役地代の形にせよ現物地代の形にせよ、とにかく必要労働部分と余剰労働部分との帰属関係がヨリ客観化されるような形態に移行するのはそのためである。いわんや政治的社会において治者と被治者との間に、このような緊張関係しか存在しない場合には、被治者を抑圧するために治者の維持しなければならぬ権力機構は徒《いたず》らに巨大となるだけでなく、対内関係と並んで一切の政治的社会の存在根拠たる対外的防衛の面において著しい脆弱性と危険性をはらむことになる。そこで今日まであらゆる統治関係は一方において権力・富・名誉・知識・技能等の価値をさまざまの程度と様式において被治者に分配することによって、本来の支配関係を中和するような物的機構と同時に、他方において、統治を被治者の心情のうちに内面化することによって、服従の自発性を喚起するような精神的装置を発展させて来たのである。もし、そうした社会的価値への被治者の参与と、政治的服従の精神的自発性をデモクラシーの決定的な特徴とするならば——奇矯な表現にひびくかもしれないが——、一切の政治的社会は制度的にも精神構造としてもこうした最小限度の「デモクラシー」なくしては存続しえないのである。「政府はただ意見の上にのみ基礎づけられる。この格率は最も自由かつ民主主義的な政府に妥当すると同時に、最も専制的かつ軍事的な政府にも適用される。エジプトのサルタンやローマの皇帝は彼の無辜《むこ》な臣下をば、彼等の好悪にお構いなく獣畜のように駆り立てたかも知れない。しかし彼は少くも自己の騎兵隊《マムリューク》や近衛軍団《プレトリアン・バンド》に対しては人間らしく彼らの意見に従って指揮せねばならなかったであろう」(*Essays, Moral and Political*, 1742)というD・ヒュームの言葉はまさしく右の統治関係における後者、即ち心理的側面を指摘したものにほかならない。M・ウェーバーが、被支配者が支配者に容認する正統性の根拠(Legitimitätsgründe)に基いて、支配形式を「伝統的」「カリスマ的」「合法的」の三者に類型づけたのも(前掲書)、C・メリアムが政治権力のクレデンダ(credenda)という名で、権力の心理的な合理化《ラショナリゼーション》の様式を考察しているのも(*Political Power*, *Systematic Politics* 等)、結局この問題にかかわっている。

むろんこのような政治的社会の中核をなす支配関係を中和し、被治者の自発的服従を喚起する物的精神的装置は必ずしもかかるものとして理性的に自覚されていたわけではない。むしろそれは現実には圧倒的に非合理的な「下意識《サブコンシャス》」の次元での事柄であった。

しかも被治者にとってと同様、治者にとってもそうであった。現実の歴史はまさにこの非合理的な「デモクラシー」が治者と被治者と双方の立場から、次第に理性的に自覚されれ、意識的に形成されて行った過程といえよう。その結果どういう事態が起ったか。嘗ては大多数の人民は、ヒュームの言葉にも拘わらず、一切の政治的支配が究極的に人民の「意見」(opinion)に基くというような自覚はむろん持たなかった。しかし同時に、治者の側でも、例えば統治が神に由来しているというようなクレデンダを、今日想像するほど目的意識的に統治手段として利用するという意識もなく、その技術的手段も持たなかった。統治者は明確な法的形式を通じて被治者の「意見」にコントロールされることもない代りに、被治者の模糊として捕えがたい雰囲気(民心の帰趨)や伝統的拘束によって目に見えぬコントロールを受けた。彼等はその実感を「天道」とか自然法とかいう言葉で表現した。今日は被治者は憲法に明記された制度的保障によって治者の権力に参与し、その「意見」は計数的に測定されて政府の交替を可能ならしめるまでに至った。しかし同時に治者はもし通信交通報道手段の広汎な利用によって、被治者の「意見」をあらかじめ左右しえたならば、投票という「客観的」形態で確保された被治者の「同意」の上に何物をも憚《はばか》るところなく権力を揮うことが出来るようになった。民意の流出する明確な溝が出来たことは、逆に治者による民意の操縦をも容易にしたのである。被治者が社会的価値への参与と政治的服従の自発性を自覚的に組織化して行く過程は、一面においてはたしかに文字通り民衆の政治的＝社会的＝市民的権利の獲得とその主体的意識の向上の歴史であった。しかしそれは反面からいえば、この物的＝精神的装置の果すイデオロギー的役割、すなわち、現実の政治社会にまぎれもなく存する支配関係を精錬し、抽象化し、その実態を被治者の眼から隠蔽するという役割を治者がますます明白に意識し、そうした目的意識に基いて大規模にこの装置を駆使するに至った歴史ともいえる。ウェーバーやメリアムの挙げた正統性の根拠やクレデンダはいずれもこの両面の意味においいて合理化の過程を辿ったのである。この点で「二十世紀の神話」（A・ローゼンベルグ）に依拠するカリスマ的支配がまさに「人民の同意」に基いて現われえたという事実にもまして、以上の両面的な合理化に内在する巨大な矛盾と痛ましい悲劇とを物語るものはなかろう。

三

この矛盾が存するかぎり、現代のさまざまの「クレデンダ」は多少とも「虚偽意識」の性格をおびる運命にある。それは、(A)現実に存在している支配関係を何か別の関係として表象させるか、または、(B)支配の主体を何か他のものに――やはり観念の世界で――移譲させる。例えば支配関係をもっぱら指導関係(leadership principle; Führerprinzip)として描くのは前者のカテゴリーである。支配と区別される意味での指導とは、リヒァルト・シュミットによれば、「何らかの共同利益の上に築かれた個人とグループの関係」であり、その際、(i)人が自由意志で追随し、命令や強制によらぬこと、(ii)盲目的推進力への反応としてでなく、積極的な、多少とも合理的な根拠に基いて追随すること、が特徴である("Leadership", in *Encyclopaedia of the Social Sciences*)。指導者に対応するものは追随者(follower)であって服従者や臣下ではない。こうした指導者と追随者の関係を現在の政治的社会の構造に適用することが、強烈なイデオロギー的機能をいとなむことは喋々を要しないであろう。ナチ・ドイツにおいてわれわれは既にその典型的例証を知っている。しかし支配者を例えばマネージャーとして、或いは楽団の指揮者《コンダクター》として描き出すことは、広く現代国家に見られる現象である。(B)のカテゴリーにはさまざまのヴァラィエティーがある。が、大ざっぱに言って、是《これ》を超人格化の方向と非人格化の方向とにわけられよう。超人格化とは、人間の支配を神の支配という上方に移譲するか、或いは人民の支配という下方に移譲するフィクションである。とくに現代においてあらゆる政治的イデオロギーが好んで用いるのは集合概念としての「人民」に支配の主体を移譲することによって、少数の多数に対する支配というあらゆる支配に共通する本質を隠蔽するやり方である。支配の非人格化のイデオロギーの最大のものは「法の支配」のそれである。「人間が支配せずに法が支配するところに自由がある」というカントの定言が近代自由主義の大原則であることはいうまでもない。むろんその理念の果した歴史的役割は大きく、今でもそれは失われていないが、それが、現実に法を解釈し適用するのは常に人間であり、抽象的な法規範から自動的に一定の具体的判決が出て来るわけではないという自明の理を意識的＝無意識的に看過し、国家権力の現実の行使が支配関係の基礎を、それに対するチャレンジから防衛するという至上目的によって制約されているにも拘わらず、国家及び法の中立的性格を僭称することによって、しばしば反動的役割を営むことは、例えばH・J・ラスキが米国の大審院の歴史などについて鋭利に指摘したところであった(*Reflections on the Revolution of Our Time, The American Democracy* 等参照)。なお国民共同体の理念やいわゆる国家法人説のようなものも、やはり支配の非人格化のカテゴリーに編入されえよう。

こうした現代社会のもろもろの「クレデンダ」が、たんなる「虚偽意識」にとどまらずに現実の政治的社会に根ざし、その隠蔽ではなく表現という意味をヨリ確実に担うようになるにはどのような条件が必要であるか。さきにも述べたように、支配形象の支配形象たるゆえんは、それが社会の異質的集団間における利益志向の対立関係たるところに胚胎する。とすれば社会が一般的に同質的な階級的基盤の上に立つこと、物質的精神的価値の一部少数者による独占が排除され、H・ヘラーのいわゆる意思＝及び価値共同体として更新されること（*Staatslehre* 参照）が少くともその前提とならねばならない。しかしそうした社会的更新は物的装置の問題であると同時に精神的次元での問題である。ホッブスは先にあげた先天的支配者と先天的被支配者を区別するアリストテレスの言葉を反駁して、「このことは理性に反するのみならず、経験にも反する。なぜならば自分で統治するよりも他人に統治されたいと思うほどのおろかな者はきわめてすくない……からである」（*Leviathan*, chap. 15）といった。ホッブスの断言がどこまで妥当するか、またそれを妥当させるにはどうしたらいいのか――そこに現代最大の課題の一つが横たわっている。

『現代政治の思想と行動』追記

「支配と服従」は昭和二五年暮に、弘文堂が発行した「社会科学講座」のために執筆し、同講座の三巻に載った。やはり収録に際して僅少ではあるが、字句を改めたところがある。この論文にしても次の六〔「政治権力の諸問題」、本文庫二〇二—二三五頁〕にしても、見られるように、歴史的な複合体としての社会体制を直接対象として、そこでの実態分析を意図したものでなく、一種の範疇論であって、ただそれを歴史的対象に関係させて、一つの動向分析を試みたにとどまる。本書のあちこちで繰り返しいうように、こういう範疇論や定義論は、「政治過程の体系的考察と解釈のための道具として受けとらぬ限り、たんに不毛な言葉の穿鑿《せんさく》の風を助長する」(H. D. Lasswell, *Power and Society*, Intro. XIX)だけに終ってしまい、極端な場合には定義について一致しない間は、一歩も問題が先に進まないというような事態を招来する。C・H・タィタスという学者は「国家」についての学者の定義を一四五種類集めたという！(cf. D. Easton, *The Political System*, p. 107) もしこうした定義を tentative〔暫定的〕なものと考えず、その中から唯一の定義を「真理」とし、あとをすべて「誤謬」としたらどういうことになるだろう。けれども他方において、日本の社会科学や歴史学では、権威とか権力とか支配とか指導とかいう概念がきわめてアイマイに使用されていることも事実で、それが無反省に対象分析に適用される結果、しばしば論議の混乱を招いているだけでなく、複雑な社会的諸関係のからみ合いをときほぐし、その相互移行性を捕捉することができない場合が少くない。結局こういう概念規定についても単なる教条主義と単なる経験主義を避け、これこれの視角から照明をあてると、対象のこれこれの側面が、あるいはこれこれの歴史的動向が照し出されるというような、範疇使用と対象との具体的な連関性をつねに問題にして行くよりほかはない。

政治権力の諸問題

権力は政治学にとって唯一ではないにしても最も基本的な範疇の一つである。したがって政治権力の内包する問題を追求して行くならば、それはほとんど政治学のすべての領域とすべての課題を取り扱う結果にならざるをえない。そうした包括的な権力論はむろんこの小稿の意図するところではない。ここではただ現代政治学にとって主要な争点《イッシュー》になっているような問題を中心として政治権力に対する多様な把握に一つの交通整理を試み、それを通じて、私自身の権力論の基本的視点を概括的に提示してみたまでのことである。照明の角度を明らかにすることに重点をおいたので、分析の一面性や抽象性を免れないが、専門外の読者が問題の所在を理解される上に、多少とも資しうれば幸である。

社会権力と物理法則　政治権力はいうまでもなく社会権力の一種であり、社会権力は人間行動の間に成立する関係である点で、物理的世界に働く盲目的な力(physical power)とは区別されねばならない。しかしわれわれが「大量観察」的に人間行動のなかに働く力関係を考察する場合、物理的世界における力学的な法則を――むろん蓋然性として――適用することは全く無意味ではない。ラッシュアワーにおいて丸ビルから吐き出される巨大な人の流れが東京駅のいくつかの改札口に分れて吸いこまれて行く過程は、無数のパチンコ玉を用いて「実験」することができよう。したがって物理的な力の函数関係は社会的な力を考察する際にもしばしば示唆を与える。力は慣性に抗する作用であり、静止しているものを動かし、あるいは動いているものの速度や方向を変化させる際に必要となる。社会の停滞性に対して進歩的な力が作用し、あるいは社会の激変に対して抑止的な力が作用する場合にも、こうした慣性の法則を無視しえない。社会的な力もまた社会的な質量と加速度の積という意味をもち、この定式に従って、たとえばある対象に対する急激な力の作用を回避するために種々のバネやクッションを用いることの有効性は、古来の政治的指導者が本能的に心得て来たことである。力の均衡ないし力の平行四辺形の諸法則も概《おおむ》ね社会力に適用されよう。力が両極化(polarize)するほど平衡を保ちにくいから衝突の危険性が高まるが、一旦バランスを保つと安定度は高い。これに反して、力が多元的に交錯していると、互に相殺し合って容易に平衡が成立するが、その反面、微妙な力関係の変化でたちまちまた平衡がくずれる——つまり安定度は低い、ということになる。こうした「法則」が、国際政治のように権力主体が同じ平面で関係し合う状況において、とくに妥当することはよく知られている。前世紀中頃に自然科学の急速な発展とフランス革命以後の社会的激変の経験を基盤として興った社会物理学は、こうした自然と社会の一元的な法則化を極端に押しすすめた。しかし今日ではそうした一元化に本質的な限界があることは、ほぼ社会科学者の共通の常識になっているので、こうした「力の法則」を社会現象に類比する場合、とくに社会権力と物理力の相異をやかましくいう必要はすでになくなったといえよう。たとえば「物理的強制手段」という場合にも、それが（自然と区別された）社会関係によって媒介された概念であることは、当然前提されているわけである。

権力の実体概念と機能概念[1]　権力を人間あるいは人間集団が「所有」するものと見る立場、すなわち具体的な権力行使の諸態様の背後にいわば一定不変の権力そのものという実体があるという考え方を、実体概念としての権力と呼ぶならば、これに対して、権力を具体的な状況における人間（あるいは集団）の相互作用関係において捉える考え方を、関係概念あるいは函数概念としての権力と呼びうる。これまで権力についての思想家や学者の定義はこのいずれかに傾斜して来たことは確かであるが、それらを純粋に右の両者のカテゴリーに分類することは困難である。たとえばC・フリードリヒはマルクス主義の権力概念を実体概念の一典型としている(*Der Verfassungsstaat der Neuzeit*, S. 24)けれども、マルクス主義者の用法が実体的把握にかたむいていることは後述のように事実としても、マルクス・レーニン・毛沢東などの具体的な政治分析のなかには、権力についての関係概念を前提として議論を進めている場合が少くない。むしろわれわれにとって大事なことは、抽象的にその二つの考え方の是非をきめて一方に「加担」することではなくて、実体概念なり関係概念なりから、権力現象の把握についてそれぞれどのような思考法上の特色ないしは傾向性が生じるか、また歴史的にどのような政治的イデオロギーと結びついて来たか、ということを実例に基いて調査することであろう。そうすればそれぞれの把握の長所と欠点が明らかになり、具体的な状況に応じ、分析のために相対的に有効な方法を操作しながら、そこから生じ易いイデオロギー的帰結に対しても醒めた認識をもって対処することが可能になる。たとえば歴史的に見ると一般に体制が固定的で階級的あるいは社会的流動性《モビリティー》が乏しい国ないし時代には実体的権力概念が支配的であり、またイデオロギーとしては、政治権力の専制性や暴力性を——擁護する意味でも否定する意味でも――強調する考え方が実体概念と結びついて来た。これに対して、政治権力による社会的価値の独占性が相対的に低く、コミュニケーションの諸形態が発展し、社会集団の自発的形成とその間（および国家と諸社会集団の間）の複雑な相互牽制作用が活潑に行われているような国ないし時代には、関係的＝函数的な権力概念が勃興する。関係概念は権力関係において、服従の心理的契機や、服従者の行動様式の指導者（あるいは支配者）に対する逆作用を重視するから、一般的に立憲主義や自由民主主義のイデオロギーと結びつき、またそういう思想的伝統の強い西欧国家に発達した。認識論的に「力」の関係概念を提示した劃期的な著作がジョン・ロックの『人間悟性論』（第二巻第二一章、参照）であったことは偶然ではない。

実体的権力概念の強味は、人間の行動様式が社会化されることによって、単なる個人的な相互作用関係から分離して、一定の客観的形態にまで溝条化《キャナライズ》される必然性を捉えているところにある。人間関係の統制は社会的分業が一定の発展段階に進むと、必然に組織化され、組織化が進むほどまたそうした統制は個別的な社会過程から抽象された「制度」を媒介として行われるようになる。社会的な権力の発生はこのような人格的統制の抽象化＝制度化とつねに同時的であり、それはまさに人間の自己疎外のもっとも原基的形態にほかならない。原始的な共同体的権威が支配関係に転化し、公権力が発生する歴史的過程についてのエンゲルスの古典的叙述が(2)——個別的具体的な実証の点では少からぬ修正を要するとしても——今日なお学問的生命を保つゆえんはこうした権力における疎外的契機を歴史的に定式化した点に存する。組織化された権力の標識は、(1)権力行使の態様および被行使者の行動様式のワクを多少とも明示的に規定するルールの存在、(2)権力の種々の機能を分担する機関《オルガン》ないし装置《アパラート》の整備、ということであるが、こうしたルール(法)なり装置なりは長期化するほど、また規模が大きくなるほど物体化する傾向をもつから、その意味でも権力は「実体」としての性格を濃化する。権力の制度化の典型としての国家はもとより、他の経済・宗教・広報などの分野における社会的組織体も今日においてますますマンモス化しつつあるから、それらの機構がいかに民主化され、またいかに社会的価値が多様化しても、そこでの権力関係は個別的な相互作用関係から抽象され凝固する不断の傾向性をもっている。この面を無視した関係概念はそれだけ虚偽意識に転化し、(現実を隠蔽するという意味での)イデオロギー性を帯びるわけである。

　けれども他面において権力を権力主体の「所有」あるいは本質的「属性」としてとらえる考え方は、権力の動態を具体的に追求するうえには幾多の難点を包蔵している。権力はそれが行使される相手が誰であろうと、また相手の出方がどうであろうと、同じエネルギーとして作用するものではない。このことは国際政治の場合や、狭いサークルの権力関係については比較的容易に承認されるが、政府《ガヴァンメント》や巨大な社会集団内部の権力を論ずる場合にはしばしば忘却される。指導も支配も、服従を調達することなしには存しえず、しかも服従者が積極的に協力するか、消極的抵抗の態度をとるか、あるいは黙従するか、というような行動様式は権力関係にとって「外在」的なモメントではなくて、むしろその本質を左右する意味をもっている。武力を崇拝する相手と、武力よりも金力を（あるいは知力を）重んずる相手によって、権力行使における組織的暴力の持つ有効性の比重は異らざるをえないだろう。つまり権力は相手（服従者もしくは他の権力主体）のいだく価値のスケールと相関的であり、後者の変動とともに前者も変動する。また、たとえば国際政治においても国内政治においても、相手の眼に映じた権力のイメージは、たとえそれが現実の権力を正確に映していない場合でも、それ自体権力関係を決定する要因となる（cf. H. Morgenthau. *Politics among Nations*, p. 50–1）。権力の経済的基盤や軍事力自体が不変でも、威信（prestige）の損減が権力にとってしばしば致命的に作用するのはここに由来している。具体的な権力関係を微視的に見るならば、それは人間ないし人間集団相互間における、自己評価と他者評価の無限の往復過程を内包しており、しかもそこに影響する社会的諸因子はコミュニケーションの発達と社会集団間の相互連関性の増大にともなって多様複雑となるから、それだけ権力主体は制度や組織の自己同一性にあぐらをかいていられなくなる。このことは政府《ガヴァンメント》のような第一次的な政治権力だけではなくて、政党、労働組合、企業体などの内部権力関係および対外的な力にも妥当するのである。広く社会的な支配や指導面におけるパブリック・リレイションズやヒューマン・リレイションズなどの社会的意義の重大化がこれと関連していることはいうまでもない。D・リースマンは現代アメリカにおける権力状況の無定形《アモルフ》なさまを、電子の位置と速度を同時に確定することの不可能性に関する有名なハイゼンベルグの原理にたとえ、「ここでの問題は権力というものが鍵をかけてしまっておく物品ではなくて、現に広く人格相互間の期待と態度に依存しているということである。経営者が(たとえば組合に対して——丸山)自ら弱味と依存性を感じるならば、たとえどんなに経済的資力を持っていても、彼等は(組合に対して)現実に弱く、また依存しているのだ」(*The Lonely Crowd*, Yale U.P., p. 247)とのべている。権力の函数的認識をここまで押しすすめることの妥当性については疑問なしとしないが、ともかく政治・実業・軍事など各領域の実態調査に基いたリースマンのこうした観察のうちには、高度の大衆社会における権力のある様相が鋭く照し出されていることは否定しえない。むしろ問題はこうした実態からどのような意味をひき出すか、たとえば大衆の社会的権力関係への広汎な参与の面に着目するか、それともC・ミルズのように権力帰属の不明確性にともなう「組織化された無責任」の傾向を強調する（*The Power Elite*, p. 342）かにあり、そこになるとどうしてもイデオロギーあるいは党派性が介入して来る。

方法的関連としては、権力の実体的把握は機構論や制度論の発想に定着し易く、機能的把握はリーダーシップの政治過程、組織のストラテジー、パースナリティと行動様式への着目と結びつき易い。伝統的な国家論は法的制度を中心とし、その機能活動も法学的用語によって叙述するから、自然に実体論的な見方が優先し、したがって、政府活動以外の政治過程を考察する際にも、政党とか労働組合とかいった公式に組織された社会集団に重点をおく。しかも後者もそこでは自《おのず》から「小国家」として捉えられ、ルールの定立と執行といった法的観点が類推されるのである。ところでマルクス主義の国家論は生産関係と政治制度との間の動態的な関連や階級構造と階級闘争との統一的な把握をめざす限りでは、前にも触れたように単なる実体論的立場を超えているが、政治制度それ自身の理解の仕方となると――少くも従来のマルクス主義的著作に現われている限りは――、著しく伝統的な公式《フォーマル》制度中心のアプローチに近い。何故こういう結果になるかということは簡単に答えられる問題ではないが、(1)マルクス主義の形成された十九世紀中葉のヨーロッパと、それがレーニン主義にまで発展した二十世紀初頭のロシアは、あたかもアリストクラシイの解体に伴う「階級の噴出」の時代であって、いまだ無定形な大衆社会的状況を経験していなかったことが、思考範疇にも一定の刻印を押したこと、(2)国家機能が組織的暴力を中核とする治安維持と対外防衛(警察と軍隊)に概ね限定されて把えられ、他の社会集団の機能との相互連関性と移行性に対する視点が稀薄であったこと、(3)国家権力の打倒あるいは政治権力の奪取という革命目標を可視的に明瞭にするイデオロギー的要請からも、権力をすべて一括して敵の「所有」に帰属させる思考上の建て前がとられたこと、(4)革命政党の政権獲得によってマルクス主義が体制化されたところでは、その国家構造の内部的な無葛藤性が前提されたので、権力過程の力学的な考察は排除され、その結果自から法的制度を中心とする叙述が中心となったこと(ヴィシンスキーの国家論がその典型である)、といったような諸事情が考慮されねばならないだろう。

けれども他方において、革命的実践における組織論の課題は、否応なしに指導と被指導との機能連関と相互制約性に着目し、また体制の方向に溝条化《キャナライズ》されている大衆の行動様式を反体制の方向に転化させる問題を提起させずにはおかない。現にこうした側面でレーニン、スターリン、毛沢東の諸著作には権力過程の動態についての鋭い洞察が随所に窺われる。ただそれらはもっぱら戦略戦術論としてあくまで個別的状況に密着して論じられているわけである。つまり伝統的マルクス主義において国家論と政治過程論がまだ理論的に総合されていないために、権力論においても自から、歴史的段階に基く政治制度の巨視的把握の方向と、理論にまで抽象化されない政治技術的な観点とが十分に媒介されぬまま併存しているのである。

前述のようにいわゆる制度や機構といわれるものも、人格相互関係（interpersonal relationship）の無数の連鎖と反応から成り立っており、それが一つの循環過程として型態化されたものにほかならない。しかしそのことは直ちに個人のみが具体的実在で、制度や機構は抽象だという極端な唯名論《ノミナリズム》、ないしは「国家対個人」という図式の正当化を意味するものではない。人格相互作用が組織化され、そこに権力関係が介在して来る過程はどこまでも多層的であり、それぞれの組織化のレヴェルによってその意味や役割に質的なちがいが生れて来る。小サークル内の権力関係と大集団のそれ、部落の権力関係と国家のそれとが、その追求する価値(後述)のちがいを捨象してもなお構造的に異って来るのは、こうした組織化のレヴェルの相異に由来している。ただ公式に型態化された制度や機構に認識を固着させると、ともすればその制度の「内」と「外」とを峻別するために、内と外との両側においてまたその相互間に不断に行われている交通関係《コミュニケーション》と、それに基く非公式な組織化過程を見失いがちになり、それは現代のような複雑に層化された権力関係のリアルな把握にとってしばしば致命的な錯誤をもたらす。それを避けるためには権力構造を権力過程にまで不断に動態化し、後者をまた組織連関における人格相互作用のダイナミズムにまで一旦ときほぐして考察する操作がどうしても必要かつ有効となるのであって、そのことと、権力の全体構造を人格相互作用の量的な総和と見ることとは明確に区別されねばならない。組織における全体と個との機能連関については、ヘラーものべているように(*Staatslehre*, S. 63)、ゲシュタルト理論(3)が少からぬ示唆を与えるであろう。

権力状況の与件　権力を人格相互作用から分析する利点の一つは、広く人間関係が権力関係に移行するダイナミックスを明らかにしうることにある。これはいわゆる人類社会における権力の歴史的起源と発生という問題と無関係ではないが、また同一でもない。なぜなら、前者は現代における公式・非公式あらゆる集団関係の権力過程とその相互連関の解明を直接の目的としているからである。こうした解明は、政治的統制と非政治的（経済的・宗教的等々）統制との限界が微妙で、非政治的行動の政治的機能が顕著になった今日のような状況において、とくに重要な意味をもっている。ところで、こうした一般的な権力関係の介入とその相互連関性の前提となっている基本的事実――理論にとっては仮説――は、人間の追求する社会的価値が多様であり、しかもその量が一定の時空における人間の欲求に対して相対的に稀少であるということにほかならない。この基本的事実を前提として、価値の追求・獲得・維持・増大・配分を目的として人間関係を統制し、しかもその統制が相手の所有あるいは追求する基本的価値の剝奪（制裁）を最後手段として行われるようになったときに、権力関係が決定的に介入して来るのである。権力関係が前にのべたように相手の価値のスケールと相関的なのはここに基いている。古人は「生殺与奪の権」という簡明な言葉でこの理を表現している。肉体的生命の安全性は、いうまでもなく、あらゆる時代を通じて人間の所有する最も基本的な価値であり、したがって人間行動に対する効果的な統制は、最終的にはこの基本的価値の（全部もしくは一部の)剝奪――殺害・肉刑・追放・投獄・パージ――を武器として行われる。物理的強制手段(暴力)の組織化があらゆる権力の潜在的な傾向をなす所以である。しかしこの場合でも、「われに自由を与えよ、然《しか》らずんば死を[4]」という確固たる信条に立つものに対しては、組織的と非組織的とを問わず、あらゆる暴力は沈黙せざるをえない。同様に、最小限度の富は、肉体的生命の維持のためにも、またその他の社会的価値の維持獲得のためにも基本的価値であるから、経済的価値の「与奪」もまた古来権力的統制の目的および手段として最も重要な地位を占めて来たし、経済的価値の生産が「空気」のように豊富にならない限り、今後も依然としてそうであろう。けれども、物質的報償や剝奪が人間の行動様式を効果的に統制しうる程度は、いうまでもなく、肉体的生命の場合よりもなおさら、個人的＝階級的＝民族的＝時代的に偏差度が広い。カトリック教徒にとってはローマ教皇による破門が、また共産党員にとっては中央指導部による除名が、それぞれ尊敬・愛情・名誉・勢力などの諸価値の重大な剝奪を意味するから、そうした価値をコントロールしうる人間(あるいはグループ)の方が、彼等の富や――場合によっては生命を――コントロールしうる人間よりも、彼等に対して権力状況を成立させるのにヨリ有利な地位に立っているわけである。こうした価値の多様性を前提として、ラスウェルは価値種類のかけ合せによって権力形態の詳細な分類をつくっている（『権力と人間』、邦訳〔永井陽之助訳、創元社、一九五四年〕、二八七頁参照）。その中には単なる知的遊戯《パズル》としか思われないものもあるが、そこにはやはり社会的分化とコミュニケーションの高度化に基く人々の価値関心の多様化が反映していることは否めない。たとえば彼が権力の基底価値《ベースヴァリュー》と権力自体の価値とを区別しているのは、強大な労働組合が自ら「富」を所有せずに富に対する（とくに配分に対する）権力をもち、スポンサーや演出者が自ら名声をもたずに、他人の名声をコントロールする力をもつような現象——あるいは同じ人間Aに対して知識情報の点ではBが、富についてはCが、尊敬についてはDがそれぞれ権力をもつといったような重畳関係の広汎な存在——など、いずれも現代の複雑多岐な社会的権力状況を眼前においているのである。政府権力（governmental power）の行使に対するいわゆる立憲的制限の強化が直ちに人間の自由一般の拡大を意味せず、むしろ却《かえ》って「富」に基く権力関係を表面化する結果となったのは、歴史的に周知の事実であるが、この点に関する自由主義者の楽観の破綻も、右のような観点から見れば、権力の複数的な重畳関係を見誤った顕著な事例として挙げることができるであろう。

　価値の獲得や増大は集団協力による方が個人的になすよりも一般に有効であること言

を俟《ま》たない。そこで価値をめぐる紛争はその価値が稀少であり、それに対する人々の欲求が強いほど集団凝集性をもつ。ところで権力自体もまた価値であり、しかもそれは他人(集団)の諸価値の剝奪を含む人間関係の統制であるから、権力は他のいかなる価値を追求する基盤《ベース》としても有効度が高い。そこで関係者にとって重大な価値をめぐる紛争は、集団の相互間においても、また集団の内部においても、それだけ早く権力関係に移行しやすいわけである。そこからしてまた権力的統制による人間関係の組織化は不断に規模を拡大し、権力関係のピラミッドをますます自己の内に包摂して行こうとする内在的傾向をもっている。それは必ずしも指導者ないし支配者の邪悪なる性質のためでもなければ、またホッブスが既に鋭く洞察したように、「ほど良い権力に人間が満足しない」ためでもなく、「ヨリ以上の権力を得なければ、現在もっている権力をも確保できない」(*Leviathan*, Part I, chap. XI)という権力特有のダイナミズムに基くのである。こうして本来他の価値の追求のために生れた権力関係が自己目的へ転化して行く。むろんこの傾向は、いかなる状況か、どういう文化様式《カルチュア》か、どんな性質の権力か、どういう種類の集団かによって、発現のテンポや形態を異にする。緊張した国際関係や長期の内乱状態などにおいて、とくにこうした権力拡大の自己目的化が強く現われるのはいうまでもない。

そういう緊張と不安の状況では重大な価値（生命の安全や国民の基本的権益）が脅威にさらされ、人々の価値関心が単純化し、こぞってその一点に集中するから、これをコントロールしうる者の手にたやすく権力が凝集することになる。と同時に、文字通り邪悪なる勢力あるいは指導者がこのダイナミックスを逆用して、対外的緊張を人為的に煽り、あるいは集団のメンバーの重大な価値を不断に危険状態におくことによって自己の権力を保持し拡大することも史上しばしば見るところである。

権力状況の動態を把握するためには、社会的諸価値の制度化された配分形態にだけ着目しないで、価値関心の方向と強度に基く潜勢力（potential power）を考察に入れる必要があるのも、右のような権力のダイナミズムに関連している。「現状」における権力基盤に満足し安住するものは、しばしばその培養に対する配慮を忘れて、他の価値に関心を転ずるために、権力的地位を喪失することが稀ではない（いわゆる三代目の悲劇）。これに反して、失うものは鉄鎖のみという状態に陥った人間・階級あるいは民族は、権力過程から全く逃避するか、さもなければ、「獲得すべき全世界」をめざして恐るべきエネルギーで立ち上る可能性をもつ。「世人徒《いたず》らに富の勢力たるを知りて、富を得んと欲するの勢力たることを顧りみず、権力の勢力たるを知りて、権力を取らんと欲するの勢力たるを顧りみず。……位地は勢力なり、然れども位地なきも亦勢力なり、何となれば仮令《たとい》失敗するも、自ら損ずる所なし、彼豈《あ》に勇往せざらんや。吾人は政治上に於て富と、力と、学と、権との重なる資本たるを認むると共に、此等資本なきの更に資本たるを認めざる可《べか》らず。所謂《いわゆる》無一物の無尽蔵を有するものは、青年書生に於て然るのみ」（『国民之友』第六号）と青年時代の蘇峰がのべたことは、こうした権力過程の法則を適確に表現している。

さて、これまでは権力過程における特殊＝政治的なるものを抽出せずに、一般的な人間統制関係における権力のダイナミックスを論じて来たわけであるが、それは一つには、政治団体、経済団体、文化団体というような固定的な区別が現実の政治過程の考察にとってしばしばマイナスに作用する例があるからである。それでは、非政治的な権力過程が政治化する条件は何であるか。ここではじめて政策(policy)という契機が登場して来る。政策というのは、価値の生産・獲得・維持・配分に関する目標と、その実現のための方途である。その価値が「富」に関するときは経済政策、「知識」に関するときは教育・文化政策、そうして権力価値を目標とする政策が政治政策もしくは権力政策[5]と呼ばれる。政治過程といわれるものは広義において、こうした政策一般が、狭義において政治政策が、権力過程——つまり価値剝奪を手段とする人間関係の統制——を通じて形成され、実現される過程にほかならない。政治権力は公権力であるから、たとえ価値追求を目的として権力を組織化しても、それが（個人もしくは自己の所属する第一次的集団の）個別的な利害に直接的に奉仕している場合にはそれは公権力とはいえない。この意味で政策は個人または直接的集団をこえた全体性のイメージであるといえよう。という意味は政治権力が客観的に「全体」の利益に奉仕しているということではむろんない。たとえ経済的搾取の機能のために権力が組織化されても、そこでの指導者には個人的・派閥的利害を越えた役割《ロール》が課せられ、そうした役割に基かぬ権力行使はチェックされる。そうでなければ階級的支配の機能をも完《まっと》うしえないのである。政治的権力である限り、自己の統率する部下だけでなく、被支配階級あるいは他の社会集団に、いかなる価値をいかなる程度に割当てるかという配慮がそこでの政策の中に必然的に包含されている。全体性というのはもとより相対的な範疇であるから、歴史的段階、コミュニケーションの発展度によって異るのは当然で、たとえば中世において公権力であった封建領主の権力関係は、近世の統一国家の成立と発展に伴って公的性格を喪失した。他の公権力との間の価値配分の調整（外交）への志向も、全体性のイメージの有無を判別する有力な規準である。ところで、いうまでもなく、国家は今日なお最高の組織された権力機関であり、一定の領域において正統的および合法的暴力を独占し、その行使による価値剝奪を最後手段(ultima ratio)として副次的な権力関係をコントロールしている。そこで国家権力の統御に成功すればするほど、その領土内における価値配分の決定に最も有利な立場に立つわけである。これが現代における国際的国内的な政治闘争が結局は国家権力の獲得・維持・配分・変革をめぐって展開される所以である。全体性のイメージは今日コミュニケーションと技術の世界化、国家的エゴイズムや戦争の禍害に対する認識の一般化、経済的相互依存性の増大などによって、漸《よう》く国際関係的な表象を超えて人類的次元に拡大する動向を示しているが、国際社会の組織化がさらに進展しない限り、容易にネーションへの定着性を脱しないであろう。したがって政治的な権力過程はほとんど圧倒的に、国家との関連において進行する。けれどもいわゆる政府の活動がすべて政治過程を構成するのではなく、そこに含まれるのは権力価値の増大や配分を自主的に決定する議会や行政首脳部の行動に限定される。「執行する(ausführend)権力ではなく指導する(führend)権力のみが政治権力である」(H. Heller, *Staatslehre*, S. 204)。ただ状況によって軍人や行政府官吏が単に法規に基く権限の遂行をこえて、権力その他の価値配分の決定に有力に参与するようになると、軍閥政治や官僚政治が出現する。労働組合はその内部に権力関係を内包していても、主たる行動様式が労働条件の維持向上に集中している間は、直接政治過程には内包されない。労組が選挙のときに特定の政党を支持するのはその政治政策であり、その限りで政治過程に経済団体として関与している。しかしさらに進んで労組がゼネ・ストに訴えて政府を倒そうとするならば、それは既に政治過程に全活動を投入しているので、政治団体に移行したといわねばならない。経営者団体についてもこうした移行が起りうるが、一般に資本の側はその本来の機能の遂行を通じて政府の政策決定に大きな影響力をもつから、きわめて特殊な状況以外には、直接政治団体に移行する必要なしに、国家の権力状況を動かしうる立場にある。こういう例でも明らかなように、政治団体とか宗教団体とかいう常識的な区別は現実の政治過程においては相対的な意味しかもたない。むしろそれぞれの社会集団が権力状況において果す役割と地位とを、その時点時点で、追求する価値に関連させながら観察することが大事である。一定の政治状況において、いかなる機関もしくは集団が国家権力関係をもっとも基本的に左右するかを見定めることは必ずしも容易でなく、憲法の主権の規定や機関権限についての条文からはわからない。平素はぼかされていた最高権力の所在が緊急事態(粛清、クーデター、内乱などの)突発の際に電光的に照し出されることがある。主権とは例外状態における決断であるというC・シュミットの命題[6]はこの限りにおいて正しい(cf. F. Neumann, "An Approach to the Study of Political Power", *Political Science Quarterly*, June 1950)。

政治権力の構成と諸手段　政治権力をめぐる闘争に日常的かつ主体的に参与する主要な組織集団をその権力状況のなかにおける権力単位(power unit)と呼びうる。国家をはじめとして、超国家組織(たとえば嘗《かつ》てのコミンテルン)・政党・政治的秘密結社などが典型的な権力単位である。以下においてはこうした権力単位の内部構成、組織化の手段をごく一般的にのべよう(政治団体とか経済団体とかいう場合には、社会における機能の区別であるが、権力単位という際には政治闘争の舞台を中心として、その主役に視角を据えている。したがって、前述したような非政治集団の政治化の可能性はここでは一応考慮の外におかれる)。

組織された権力単位は一般にその内部に層化された権力関係を含んでいるので、例外なくピラミッド的構成をもって現われる。これを権力参与への関心及び程度によって大別すると、(1)中枢の指導部(いわゆる権力核 Machtkern)、(2)指導部を囲繞《いにょう》しこれを直接補佐するエリートあるいは「前衛」、(3)エリートにしたがって日常的に従事する「アクティヴ」、あるいはA・グレイジアのいわゆるpolitists(7)〔政治好き〕、(4)非日常的にのみ――たとえば一年一回の総会への出席とか、時たまおこなわれる選挙における投票の際――権力に参与する一般成員、というように段階づけられる。むろんこの区別は固定的なものでなく、むしろそれが化石化するほど組織能率は悪くなる。権力装置の内部で、また装置の外から、「人材」――政治的観点からの――を不断に吸収し、上昇させることは非民主的集団と民主的集団とを問わず、権力関係を持続的に再生産するために重要な条件の一つである。

政治権力の構成はまた機能的分業の面からいろいろに分類される。立法部、司法部、行政部という制定法を中心とした伝統的な分け方は政治的動態の分析にとってあまり有効ではない。むしろ後述するような権力の統制手段に即してみれば、(1)象徴、神話、イデオロギー、政策の製作や立案にあたるもの、(2)具体的情勢における戦略・戦術の樹立者、(3)情報、宣伝、煽動の専門家、(4)資金調達および財源発掘にあたる者、(5)渉外関係の担当者、(6)暴力の専門家などの種別がある。むろんこの区別も流動的であり、また権力核に近づくほどこうした諸機能は統合される。このような諸機能の活動が円滑におこなわれその間の均衡が程よく保たれているほど、権力全体のエネルギーは高まる。しかもそれらの機能の遂行は広汎に社会的、経済的、文化的、自然的諸条件に依存せざるをえない。政治権力の強さと大きさを正しく測定することの困難はここにも根ざしている。権力基盤の複合性は国家権力においてとくに顕著である。権力の複合性を看過し、自他の権力の優劣をその一つの契機――たとえば物理的暴力(軍備や警察力)とか財政状態とか――だけによって比較し判断することも、さきに述べた権力の実体化的思惟とならんで政治的指導者のもっとも陥りやすい誤謬であり、国際的国内的権力闘争において蹉跌する有力な原因をなす。

政治権力がその対象としての人間や他の権力単位を統制するために用いる方法は、ひろく社会的統制の一般的諸手段と重複している。前述の通り政治権力に特有な手段は暴力組織の駆使であるが、警察力や軍事力の発動は政治的な権力行使の極限状況であってその常態ではない。「ひとは銃剣でもって何事をもなしうるが、ただその上に坐ることはできない」[8](タレーラン)。その意味で投獄や戦争は、むしろ政治権力の手がつきたことの表示にほかならない。「権力の経済」の上からは、暴力の現実的な行使よりは行使の威嚇(たとえば国際政治でいえば兵力の動員や一定地域への集結)の方が優り、直接的暴力による威嚇よりは経済封鎖とか名誉の剝奪とかいった間接的強制の方が優り、さらに強制よりは説得(persuasion)と合意(consent)が効果的である。権力服従の動機がもっぱら価値剝奪にたいする恐怖にあるような場合を、単純な物理的暴力と区別して赤裸の権力(naked power)とよぶならば、赤裸の権力において最低限の自発性がはじまり(しかしここではまだM・ウェーバーのいう正統性根拠の問題は登場しない)、理性的な合意において最頂点に達する。しかし他方において権力的統制の非権力的なそれにたいする特質は、なんらかの価値の剝奪を背景にしていることにあるから、純粋な説得や合意は権力関係には存在しえないのであって、政治権力による説得とか「合意《コンセント》による政治」という言葉には多かれ少なかれ神話がふくまれている。報償、抜擢、経済援助など物質的精神的利益の供与も前述のように政治権力の重要な統制手段であるが、その際にも「もし応じなければ」という威嚇が後楯になっている。純粋な「鞭」に依拠する政治権力はないが、同様にまったく「飴」だけを使う権力もない。

一般に人間行動の統制様式には、直接に一定の行動様式を指示、命令する場合と、それを直接明示しないで結果においてそうした行動に仕向ける場合——これを操縦(manipulation)という——とあるが、大衆デモクラシーの時代においていちじるしく発展したのは後者のテクニックである。権力はその政治的目的の達成のために厖大な大衆に忠誠の観念と情動《エモーション》を喚起する必要に迫られて、あるいは伝統的象徴を利用し、あるいは新たなる象徴を創造する。旗、制服、歌、儀式、祭祀、大集会、示威行進、神話、イデオロギーなどはいずれもこうした象徴として作用し、その普及力はマス・コミュニケーションによっていちじるしく高められる。そうした手段の使用が極端になると「魂にたいして冒された暴力」(ピエール・ジャネル)に等しくなり、説得と合意は全く形骸化するにいたる。しかし政治権力のこうした統制手段には一つのジレンマがある。すなわちそれが成功するほど大衆の服従は「自動的」となりステロタイプ化するけれども、同時に服従の惰性化によってその自発性・能動性は次第に減退にむかい、公共的関心は私的配慮とくに消費生活の享受にとって代られる。また現代の技術的諸条件の下ではコミュニケーションを権力の側からの一方交通に限定することは、戦争などの非常期間以外にはどんな独裁権力でも不可能であるから、大衆の面前で展開される対抗象徴の間の露骨なせり売りは、相互にその効果を減殺し合って、アパシイを促進する傾向がある。政治権力にもやはり「収穫逓減の法則」(10)が妥当するのである。

政治権力の発展傾向　(1)政治権力と他の社会勢力との関係。近代社会をそれ以前の社会から区別する特徴の一つは、そこで政治権力がとくに政治権力として他の諸種の社会権力から分化し独立したことにある。たとえば封建社会においては領主と農民のあいだの経済的収取関係はそのまま直接に政治的権力関係であり、大土地領有者はまさにその地位にもとづいて当然に政治的な権力主体であった。ところが近代国家の発展とともに政治的支配は経済的生産から抽象・分離され、政治権力はその独自の組織と構成をもつようになった。しかしそのことによって前近代社会においてはきわめて明瞭かつ透明であった支配関係、とくに政治権力と経済的支配とのあいだの関係は隠蔽されてしまった。近代ブルジョアジーの表象においては政治権力は国家権力として物神化し、他の社会的勢力配置は逆に市民社会の「私的《プライヴェット》」な相互作用(自由市場における交換関係)のなかに解消している。こうして支配形象は政治の領域にのみ残存し、他の領域では消滅したという考えが近代自由主義の神話となり、そこから政治権力の法的抑制と選挙権の拡大が民主化のアルファかつオメガーとされたのである。ところが現実には十九世紀末以後政治権力のこうした意味での民主化がともかく進展したのにもかかわらず、依然として私的利潤原理に立つ資本の社会的圧力は増大し、しかも独占の時代に入るとともに生産関係の基本的構成はますます寡頭化した。この両方向の緊張と矛盾が今世紀の政治の当面する重大な課題となったのである。その分裂を救う根本の道は結局、民主化を生産関係の内部にまで拡大するか、それとも経済的寡頭支配に見合うように政治権力を再編成するか、の二つしかない。きわめてスウィーピングにいえば、前者の方向の解決をめざすのが種々な形態の社会主義であり、後者の究極の帰結がファシズムである。

ところがこの事態は、(2)政治権力の集中と集積の傾向によって、さらに複雑となる。政治権力にたいする大衆参与の漸次的拡大にもかかわらず、あたかもそれを嘲笑するかのように、テクノロジーの発展と社会機能の多様化は、それぞれの権力単位の機構を巨大化＝官僚化し、頂点と底辺のひらきを甚だしくしてしまった。「選挙権が拡大すればするほど、一人の選挙人の力はそれだけ小さくなる」というO・シュペングラーの皮肉な公式(*Der Staat*. S. 166)が妥当するようになったのである。権力がその包含する人員の点でも、権力的統制の及ぶ価値範囲(経済・教育等々)の点でも、また機動力の点でも巨大化し、しかも基本的な政策の決定と執行が核心部に集中する傾向は国家権力においてもっとも顕著であり、とくに大統領や首相のリーダーシップの拡大として現われているが、他の権力単位、たとえば政党にも、コーカス〔幹部会議〕支配としてあらわれている。しかも現代における民主化の尖兵として、大衆組織に依拠する社会主義政党や労働組合において、かえってこうした執行部への権力集中が高度化することは、つとにR・ミヘルスが「寡頭支配の鉄則」という、やや誇張した表現で検証したところであった。そうしてそのような集中傾向は、(a)現代文明の諸条件(とくにマス・メディア)によって促進される組織底辺のアパシイ現象との間に容易に悪循環を惹起する。(b)頂点の権力核は、比較的高度の政治的関心をもつ少数の「アクティヴ」を飛び越し、もしくは排除して、受動的な卒伍《ランク・アンド・ファイル》の大衆に直接アピールし、その情動的な支持の上に権力を強化する(人民投票的独裁の傾向)。(c)権力単位相互の競争や闘争が高まるほど、政策や戦術面での機密性保持の必要度も大きくなり、この面から「少数有利の原則」が作用する——といったような諸要因によって、その生理と病理との差は紙一重になるのである。しかもなお厄介な問題がある。それは嘗て西欧民主制においてその内在的危機としてリアルに認識され、種々の積極的な打開の方途を模索させたような右の諸問題が今日においてかえってはぐらかされ、真の争点が見失われるような結果を招来しているということである。さきに現代における権力状況の無定形化として触れた事態がまさにそれである。たとえば現代アメリカでは、E・M・ザカリアス海軍大将がのべているように、「わが国民の将来に影響する重大な決定が外交用の応接間や陸海軍司令部の固く締めたドアの内側で、限定された責任しか持たない人々によってきめられる」(H. H. Wilson, "The Problem of Power", *Monthly Review*, June 1953) のみならず、権力核を構成し、またはそれを基本的に左右する地位がますますミルズのいわゆる「政治的アウトサイダー」(とくに軍・財界首脳者)によって占められ、本来の議会政治、いな議会そのものの実効的な決定参与性が、もはやトップ・レヴェルの権力関係でなく中間水準にまで低下しているにも拘らず、いなまさにそれ故に、「牽制《チェック》と均衡《バランス》」の観念が支配層から一般国民に至るまで広く深く根を下している。これは体制の全体構造と機能から見れば、一つの「神話」なのであるが、国民の日常生活においては、体制の中間および底辺における多様な拒否権集団《ヴィートー・グループ》(リースマン)の相互牽制と、それに対する国民の同じく多様な「参与」によって、まぎれもなく実感となっているのである。つまりこうした大衆社会的状況においては、ニーチェの用語をかりるならば大政治と小政治が鋭く分化し、大政治はますます頂点に集中する反面、小政治はますます広汎に分散することによって、権力価値の社会的配分というイメージを不断に再生産しているわけである。これはほぼそのまま経済的価値と勢力の配置状況と見合っている。プロレタリアートの生活水準の向上とくに消費生活の多様化が体制への関心を低下させ、政治的関心が中下層の副次的権力状況に定着するために、全体的権力状況のリアルな認識が――というより認識への意欲が、減退するという現象は、西ヨーロッパの「福祉国家」にも程度の差こそあれ大体において共通する傾向である。しかも政治・経済・軍事各領域の機構の巨大化と、上層部の人的相互交流性の増大によって、トップ・レヴェルへの権力集中は、ますます公式な制度の背後で進行し、法的に一定の地位にある人間の権力感覚とのズレが大きくなる上に、支配層の行動様式もマス化するからして、権力の寡頭化は権力者自体によっても、それとして自覚されない。〔『現代政治の思想と行動』第一部でのべた軍国日本の「無責任の体系[11]」は、こうした先進国に共通する大衆社会的状況と特殊日本的な権力構造とがからみ合って出現した結果とも見られよう。〕

現代における政治権力の集中と集積の社会的必然性を真向から積極的に肯定し、一方ではこれを前衛政党の目的意識に結合させると共に、他方これをいわゆる「大衆路線」ないしは民主集中制原理によってコントロールしようというのが、レーニンから発したコンミュニズムの考え方である。それが体制化されたソ連では、大政治と小政治の分化は現実的には、協同組合、労働組合、地方ソヴェートなど国民の日常生活と密接した面での広汎な参与と、トップ・レヴェルにおける共産党の権力独占という形態で現われている。ここでは経済機構はじめ各社会領域は整然と計画化され、一貫した目的意識性によって指導されているから、資本主義国家の場合のような権力者の自己欺瞞や「組織された無責任性」の危険から免れている。最高指導層はマス化よりは哲人(綜合的認識力の把持者)化する傾向性をもつ。しかしその反面においてこの「前衛」の目的意識的指導が堕落する場合には、権力核はカースト化し、巨大な官僚化と専制化を齎《もたら》すことは、すでに最近の事態[12]で明らかにされた。しかもテクノロジーの社会過程への反映は、こうした社会主義体制の権力状況にも大衆社会一般に共通したダイナミックスを発現させることは別項で論じたとおりである。

「あらゆる権力は腐敗の傾向をもつ。絶対的権力は絶対的に腐敗する[13]」とは有名なアクトン卿の言葉である。もし絶対権力という意味が権力の集中自体を指すのならば、その言は歴史上の腐敗しない集中権力の実例によっていくらも反駁されよう(F. Neumann, op. cit.)。なにより現代の複雑な課題がたんに権力を分散し相拮抗させる方式だけによっては解決されないことは、あたかも企業の集中排除によっては独占資本主義の矛盾を解決しえないのと同様である。むしろ近代社会の技術的合理化にもとづく社会的必然として出てきた集中権力を、いかに大衆の福祉と自発的参与に結合させ、官僚化による社会的パイプの閉塞を防止するかに今後の問題がある。にもかかわらず、現代の権力集中から右のように種々な形態の病理現象が発生し、しかもその病理のうちには、社会体制の相異をこえて共通する危険性も少なくない以上、アクトン卿の言葉にはリベラリズムの歴史的要請にとどまらない真理がふくまれている。権力の実態を見きわめるにはいつの世にも、裸の王様を裸と認識する澄んだ眼と静かな勇気を必要とする。そうしてそれは「政治的なるもの」からの逃走によっても、また逆にそれへの即自的な密着によっても生まれないのである。

『現代政治の思想と行動』追記

「政治権力の諸問題」の原型は昭和二八年に『政治学事典』（平凡社、一九五四年）に書いた「政治権力」（『集』⑥）である。形式的構成は大体旧によったが、内容は思い切って手を入れ、量も倍以上に殖えたので、実質的には新稿に近くなった。ただ量が殖えたとはいうものの、テーマがテーマの上に、怱忙《そうぼう》の間に書き上げねばならなかったので論じのこした問題も少なくなく、また叙述を圧縮したために、一層抽象度が高くなったのは気がかりである。私としては、本書のあちこちに散在する考え方のしめくくりという意味もいくぶん籠めたつもりである。なお参考までに、このテーマに密接に関連するこれまでの私の論述としては、『政治の世界』(御茶の水書房、一九五二年)(本文庫六九—一五四頁、『集』⑤)及び『政治学事典』の中の「政治」(『集』⑥)「政治的無関心」(本文庫三二七—三三七頁、『集』⑥)「リーダーシップ」(『集』⑥)、同じく『社会学辞典』(有斐閣、一九五八年)の中の「政治」「政治的認識」(『集』⑦)などがあることを附言しておく。くれぐれも政治学の扱う政治権力の問題がここに網羅されているとか、これが権力の政治学の典型あるいは代表であるとかいうふうに受取らないでいただきたい。

Ⅲ　政治学入門

政治学入門（第一版）

一

一昨年でしたか、最高裁判所長官候補の推薦について色々取沙汰されている頃、私の研究室にある大審院の判事が知人の紹介状をもって訪れました。法学部の一員とはいいながら政治思想史という様な司法関係とはまず縁の薄い学問をやっている私にとってはむしろ珍らしい来客なので何事だろうと思いましたが、要件をきいて見て更にびっくりしました。もう頭もかなり薄い年頃のその判事がややはにかんだ様な微笑を口もとに湛えながら切り出した話というのは要するにこういう事なのです。今度の最高裁判所長官の詮衡《せんこう》については、司法部内にいかに複雑な動きがあるかは、すでにお聴き及びのことと思う――というのですが、実は私はそうした内情は殆ど知らなかったのでその旨答えると、その時までの司法部内の動きのあらましを話してくれましたが――とにかく今度のことはいままで少くも表面は政治的無風地帯であった裁判所内に公然と政治的な策動を導入する結果になった。各種の自薦他薦運動が部内に入り乱れ、その醜悪なこと見るに堪えない。いままで政治的なことにまるで無経験な司法官が、ひとたびこうした問題に足を突込むとまるで無茶苦茶な権謀術策ぶりである。ことに××派の策動が甚だしい(1)。自分らは××派が勝を制することには反対であり、それを何とか阻止したいが、先方があらゆる下劣な策動を試みているときに、こちらが上品に構えていては到底勝目がない。先方の運動を成功させないためには甚だ不本意だけれどもこちらも相当の思い切った対抗手段を用いねばならぬのではないかとこの頃考える様になった。ついては貴下は政治学を専攻しておられると伺ったので、そういう点について何か示唆を与えて頂きたいと思って伺った次第である——とまあこういうわけなのです。あまり突飛な相談に何と答えていいか一瞬戸惑っていると、私の困惑の表情を読みとったその判事は、すぐ畳みかけて「あの、大学の政治学の講義ではそういう政治的な術策のことは教えないのですか」と訊いて来ました。私はすぐさま「冗談じゃありませんよ」と吐き出すように答えましたが、決して冗談を語っていると思えない相手の真剣な眼とぶつかってハッとして慌てて語調を和らげて、付け加えました——大学で講義する政治学というのは決して所謂《いわゆる》政治的な術策ではなく、また現実の政治問題を直接対象とするのでもないこと、むしろ、普通そこでは、政治学の方法論、たとえば政治学がいかにして一個の科学として可能であるか、といった問題が主要な内容をなしていること、或いは人によっては主権の理論とか、議会制度・三権分立・政党・地方自治・直接民主政といった近代国家の政治組織の概略的説明から、進んで近代民主政に対するチャレンジとしてのファシズム独裁政とかボルシェヴィズムなどを問題にするが、いずれにしてもそれを学んだところで別に政治家として必要な基礎知識に事欠かないというわけでなく、またそれを目的としてもいないということ、だから折角の御訪ねだがあなたの問題に答えるにはおそらく大学の研究室は最も不適当な場所だということこういった事を縷々《るる》説明して諒解を求めたのです。それでも何だかあまりそっけない様な気がしたものですから、私は「まあ是《これ》でも御覧になるといくらか参考になるかも知れません」といって、マキアヴェリの『ディスコルシ』(『ローマ史論』という題名で訳されています)と『君主論』を貸してあげたようなわけでした。

私がこの小さなエピソードを最初に掲げたのは、この判事の話の中には政治学という学問を考える上に実にいろいろな重要な問題が含まれていると思ったからです。しかしそのことに入る前に、一寸《ちょっと》傍道ですがこの話の後日譚を序《つい》でに披露して置きましょうか。それから暫《しばら》くして問題の長官も決定し、私も毎日の仕事に追われてその後の経緯がどうなったかなどということは別に気にも留めなくなった頃、或日研究室に出勤すると、机の上に一通の封筒と新聞包が載っていました。見ると例の判事さんの置手紙で、新聞包はいうまでもなく私の貸してあげたマキアヴェリの本です。達筆で走りがきしてある文面の趣旨は、いつぞやは突然御邪魔して大変失礼した、拝借した書物はまことに興味深く読み、眼前の動きと照しあわせて実に参考になることが多かった。まあとにかくわれわれの心配した様な結果にならず無事に済んだので、大変遅れて申訳ないけれども今日書物返却旁々《かたがた》御挨拶に伺った次第である。御目にかかれなくて残念だが今後ともよろしく――という様なことでした。私はあの時「何か御参考になれば」とは言ったものの、むろんルネッサンス時代のイタリー自由都市のために書かれた書物が当面の事態の解剖に役立つと思ったわけでは毛頭なく、むしろ苦しまぎれの御愛想で貸したのですが、こう正面きって感謝されて見ると、お世辞とは思いながらもなにかこそばゆい様な感じで、もし万が一、本当にマキアヴェリのあげた諸原則が、最高裁判所長官候補の推薦をめぐる司法部内の動きに生きた適用を見出したとしたなら、これは一体どうしたことなのかなどと考えながらひとりで首をかしげたり苦笑したりしたことでした。

さて本題に戻って、政治学という学問を政治的な駆引の仕方を教える学問か何ぞのように思ったということは、ちょうど商法の学者に「先生の様な学問をして居ればさぞ金儲けは上手になるでしょうな」とたずねたという話と好一対のように見えますが、私達は決してこの判事の非常識をわらう事は出来ないのです。第一、商法を金儲け法と間違う人はまず知識階級のなかにはいないと思いますが、政治学とは一体どんな事をする学問かときかれて即座に一応の返答の出来る人は自然科学といわず、文化科学を学んでいる人でもあまりいないのではないかと想像します。これは実は答えの出来ない方があたりまえなので罪はむしろ政治学の方にあるのです。政治学というのはそれほど輪郭や方法のハッキリしない学問なのです。試みに政治学者といわれている人を一人一人つかまえて、上の様な質問を出して御覧なさい。恐らく同じ名前の下にこれほどちがった内容が理解されている学問があるだろうかと呆れるのがオチです。極端な言葉をつかえば政治学者の数だけ政治学があるとさえいえるでしょう。私が上の判事に話した大学の講義内容というのも凡《およ》そこんな問題が扱われるという大体の見当だけで、実は答えになっていないのです。例えば議会制度や地方自治といったって、国法学や憲法・行政法の対象でもあるわけで、決して政治学の独占ではありません。問題はむしろ、同じ議会制度なら議会制度を政治学はどういう角度から、どういう方法でとりあげるかというところにあるのですが、そうなって来るともう政治学者の間でも忽《たちま》ち意見が分れて第三者にはさっぱり公分母が感じられない有様です。社会学などという学問もやはり方法や対象のハッキリしないという点ではまず他にひけをとらない方ですが(之《これ》に就《つい》ては本書〔『社会科学入門』〕の社会学の項で触れられるでしょう)、社会学は何と言ってもまだ若い学問でやっと十九世紀になってから生存権を主張しはじめたわけですから無理もありませんが、政治学というのは逆に社会科学のなかではもっとも伝統の古い学問で、まだ今日の意味での法律学も経済学もなかったギリシャの昔からちゃんと立派に存在し、むしろその頃はいちばん威張っていた学問です。プラトンやアリストテレスの国家学乃至《ないし》政治学は夫々《それぞれ》二人の雄大な思想体系の頂点に位置しています。政治学(Politics)という言葉自体、ギリシャの都市国家の名称であるポリス(polis)から由来しているわけです。そんなに由緒ある学問でありながら、数千年を経た今日に至ってもまだ精緻な理論構成をもった隣接社会科学と肩をならべるだけの纏まりも科学性も持たないというのが偽らない実状です。とくに日本ではまた一段とこの学問が未発達で、すぐお隣りの法律学が——といっても私のいうのは法律解釈学のことですが――明治時代からぐんぐん隆盛になっていち早く世界的水準に達したのと実に顕著な対照をなしています。日本でなぜこの様にとくに政治学がひ弱い生長しか遂げなかったかということにはそれなりの事情があり、それについては此処《ここ》で触れる暇がありませんが、しかし政治学が他の社会科学に較べて、一番長い歴史をもちながら一番足踏みをしている学問だということはヨーロッパやアメリカでも共通に認められている事なのです。現に「政治学は今日なお石器時代にある」などと言っている学者もある位です。上の様な判事の質問が出るのは政治学の内容が殆ど常識化されていないこの国なればこその現象かもしれませんが、いちばん政治学が盛んで、その関係の書物が多く出版され、しかもそれが学者だけでなく一般市民にも広く読まれているアメリカでさえ、政治学がどの程度まで科学的客観性を持ちうるかということや、政治学に固有な方法が果してあるかといった様な、いわば最も原理的な問題が今日にも絶えず蒸しかえし論議されている状態なのです。政治学を学ぼうとする人はまず自分が取組もうとしているのはこうしたいわば頼りない学問なのだということをしっかり自覚してかからなければなりません。[*1] 例えば経済学ならアダム・スミスの『国富論』と、マルクスの『資本論』を読了しただけでも、まあ兎《と》に角《かく》経済学を勉強した人として通用しますし、資本主義経済機構の根本はそれだけで一応理解出来ます（近代経済学の人には叱られるかもしれませんが）。政治学にはこういった意味での「便利な」古典というものはありません。J・ロックの『統治二論』（*Two Treatises of Government*, 1690）やJ＝J・ルソーの『民約論』（*Du contrat social*, 1762）、J・ベンサムの『政府論断章』（*A Fragment on Government*, 1776）、D・トクヴィルの『アメリカ民主政』（*De la démocratie en Amérique*, 1835, 1840）、J・S・ミルの『代議政体論』（*Considerations on Representative Government*, 1861）、T・H・グリーンの『政治的義務の諸原理』（*Lectures on the Principles of Political Obligation*, 1883）、W・バジョットの『物理学と政治学』（*Physics and Politics*, 1872）、J・ブライスの『近代民主政治』（*Modern Democracies*, 1921）というような書物はそれぞれ近代デモクラシーを理解するために是非読まねばならぬ政治学上の「古典」ですが、それらは決して『資本論』を註解書と首っ引で学んで行くといった意味での包括性と普遍性を具えた書物ではなく、この中のどれか一冊か二冊を読んで政治学を卒業したというわけにも行きません。政治学の研究者はいわば近代的なビルディングの立ち並んだ都市の真中で石器時代の仮小屋に住んでコツコツと土台石から造り上げて行く覚悟が必要です。こうした辛労とバツの悪さにめげない者だけが、途中で裏切られたり失望したりすることなく、この途を最後まで歩み通すことが出来る人です。

＊1　政治学が科学としての客観性を持つためにどういう障害と困難があるかということについては私はさきに「科学としての政治学――その回顧と展望」（『人文』第二号）〔本文庫一一―三七頁、『集』③〕で簡単に触れておきましたから、ここでは略します。なお、日本の政治学の発達を制約した歴史的諸条件とそれを克服する方途については最近蠟山政道氏の『日本における近代政治学の発達』というすぐれた研究が出ました。

二

さて次には愈々《いよいよ》政治学はどういう問題をどういう方法で取上げて行くべきかということを述べなければならない順序ですが、この短い論稿のなかで政治学の取り上げるさまざまの内容を洩れなく解説するなどということはとても不可能です。しかも上に述べた様に政治学の対象というのは極めて漠然として居るのですから一応私の考えで洩れなく問題だけでも列挙したとしても、ある人が見たら重要なテーマが落ちているでしょうし、他の人が見たら、とり上げるに値しないテーマが入っているという様な結果になるでしょう。それでここでは議会制とか政党論とかいった個別的な対象をそれ自身として論ずることは一切止めて、ごく一般的に、「政治」という分った様で分らない「怪物」をつかまえる手掛りとして、政治の最も普遍的な、最も一般的な構成契機は何かといった問題を考えて見たいと思います。その方が政治学概論ではなく、政治学入門であるべきこの小論にヨリふさわしい行き方だと信ずるからです。むろんそれについても決して「普遍妥当的」な解答があるわけではなく、自然私の独りぎめになってしまうことは覚悟の前ですが、大体がごく一般的な問題ですから、勝手に政治学の具体的な対象範囲に区画をつけるのよりはまだしも個人流儀が許されるでしょう。

私は「政治」の構造を考えて行く上に、まず日本の過去の有名な政治家が政治について たまたまの機会に語った箴言を挙げてそこから論を進めて行くことにしましょう。

まず第一に、「政治は力である」という定義があります。これは最初の平民宰相といわれ、遂に東京駅で凶刃に倒れた原敬の言葉です。次に「政治は倫理である」――これは台満の経営、日ソの国交調整に尽した事や関東大震災の復興計画などで有名な官僚政治家後藤新平の言葉です。最後に「政治は妥協である」――この言葉は政友会→政友本党→民政党→新党倶楽部→政友会と政界を渡り歩いてそのために政界夢遊病者などと悪評を受けた床次《とこなみ》竹二郎が言ったことです。この三様の政治についての考え方はそれぞれ三人の政治家の人格や行動と関連させて理解するとなかなか含蓄があるのですが、そんなことはともかくとして、この三様の把握はいずれも「政治」の本質的な契機に触れており、三者相俟《あいま》って「政治的なるもの」の構造をよく表現していると考えられます。すなわち第一の原敬の定義は政治の権力的な側面を示し、第二の定義は文字通り政治の倫理的な側面を示し、第三の定義は政治の技術的な側面を示しています。この権力と倫理と技術という三つの次元が一つの立体を構成するときそこに真の意味での「政治」が現われるのです。この夫々の次元が政治学の上にどういう意味をもち、どんな問題を含んでいるかということを次にごくかいつまんで述べて見ましょう。

(イ)　権力としての政治(Politik als Macht: political power)

これはひとが「政治」について最も連想しやすい側面です。政治はなによりも権力です。権力はいわば政治の体軀です。従って政治学にとっては政治権力の分析ということは不可欠の課題になります。政治権力とは何か、政治権力を他の種類の社会力(例えば経済力とか私人の行使する暴力）などと区別する契機はどこにあるか、というような問題がまず浮び上って来るわけです。ところで権力は具体的には支配（Herrschaft）として現われます。権力が一定の地域においてそこに住む人間を継続的に支配することに成功したとき、裏からいえば、一定の地域の人間が一定の権力に対して継続的に服従する関係が成立した場合、われわれはそこに政治団体（political association, Politischer Verband）の発生を認めることが出来ます。われわれが今日見る様な国家というのはこの政治団体の典型的なものですが、決して政治団体と同義語ではなく、政治団体の一つの歴史的形態です。さて、どんな政治団体でも、その歴史を昔にさかのぼって行くと、遂にはその内部に支配機能の専門的分化がなく、成員の地位がつねに全く平等で、その結合が血縁を基礎にしているような氏族共同体（tribe community, Sippengemeinschaft）に逢着します。こうした氏族共同体がいかにして崩壊して、血縁的結合が漸次地縁的結合に変り、その内部に支配形象（Herrschaftsgebilde）が樹立されるようになるかということは、きわめて困難な古代史の課題でいろいろ論争がある点ですが、政治学ではそれをまさに政治権力の発生の問題として取上げるわけです。この場合決定的な標識《メルクマール》は、物理的強制（暴力）が組織化されて一定の人間（支配者）の手に集中するということで、政治権力はこうして組織化された暴力を独占することによって、なによりまず対外防衛と対内秩序の維持という任務を専門的に担当する様になります。太古の簡素な政治団体から今日の複雑に発達したそれに至るまでその支配機構をギリギリの所まで裸かにして行くとそこには必ず、この様な組織化された暴力が現われます。今日の国家においては軍隊と警察がつまりそれです。こういう物理的強制の手段を持たなくては政治権力ということは言えないのです。という意味は誤解しては困りますが、政治権力はつねに物理的強制手段を行使して支配するということではありません。それどころかしょっちゅう、軍隊と警察を使わなければ支配目的が達せられない様な政治権力は政治権力としては落第です。刑務所が満員であることは国家の名誉ではなくして不名誉です。その意味で政治が効果をあげているかどうかは「夫々の場合における暴力の行使量によってではなくして、むしろ暴力が避けられ他の代用物が発見せられる度合によって定まる」（C. Merriam, *Political Power*, 1934, p. 21）といえるでしょう（この問題は後の「技術としての政治」に関係します）。にも拘らず、物理的強制手段をいわば切札として持っているということがどこまでも政治権力の特性であり、他の方法が用をなさない場合、それはつねに最後の手段（ultima ratio）として発動されるのです（参照、M. Weber, *Wirtschaft und Gesellschaft*, Teil

I, Die Typen der Herrschaft, S. 29)。

右の様な観点から政治権力の歴史的発展をふりかえって見ますと、ますます広い地域の人間が単一の政治権力の支配に服従するに至り、それに応じて権力の組織性がますます高度になって来た事が分ります。つまり政治団体の外延の拡大化と内包の集約化とが併行しているわけです。それを裏付けているのは生産力と交通形態(コミュニケーション)の発展です。たとえば日本でいえば、徳川時代は既に封建社会としては最高度に組織化された政治的秩序を持っていましたが、それでも御承知のように親の仇を討つという様な慣習が公認されて居りましたし、また親が子を懲戒する権利とか、夫が姦通した妻を現場で殺害する権利とかが法的に認められて居りました。これは今日において国家権力に集中している刑罰権がまだある程度家族団体に留保されていた事を示しています。それだけ、政治権力の駆使しうる技術的手段が生産力の低位に制約されて狭隘《きょうあい》だったわけです。ちょうど封建的な地方的割拠が今日のように民族国家に統一される様になっても、国際社会に単一の政治権力が打建てられるまでは、国際社会の秩序維持のための物理的強制手段(軍備)は依然として各個別国家の手に残されて居り、従って、戦争という直接的暴力行使が国際法のなかに公然たる地位を占めざるをえないのと同じことです。

国際社会の組織化とか世界国家とかいうことが今日のやかましい問題となったのも、コミュニケーションが世界的な規模で発展して、民族国家という政治団体の歴史的形態がもはや現実の事態に適応出来なくなったからで、単に道徳的乃至は宗教的な要請ではないのです。それで今日では政治権力の問題は単に国家内部の支配関係だけでなく、同時に国際政治学の課題として考察されなければなりません。

それはともかく、上の様に物理的強制手段を独占していることによって少数者の多数者に対する支配が可能になります。政治権力は具体的にはつねに少数者の手に握られています(これを少数の法則(Das Gesetz der kleinen Zahl)[2]といいます)。これは古代の専制国家であろうと、ブルジョア・デモクラシー国家であろうと、或いは「プロレタリア独裁」国家であろうと同じことです。こういう相違は、少数の支配者と多数の服従者との関係のしかたつまり少数者の権力がいかにコントロールされているかのちがいであって、現実の政治権力の把握者はどんな場合にも少数です。その意味で「多数が支配し少数が服従するというのは自然に反する」というルソーの言葉(『民約論』第一部第四章)は永遠の真実であり、デモクラシーを多数支配と呼ぶことは、一つの擬制《フィクション》――ただきわめて有意義な擬制――にほかなりません。さてそれでは一体どういうわけで多数の人間が少数者に物理的強制手段の独占を許しているのでしょうか。昔から今まで世界中到る処、少数の人間が多数の人間を服従させているということは考えて見ればまさにラスキのいうように「驚愕すべき現象」(the striking phenomenon)(*A Grammar of Politics*, p. 21)ではありませんか。早い話が、ギャング団の行使する暴力は誰でも不当な暴力という印象を持つのに、警察官の行使する暴力――というのはむろん個人的暴力ではなく、国家機関として行使する暴力の意味ですが――は通常の場合には当然視されるのは何故でしょうか。私はさきに暴力の組織化ということを政治権力の重要な標識として挙げたわけですが、今日の様に発達した国家の中でも大規模なギャング団などは随分それなりの組織と秩序を持っているものもあります。にも拘らず、それはやはり一般にアブノーマルな権力と看做《みな》されています。ですから政治権力は単に暴力を組織化することによってだけでなく、同時にそれをその政治団体の内部での唯一の正常な暴力と認めさせることによってはじめて多数者を支配しうることが分ります。ではこの正常な暴力と不当な暴力とはどうして判別されるのですか。法律的な立場はそれに答えるのに、暴力が法に依頼した、つまり合法的なものであるかどうかという規準を以ってするでしょう。しかし政治学としてはその答にとどまっていることは出来ません。なぜなら、ある場合には非合法の暴力が従来の合法的な暴力に代って自らを合法的な暴力に高めることに成功すること があります。革命とかクーデターはそれです。そうすると、古い合法性をもった政治権力はもはや正常なものと看做されなくなります。ですから、形式的な合法性(Legalität)という観点をさらに突進めて行けば、必ず政治権力の実質的な正統性(Legitimität)という問題に到達するのです。政治団体の多数の成員は、彼等を支配する少数者に対してなんらかの実質的な正統性的根拠を認めているからこそ、彼等に甘んじて物理的強制手段の独占を許しているわけです。その意味ですべての政治権力に対する服従は心理的な服従で単に物理的な力に隷属しているのではありません。もし大多数の成員が政治権力を自己に対する赤裸の暴力的抑圧としか感じなくなったときはそれこそ、その政治団体は革命の前夜にあるといわねばなりません。むろん、こうした正統性的根拠は必ずしもつねに明白に被治者に意識されているとは限らないでしょう。むしろ権力に惰性的に服従しているのが普通です。しかしその際にも立入って分析して行けば必ずなんらかの──合理的であれ非合理的であれ──正統性がその支配関係に妥当していることが見出される筈《はず》です。

こうした政治権力の支配根拠を主な類型に分類することが学者によって色々試みられ

ていますが、ここではそれに立入る暇はありません。例えばM・ウェーバーの伝統的、カリスマ的、合法的という支配類型の有名な区別はまさにこうした正統性を基礎にした分類ですし、同じ様な問題をメリアムは政治権力のマイランダ(Miranda)とクレデンダ(Credenda)というカテゴリーで表現して分析を試みて居ります[3]。これらはむろん「理想型」で、現実の権力がどれかの型にピッタリはまるわけではありません。

ただ大体の歴史的傾向をいえば、政治権力の正統性的根拠は超越的非合理的なもの(例えば天命とか神による授権とかいった)から内在的合理的なもの(例えば人民の同意という様な)に漸次推移して来たということがいえるでしょう。二十世紀初頭の多元的国家論(Political Pluralism)[4]はいわば正統性の合理化を最も極端に押しつめた考え方として出て来たものです。しかし実際の政治はもっとジグザグな進み方をするものでウェーバーの所謂政治的支配者の「カリスマ」(例えば独裁者の非凡な能力に対する民衆の信仰)が今日でも大きな役割を占めています。ともあれこの正統性の観念を枢軸として、政治権力がいかなる条件の下に安定し、いかなる条件の下に変革されるか、権力がいかに編成され、いかに分配されるか、更に権力を獲得しようとする運動形態にはどういうものがあるか——といった問題が次々と登場して来るわけです。政治学はどこまでもリアルな批判的な態度でこうした問題を解いて行かなければなりません。

(ロ) 倫理としての政治(Politik als Gerechtigkeit; political justice)

権力としての政治が政治のリアルな契機だとすれば、これは政治のアイディアルな契機です。政治的正義ということはプラトンの昔からつねに政治の究極の価値規準として掲げられて来ました。この問題はすぐ前に述べた政治権力の Legitimität ということと関係はありますが同じ問題ではありません。一は、政治権力が事実上ジャスティファイされる理由の問題であり、他は政治権力の奉仕する客観的な価値の問題です。どんなに客観的には正義人道に反した政治権力でもそれが継続的に一定の被治者を服従させている限り、それは被治者の心理のなかになんらかの主観的な根拠づけをもっている筈ですから……。従って倫理価値の客観性を全く否定し、正義人道などというものはすべて政治権力が真の支配目的を隠蔽するための装飾であり、欺瞞であるという立場をとる限り、この第二の契機は単なる仮象にすぎず「イデー」ではなくしてもっぱら「イデオロギー」だということになり、第一の権力的契機のなかに解消してしまいます。政治を赤裸々な権力闘争とのみ見る、いわゆる実力説(Machttheorie)と呼ばれる立場がそれで、国家論や政治学の上でもソフィスト以来しばしば説かれる主張です。新らしい所では、L・グンプロヴィッツ、G・ラッツェンホーファー、F・オッペンハイマーなど墺太利《オーストリア》に興った社会学的国家論(Soziologische Staatslehre)がほぼ典型的に代表しているでしょう。ところがこうした考え方を論理的に貫いて行くと遂には「勝てば官軍」というシニカルなニヒリズムに到達してしまい、凡《およ》そ文化に対して積極的な態度決定をすること自体が無意味なものとなりますから、実はこの立場はそれほど純粋な形で現われることは稀なのです。たとえば初めの方で私があげたマキアヴェリの書物などは一見すると政治からあらゆる倫理的な契機を抜き去ったように見えますが、実は彼の思想のなかには virtù というまぎれもない政治的倫理が核心を占めています。またマルクス主義国家論(例えばレーニンの『国家と革命』)にしても凡そ一切の既成の政治権力のまとう道徳的宗教的仮面をはぎ、そのイデオロギー的性格を暴露することにかけては無慈悲なまでリアリスティックですが、実はそのリアリズムがそのまま未来の社会における真の人倫の実現に対する火のような渇望と、それをめざす実践への強烈なエネルギーに転換するところにその歴史哲学の真の特徴があるわけで、いわばそこには政治の倫理的契機が最も逆説的《パラドキシカル》に表現されているのです。こういう様に昔から大きな意味をもった政治思想は正面からであれ、或いは裏口からであれ、結局倫理的なものを自らの立場のなかに導入しているということは、政治が究極においてのて倫理的価値にかかわっていることを示しています。といってもこの場合の倫理というのは決して個人倫理(Privatmoral)のことではありません。むしろ個人倫理の次元が超克されるところに政治の次元がはじまるので、マキアヴェリが近代政治学の最初の樹立者といわれる所以もそこにあるわけです。政治的行動を特色づける外面性や集団性はそもそも個人倫理の立場とは相容れないものです。カントが道徳的善を次のように基礎づけていますが、ちょうどこれを裏返しにしたのが政治的行動の原理だとさえいえるでしょう。

「善なる意思はそれが与えた影響とか齎《もたら》した結果によってではなく、なんらか措定された目的に到達する能力のあるなしによってではなく、ただ意思することによって、つまりそれ自体として善なのである。……最大の努力にも拘らずその意思によって何事も遂行されず、単に善なる意思のみが残ったとしても(むろん単なる希望という意味ではなく、われわれの力で可能なかぎりの一切の手段を尽すという意味でいうのだが)、それは恰《あたか》も宝石のようにそれ自身だけで輝きを放っており、己れの全価値を自らの内部に持っているのである。役に立つとか効果がなかったとかいうことはこの価値に何物をも加えず何物をも減じない」(*Grundlegung zur Metaphysik der Sitten*, Abschnitt I)。政治的行為はこれとまさに逆に、善なる意思だけでは無意味で外部的に影響を与え客観的に有効な行為だけが勘定に入ります。「成功は政治の絶対目的である」(5)(ラッツェンホーファー)。従って政治的責任はもっぱら結果に対する責任であり動機の善はなんら政治的責任を解除しないのです。いな善なる意思すらも政治目的のための手段として利用されます。「国のために死ぬ」というのは個人倫理の立場であり、政治は戦争においてそれを「国のために殺す」行為に転換させるのです。こうした「政治」の苛烈な法則、政治的次元の独立性が一切容認された上で、なおわれわれはヨリ高次の意味で政治における倫理的契機について語らねばなりません。いかなる万能の政治権力もその前に頭を垂れなければならない客観的な倫理価値があり、それを全く無視して存続することは不可能です。古《いにしえ》から今日まで現実の政治史というのは、抽象的なアイディアリストが考えるほど正義や人倫の実現をめざして発展して来たものではむろんありませんが、さりとて単に「勝者の正義《マイト・イズ・ライト》」という命題の実証されて行った過程ともいえません。そこにはヘーゲルのいう「歴史における理性」(Vernunft in der Geschichte)が抗《あらが》い難く貫徹されておりま す。客観的正義に対する畏敬を持たず自己の上になんらの道徳律を認めない傲慢な政治権力は一時いかに隆盛を誇ろうとも必ず歴史の審判の前に潰《つい》え去ることは最近の世界におけるファシスト独裁国家の運命がなによりよく物語っています。「少数の人を永久に瞞《だま》すことは出来る、多数の人を一時瞞すことも出来る、しかし多数の人間を永久に瞞すことは出来ない」というリンカーンの言葉(6)、或いはまた、「目的は手段を神聖にするというのは正しくない。手段は真の進歩のためにはむしろ目的よりも重要だといえる。というのは目的というのは……人間相互の外部的な関係を変えるにとどまるが、手段の方は正義のリズムによるか暴力のリズムによるか、そのどちらかによって人間精神を形づくるからである。もし後者すなわち暴力によるとせば、たとえどんな形態の政治であろうとも強者の弱者への抑圧をとどめえない。これこそ私が革命の時の方が平時よりも却《かえ》って道徳的諸価値の擁護を必須と見做《みな》す所以である」というロマン・ロランの言葉(7)はそれぞれ最も簡潔に最も美しく、政治における倫理的契機を表現したものといえましょう。現実の政治は一方の足を権力に、他方の足を倫理に下しつつ、その両極の不断の緊張《シュパンヌング》の上に、進展して行くのです。

(ハ) 技術としての政治(Politik als Kunst; political technique)

これは政治が最も具体的に現象する面です。政治を一つの技術として把えるのも随分昔からある見方で、むしろ十七世紀以後、ヨーロッパ大陸の近代政治学はまずこうした政治技術論として発達して来たのです。それは当時の絶対主義国家の支配技術の問題として、国家術数(Staatsklugheit)という名で実際政治家によって考究されました。その伝統がずっと残っていて、例えば、イェリネックの一般国家学(Allgemeine Staatslehre)などでも理論的国家学という名の下にいわゆる法律学的な国家論と社会学的なそれとが理解され、之に対して政治学は実際的或いは応用的科学として「技術学」と呼ばれて、一定の国家目的を達成するのにいかなる手段が適合するかという実用的な問題を取扱うものとされて居ります。ですから、某判事が政治学を権謀術数を教える学問だと思ったということは、この意味からしても決して全くの見当ちがいではなく、むしろそれが本来大陸政治学の伝統だったことが分ります。またもしマルクス主義政治学という様なものがその国家論と一応別に打建てられうるとしたならば、そこでは恐らく革命の戦略戦術という政治技術論が圧倒的に重要な役割を占めるだろうと思います。マキアヴェリの著作にしても結局、外国勢力の介入によって四分五裂したイタリーの統一のための戦略戦術論に尽きるといえるでしょう。

政治における技術的契機は、政治の最後の切札としての暴力の使用を最小限度に節約して政治的組織化の目的を最大限度に達成しようという「権力の経済」の要請から生まれたものです。政治家が一般民衆に対し、政党指導者が政党員に対し、夫々自己の権力への服従を確保するために駆使する手段、或いは、反対政治権力の指導者と大衆とを切り離すために用いる術策、更にまた国際間の外交政略等はすべて政治的技術の研究のための広汎厖大な素材を提供しています。それではそうした千変万化の方策《テクニック》が何故一定の法則的考察の対象になるのでしょうか。それはつまりそうした政治的技術というものは結局、人間を動かすという共通の目標をもっており、人間の行動様式そのものに一定の規則性があるからです。

政治的価値は上にも述べたように効果本位ですから、政治は人間を把握するために、人間心理のあらゆる構成要素を自由自在に利用します。しかもその対象となるのは個人ではなく集団ですから、政治的な働きかけの有効性は、その集団成員の精神的レヴェルの最大公約数によって限界づけられます。そこに人間集団の状況反応に、時代の相異をも超えた類型性が生れて来るゆえんがあります。だからこそマキアヴェリはローマ史の史実を材料としてそこから政治行動の諸原則を抽出しえたのであり、従ってそれがまた四世紀も後の日本の或る政治的状況に生きた適用を見出したとしてもそんなに驚くには当らないわけです。『ディスコルシ』の第一巻三九章とか第三巻四三章などを御覧なさい。そこには人間の行動様式の恒常性従って法則性が繰返し強調されています。

むろん今日の政治技術の問題はマキアヴェリの時代と比較にならないほど複雑になりました。社会的な分化が進めば進むほど、人間と人間の感性的直接的な接触は、組織を通ずる媒介的関係に変りますから、政治技術においても個人的な手練手管が物をいう余地は少くなります（逆にいえばそうした個人的陰謀や「腹芸」がまだ一応の政治技術として通用する社会はそれだけ近代化されていないという証拠です）。とくに産業革命以後とどまることを知らないコミュニケーションの発達は、政治権力の駆使する技術をも驚くほど高度化しました。ラジオ・新聞・映画・テレヴィジョン等あらゆる科学的技術の成果が政治的宣伝のために動員され、屋外集会やデモンストレーションが新らしい政治的統一のシンボルとして、原始的な祭祀や儀礼に代る地位を占めるようになりました。「権力の経済」は極度に進歩して今日の民主主義国家では、物理的強制手段の占める地位は心理的強制手段のそれによって殆ど圧倒されている様な実状です。アメリカの政治学において「宣伝」とか「世論」とか其他いろいろの選挙技術の研究が最も発達しているのは現代の政治における技術的契機の重要性をなによりよく示しています。

　しかも技術としての政治を問題とする場合、今日はもはやこのような狭義の政治技術だけをとり上げているのでは足りません。現代のように政治目的自体が警察と国防という様な単純なものから飛躍的に拡大し、行政機能が交通・衛生・産業・土木・教育・宗教といった社会生活のあらゆる面に網の目のようにはりめぐらされるようになると、いわば政治全体が著しく社会技術としての性格を帯びて来ます。そこでは自《おのず》から政治学の体系も国法学と結びついた権力論が背景に退いて、市民生活と日常的に接触する技術的側面が重視され、むしろ行政学と癒着するようになるわけです。こうした傾向が最も顕著にあらわれているのはやはりアメリカです。例えば最近一部の翻訳が出たC・メリアムの『体系的政治学』(*Systematic Politics*, 1945)を御覧なさい。いきなり最初に「統治の基礎」として提示されているのは人格の調整(personality adjustments)という問題です。そこでは内省的人間と外向的人間、劣性複合《インフェリオリティー・コンプレックス》と優性複合、マゾヒストとサディスト、強迫観念症とヒステリー症というような人格のさまざまの類型が挙げられ、今日の政治の問題が昔のように善人と悪人といった簡単な人間類型論ではなく、むしろずっと複雑な性格間の利害や価値体系の錯綜から出発しなければならない所以が強調されています。そうして更に進んで階級とか、圧力団体《プレッシャー・グループス》とか、宗教団体とか少数民族とかのさまざまのグループの間の社会的調整が論じられるのです。そうして政治家というのはメリアムによると、「社会を構成している孤立した技術家《テクニシャン》(ここではむろん本来の意味でいわれている——丸山)と多忙な消費者との間に立つブローカー」(*op. cit.*, p. 330)だということになります。階級闘争とか、人種闘争とか敵味方の区別とかいうことから出発するドイツ政治学とは何と調子のちがうことでしょう。しかもメリアムはアメリカ政治学者の中では政治権力の理論づけに最も意を払っている学者の一人なのです。私はアメリカ政治学の方法論においてテクノクラティックな考察の肥大とともに政治の権力的、乃至暴力的契機が動《やや》もすると軽視される傾きがあるのは、政治学としてはやはり一面的であると思うのですが、しかしそれはそれなりにこの国において、政治が社会技術としての面を百パーセントに発揮している現実を反映しているわけです。

さて以上でごく簡単に政治を構成する三契機とそれぞれの問題の所在をスケッチして見ましたが、それでは一体この三契機は相互にどういう関係に立つのでしょうか。さきに私は政治が権力と倫理の緊張の上に進展すると述べましたが、それが緊張関係を保ちつつ、決して分離しっ放しにならないのは、まさに第三の「技術」的契機が両者の対立を不断に媒介しているからです。権力が政治の現実(Realität)であり、倫理が政治の理念(Idee)であるとすれば、技術はこの現実を理念に媒介する機能(Funktion)だといえるでしょう。技術としての政治がその媒介機能を十分に果してこそ、政治における理念と現実はよく平衡を保ちうるのであって、それが欠けると、政治的思惟はシニカルな権力万能主義と、まるで現実ばなれした抽象的理念への耽溺との間を急激に往復して安定性がなくなってしまいます。それは個人たると国民たるとを問いません。アングロ・サクソンが政治的国民だといわれる所以はつまりこの権力と倫理との不断の媒介に長じているという事なのです。この点で、トーマス・マンが今次大戦におけるナチ独逸《ドイツ》崩壊の直後に、ドイツの国民性について反省した一論稿「ドイツとドイツ人」(Germany and the Germans)は深い示唆を与えます。そこでマンは政治が一方において悪魔的なものに触れながら他方において道徳、理想に連なって居り、その意味ですぐれた政治家は必ず良心と行動、精神と権力との統一をいかにして守るかを本能的に知っていることを述べた後、ドイツ人の政治観をほぼ次のように説明しています——こうした精神と権力との関連のなかに不断に身を処して行く術をドイツ人は偽善と看做す。「内面性」を重んずるドイツ人が政治を見るときはもっぱらその悪魔的な面から、虚偽、虐殺、欺瞞、暴力――というようなものとして眺める。そこでドイツ人は自ら政治をする立場に立つとしばしば自分が悪魔になり切らねばならぬと思い込む――マンはあれほど傍若無人に政治的ニヒリズムを代表したナチに対して、多くのドイツ人が圧倒的な支持を惜しまなかった精神的な根拠をここに求め、そうした考え方の精神史的な系譜を探っているのです。むろんマンの解釈はナチの制覇した原因の説明として見ればきわめて一面的かつ抽象的ですが、英米政治家の偽善に対するドイツ人の本能的な反撥が実はドイツ人の政治的未熟さに由来していることの指摘はさすがにマンの眼の確かさを示しています。個人の場合でも、平素全く政治的環境から遠ざかっている人、或いは日頃政治的訓練を蔑視している人がなんらかの拍子に突如政治的世界で行動する機会を持つと、往々職業政治家を唖然とさせるようなエゲツない権力主義者に変貌することも同じ根拠に基づくわけです。政治的技術を不断に駆使している「現実」政治家はこの点かえって権力行使や「権謀術数」の限界性を意識する機会が多いのです。

三

「政治」というものは以上の様につねに三つの側面を持っているものですが、その相互の比重関係は環境と状況によって不断に変動します。そこに一つは、「政治」の科学が直面する大きな困難があるのです。またそれぞれの国家の歴史的な発展様式の相異によってその国の政治構造において或いは権力的契機が圧倒的意義をもち、或いは技術性がずっと表面に出て来ることは右の簡単な説明のなかからも理解出来ると思います。そうして政治学というのも結局夫々の国家の政治的現実に根ざしつつ発展するものですから、どうしても政治学には一種の国民的個性の色彩が濃くまつわり付く事になり、それだけ問題意識自体の普遍性が乏しくなるわけです。例えば前述したF・オッペンハイマーの系統を継ぐG・ザロモンは、やはり、「理念と行動との相関関係は政治の必然的前提である」ことを認めながら、政治学の現実的任務を述べる段になると次のように言っています。

「迷信・魔法・悪魔狩り・異端訴追——こういったものすべてが政治的イデオロギー

の半宗教的世界には現存している。この様な偶像・魔術・幽霊についての知識はただ「啓蒙」(Aufklärung)でのみありうる。従って科学としての政治学は、イデオロギーに関する理論として、仮面を剝ぎ、幻想を曝露する作用をなす」(*Allgemeine Staatslehre*, 1931, S. 157)。これをメリアムが『体系的政治学』の序文で、「政治の諸過程は、人類が成果も目標もなくただ蛆虫《うじむし》のようにのた打っていることではなく、闇から光へ、隷従から自由へ、漂流から克服へ推移した過程の一部をなしている」(*op. cit.*, p. ix)といい、その著書の最後の言葉を「自由な世界における——自由な国家のなかでの——自由な人間——こうしたものを未来の政治は齎《もた》らすだろう」(p. 345)と結んでいるのと比較して御覧なさい。前者の「政治学」にはなんという陰惨苛烈な色調がただよい、後者のそれにはまたなんという明るい楽観的な展望が開けていることでしょう。これは決してザロモンとメリアムの性格のちがいではなく、結局独墺の政治的現実とアメリカのそれとのちがいにほかなりません。この二人の学者は学問に対する同じ忠実さと真剣さをもって、夫々当面する課題に立向っているのです。もしザロモンがみずからの国の現実に眼をつぶってメリアムの口真似をしたとしたならば、それこそドイツ人にとっては歯の浮くような言葉としか映らないでしょう。このことはわれわれ日本の政治学者がよく心得なければならぬことです。われわれはなにより日本の政治学者として、まず、日本の政治的現実の要求する課題に向って答えなければならないのです。アメリカの政治学がいかに発達しているからといって、その体系なり構成なりをそのまま模倣した「政治学」が何冊生れたところで、それでこの国の政治学が隆盛になるわけではありません。むろんこういったからとて私は単に機械的な模倣を排しているので、学問の上での狭隘な「民族主義」を唱えているのでない事は断るまでもないと思います。

　最後にもう一つ政治学の勉強についての注意を述べて置きましょう。政治学は究極において「人間学」であり、政治現象をどこまでも人間行動の力学として捉えて行くのですから、今後それが豊かに発展するためには広汎に人文諸科学の成果を吸収せねばなりません。例えば権力的契機の分析に際しては法学・経済学・社会学・民俗学・歴史学などに、技術的契機については心理学・文化人類学・精神病理学・経営学等に夫々依存することが大きいでしょう。そこにややもすると政治学が諸社会科学の雑駁な寄せ集めに終る危険性もあるわけです。周囲のビルディングの壮麗さに眼を奪われて、その材料をただ自分の仕事場につみ上げただけでは石器時代を脱出することは出来ないのです。しかし他面において、政治学がその建設準備のためにあらゆる文化領域の錯雑した相互連関のなかに足を踏み入れねばならないのは、現代文明における政治の占める地位から必然に規定されたコースです。この森に分け入る労をさけて、嘗《かつ》ての新カント派の亜流が試みたように、対象から先験的な政治概念を構成することによって政治学の自律性を獲得しようとしても、(8)それはせいぜい書斎における学者の体系的趣味を満足させるのがオチです。むろんそうした方法論議も一定の歴史的役割は果したのですが、今後において政治学を研究しようとする者はもはやこうした綺麗ごとではなく、むしろ周囲の社会事象に対して、従ってまたそれを対象とする一切の科学に対して不断に貪婪《どんらん》な眼を輝かせながら、その中に「政治的なるもの」を鋭敏に嗅ぎ付けて行かねばなりません。そうした旺盛な食欲と自主的な消化力によってはじめて政治的現実への逞しい滲透力をもった理論が打ち建てられるのだと思います。

その意味では、狭義の社会科学書だけでなく、文学なども単にディレッタント的な興味で読まなければしばしば最も良い政治学の勉強になります。政治も芸術も全くちがった方法によってではありますが人間行動をトータルに把えようとするものです。われわれはすぐれた文学作品を読んで、一定の状況に対して人間がいかに反応するか、人間の他の人間に対する働きかけ方にはどういう類型があるか、という様なことについて無限の示唆を与えられます。トルストイの『戦争と平和』やドストエフスキーの『悪霊』『罪と罰』『カラマーゾフの兄弟』のような作品はテーマ自体が政治学の問題に関連していてそうした点からだけでも、そこらの政治学と銘打った本よりははるかに立派な「参考書」ですが、そのほかに手当り次第に思い付いた作品をあげてみても、例えばアナトール・フランスの『ペンギンの島』は政治権力の発生やその腐敗の諸条件について、同じ著者の『神々は渇く』や、ロマン・ロランの『愛と死との戯れ』其他一連の革命劇は、革命心理について、スタンダールの『パルムの僧院』は絶対主義の支配様式について、トーマス・マンの『マリオと魔術師』は独裁者と大衆の問題についてそれぞれ貴重な暗示を与えてくれます。これはほんの一例にすぎません。いな、凡そ政治的社会的な背景を欠いた恋愛小説からでも、人間相互間の吸引と反撥の諸条件についてなにほどかを学ぶことが出来るでしょう。むしろ問題は、その作品が政治的対象を扱っているかどうかではなくて、そこで人間がいかに立体的に、またダイナミックに把えられているかということにあります。その点、変てこな政治小説や暴露文学はかえって得るところがありません。要するに政治学の問題は単に議会や閣議や党本部や待合といった処だけではなく、われわれの周囲に日々演じられている現象のうちに、いなわれわれ自身の行動の裡《うち》にいくらでも転がっているということを忘れないで下さい。大事なのはそれを見出し掘り下げて行く態度です。ゲーテが医学について「それは人間の総体を扱うものであるから、人間の総体でもってぶつかって行かねばならない」[9](Die Medizin beschäftigt den ganzen Menschen, weil sie mit dem ganzen Menschen beschäftigt)といった言葉はそのまま以て政治学に移すことが出来ると思います。

（一九四九・八・二五）

政治学

A　大学教授
B　Aの甥
C　Bの妹

一

A　やあ、よく来たね。二人とも進学おめでとう。B君はいよいよ大学院に入って学者の卵の修業がはじまるわけだし、Cちゃんは——ええと、今度二年生だったかな。

C　健忘症のおじさまにしては感心に覚えていたわね。あたしも来年は後期でしょ、それでいろいろコースのこと迷ってるんですけれどなかなか決まらないの。今日お兄さんがおじさまのところにご挨拶かたがたこれからの勉強の仕方について伺いに行くというので、どうせあたしにはよく分らないお話でしょうけれど何かヒントでもあるかと思って驥尾《きび》に附して来たんです。

B　珍らしく神妙に出たな。いや実はね、おじさん、僕が平生C子に政治学というものがいかに興味津々たる学問であるかという話をぶっているでしょう。C子はじめのうちは又かというような顔できいていたんですが、次第に心を動かされて女だてらに政治学の勉強をしようかという大望を起しはじめたらしいんです。しかしもともと意地ッ張りだものだから、どうも兄貴と同じコースを追うのはいつも押えられることになってシャクだという心理も他方にあるので迷ってるというのが正直のところなのです。

C　あら、あんなこと言って……。お兄さまの独りよがりには呆れてモノがいえないわ。だってお兄さまはブルジョワ政治学の病膏肓《こうこう》に入っているから政治学の効能ばかり並べて得々としてるけれど、友だちや先輩のなかには、大学の政治学関係の講義はどうもつまらないし、役にも立たない、なまじっか政治学などやると却《かえ》って生きた政治が分らなくなる、っていう人だって少なくないのよ。

B　そんな馬鹿な……。講義と学問は必ずしも……。

A　まあ一寸《ちょっと》待った。僕も思想史の方でそのつまらぬ講義を一〇年以上続けている元凶の一人なので困るけれども、政治学というのはとくに、やりようによって恐ろしく面白くもつまらなくもなる性質の学問であることは自分の経験に顧みても確かだと思うね。もっとも「面白さ」という意味が問題だがね。学問はテレビを観たり、クイズを解いたりするのとはちがうから……。それにC子ちゃんの先輩はどういうつもりで言ったのかしらないけれど、生きた政治は政治学などやっても分らないという言い草は、まさに日本のボス政治家やそのヒモ付の政治評論家の慣用句でもあるわけで、うっかり賛意は表せないな。

B　むしろそういう言い草がなぜ日本で流行するかということ自体が政治学のテーマですね。

C　あたしが言ったのはそういう意味じゃないのよ。だって現におじさま御自身が『人文』という雑誌の第二号にお書きになった「科学としての政治学」(本文庫一一—三七頁)という論文のなかで、日本のこれまでの政治学は自分の立っている地盤と環境から問題を汲みとって来る代りに、よその国の学界の動向なり学派の足跡を絶えず追いかけているだけだから、今日の政治的現実に対して方向指示の能力を欠いているッてハッキリ仰言《おっしゃ》ってるじゃないの。

A　いや、とんだ古証文を持ち出して詰め寄られたね。あれはもう一〇年も前に書いたもので、戦争直後にあらゆる社会科学が再出発するという状況のなかで、自分も含めて政治学者に奮起一番を促すために過去の政治学に対して多少意識的に誇張した言葉で批判したのだ。でももっぱらあの論文の効き目と思うほどうぬぼれてもいないけれども、あれ以後、若い優秀な政治学者が続々出て来て、もはや不毛な方法論議でなしに、あそこで言った「現実政治の錯雑した動向を通じて政治のもろもろの運動法則を読み取り、またかくして得られた命題や範疇をたえず現実によって検証しつつ発展させて行く」仕事をエネルギッシュにやるようになった。もちろんまだそういう方向にスタートしてから日が浅いし、日本で科学としての政治学を打ち建てる上に困難な客観的な条件が克服されたわけじゃないが、少なくともこの一〇年の我が国の政治学の進歩は目覚しいものがあるよ。例えば具体的な成果として、日本政治学会の『年報』が一九五三年に「戦後日本の政治過程」[1]という特集を出して以来、毎年現代政治の重要なテーマを取り上げているが、ああいう一連の業績は戦前にはとても考えられなかったね。これは僕自身は執筆していないので自画自讃じゃないつもりだが……。

C　お兄さまがあたしにブツ種本《たねほん》もどうやらそのへんらしいの(傍より、余計なこというな、との声)。ですけれど、やはり私の友だちはいまおじさまの挙げた「戦後日本の政治過程」のなかに出ている政治意識の分析[2]を読んで、ああいうアプローチには限界があるッて言ってたわ。

B　限界か、フン。大方そいつはチンピラマルクシストだろう。測量技師じゃあるまいし、二言目には限界限界だ。それも歩けるだけ歩いて限界に逢着するというのならともかく、ただ遠くから眺めてヤレこの方法には限界がある、あの調査には限界があるというだけで自分はカビのはえた固定観念に寄りかかっているのがお前たちの……。

A　またまた、どうしてそう君達はすぐムキになって喧嘩するのだ。むろんおじさんだって手放しでああした業績を礼讃するつもりじゃないし、Cちゃんのいう「限界」の意味も執筆者自身まんざら知らぬわけじゃなかろう。行動様式《ビヘイヴィア》からのアプローチが何故でて来たかという由来は段々話して行くこととして、ともかく――これはほかの社会科学でもそうかもしれないが――とりわけ政治学という学問はまだ試行錯誤(trial and error)の段階にあるので、これで行けば政治構造なり政治意識なりを包括的に完璧に分析できるというような方法上のキメ手はまだないんだね。そのことを最初にハッキリ自覚する必要がある。

C　随分頼りない学問ね。

B　そこがまたやり甲斐のあるところじゃないか。何しろ相手が政治という時々刻々変動する生き物なんだから、これを捉えるのもC子のカメラみたいに三脚を据えてピントを合せてハイパチリというわけには行かないんだ。モンタージュとかフラッシュ・バックとか多様な映画的技術を駆使しなくちゃ駄目なんだ。

A　カメラと映画の比喩は一寸問題だが、対象の性質と状況に応じて有効と考えられる仮説をどしどし投入して行かねばならないことは間違いない。つまりあらゆる実証的研究には錯雑する対象をえり分け整理する引出し——難しい言葉でいうとconceptual frameworkというものが必要なのだが、政治学の場合は現実に照してこの引出しを再吟味し修正しあるいは新たな引出しを追加して行くという操作がとくに大事なのだ。何故かということはあまり話が大きくなるからここでは立入れないが、差当ってはそれが大事だという事をしっかり念頭に置いてもらいたいね。つまり、限界の指摘も結構だが、いろいろなアプローチが相互にあまりに排他的になることは少なくもこの学問では禁物だ。やれ母乳だいや人工ミルクだと騒いでいるうちに折角育ちかけた嬰児が死んじゃっては何にもならないだろう。

C　でも政治学ってのはギリシャ以来の一番古い学問ってきいていたんですけれど、

お二人の話じゃ生れたての赤ん坊なのね。

B　そりゃ政治学と名のつく学問はプラトンの昔からあるさ。だけどギリシャの政治学は――いやギリシャだけじゃなくて中世の政治学も、近世の自然法や功利主義、あるいは理想主義の政治学だってみな最良の政府とは何か、とか、何故われわれは政府に服従する義務があるのかといった政治哲学の問題をとりあげているので、今日いう意味での「科学としての政治学」じゃないんだ。マンハイムは既存の秩序を合理化する教説をイデオロギーといい、望ましい社会の基礎づけをユートピアという名前で呼んでいるが、つまり昔からの伝統的政治学はイデオロギーかユートピアかどちらかなんだよ。むろん政治現象のなかに経験的な法則を見出そうとしたマキアヴェリやホッブスやの流れもないことはないが、社会科学として政治学が確立したのはごく最近でしょう、ねえ、おじさん。

A　そうだね、B君のいうことは必ずしも間違いじゃないが、そう割り切ってもいえないんじゃないかな。B君の挙げた最良の政治形態とか、服従義務の問題は近代政治学では「政治理論」(political theory)の問題として一応現実の政治過程や機構を対象とする分野(political research)と区別していることは確かだ。セオリーという言葉の使い方が一寸日本とズレていて、日本では普通政治学史とか政治思想史とかいう講義でやっていることが大体そこに入るわけだね。すると問題は政治思想史と狭義の政治学との関係如何《いかん》という大問題になっちゃうが、少なくも次のことだけは言っておこう。どんな「客観的」な精密な分析も根底に「良き社会と政治」の問題意識に支えられていないとニヒリズムに顚落するかさもなければ、自分の伝統的に所属する文化《カルチュア》や体制の価値体系に無批判的にヨリかかる結果になる。それだけでなく前に触れた研究のための「引出し」を絶えず再吟味するためにも、われわれの祖先の政治的思索の経験と遺産から不断に暗示と刺戟を受ける必要がある。セオリーといっても認識論的には単一じゃなくて、例えばプラトン以来の政治思想家の著作にしてもよく吟味すれば政治的状況を構成するいろいろな因子の間の函数関係を確定しようという試みも含まれていて、必ずしも目的と手段の考察だけじゃないし、他方B君のいわゆる近代政治学のビヘイヴィア分析のなかにも、意識するとしないに拘らず歴史的に形成された価値の選択が入っているのだ。

C　さっき言ったおじさまの論文のなかにも、政治的認識と政治的評価との関係が問題にされていましたわね。お兄さんなんか御自分の使う範疇自体のイデオロギー的制約に盲目な「傲岸なる実証主義者」の典型だわ。

B　こいつ、ここぞとばかりおじさんを担ぎやがる。だけど原子科学とかサイバネティックスといった、従来の認識論や技術論のワクではどうにも処理しかねるようなテクノロジーが生れて、人間関係にも革命的な影響を与えようという時代には、ギリシャどころか、つい先頃までの政治学で使われていた道具もどんどん古くなって行くというのも事実じゃないんですか。

A　それはその通りだ。だから政治学というのは陳腐な逆説だが非常に古くかつ、非常に新らしい学問というほかない。これは隣接の社会科学と比べるとよく分る。例えばB君のやっているようなアプローチの仕方は非常に新らしく、精神医学やいわゆる「人間の科学」と呼ばれているものからどんどん成果を吸収している。その点では法律学や経済学よりむしろ先端を切っているともいえる。けれども他方プラトンから引続いた伝統を背負っているという点で、最近隆盛になった社会心理学などとはどうしても一緒にならぬものがある。これはただ由緒が古いというだけの事ではなくて深く政治学の本質にかかわる問題なのだ。

BC　何だか分らなくなって来たなあ。

A　いや、そう慌てて分ろうとしなくてもいいのさ。ただこの古くて同時に新らしいいという性質が政治学の方法や範囲の不明確さということとも関係している位の見当はつくだろう。近代政治学に問題を限定しても、そこでは一方に政治学のスコープを段々拡げて殆んど社会科学の領域全般を包含しようという「帝国主義的」方向と、他方に政治学をなんらかの嚮導《きょうどう》概念によって隣接諸科学から厳密に区別してその科学的自律性を確保しようという「モンロー主義的」方向とが、いつも交錯して渦をまいているのだ。

B　ラスウェル教授の「政策学」(policy sciences)などというのはおじさんのいう「帝国主義的」拡張の典型ですね。なにしろ「人間関係を通じて実現され、またその中に化体された諸々の価値の統合のために適切な知性を涵養する」(H. D. Lasswell, *Power and Society*, 1950, p. xii)のが任務だというんですから、広大無辺、流石《さすが》ラス党の僕でも到底ついて行けませんね。

A　まあ、あの政策学というのはラスウェル自身「操作的観点に立った諸社会科学の綜合」だといって一応狭義の政治学と区別しているのだが、その彼がキャトリンなどと共に「権力」というカテゴリーを嚮導概念にして政治学を体系化しようとした意図の少なくも一つは政治学の自律性を確保しようということにあったわけだ。ところが権力関係というのは御承知のように政府とか国会とかいった本来の統治機構のなかにだけあるのではなく、組合とか会社とかいったいわゆるnon-governmentalな社会集団のなかにも広く見出されるね。そこでそれらの関係に共通した権力のダイナミックスを追求して行くことになると、勢い政治・経済・法律といったジャンル別の伝統的な学問の垣根を取りはらわなければならなくなる。そうなると本来はのっぺらぼうな政治学にきちんとした区劃をつけるつもりで出発したのが、結局隣り近所の学問から領域侵害だと文句をつけられ、政治学者のなかからも権力概念を中心とするアプローチは広すぎるという批判が出て来る始末だ。

C 「モンロー主義」の論理的発展として「帝国主義」がでて来たというわけね。それもおじさま得意の「深く政治学の本質にかかわる」ことですの?

A そう先を越されちゃかなわないが、今はまあそういっておくより仕方がないな。

B そういえば最近アメリカの学界でも政治学の科学としての自律性とか、方法的前提とかいうことがまた事新らしく問題にされていますね。あれを見ると、日本の戦前喧《かまびす》しかった方法論争を連想して、いずこも同じ秋の夕暮かとガッカリすると共にまた妙に安心した気持にもなりましたね。

A アメリカでそういう政治学の方法論的な反省が起って来たのはまたそれなりに理

由がある。一つは何といっても三〇年代のファシズム、四〇年代後半からのコンミュニズムという異質的なイデオロギーの挑戦を相ついで受けて、いままで無意識的に前提していたアメリカ政治学の価値体系を強く意識するようになったことと、もう一つは立法過程にしろ、世論や圧力団体の研究にしろ、ガムシャラに調査調査で押し進んで来たのが漸《ようや》く、それこそさっきのCちゃんの言い草ではないが限界に達して、一体何のための調査かということや、もっとデータ分析の基礎になる、さきほど言った「概念の枠」を理論的に練り直さなければ駄目だという反省がでて来たわけだ。むろん前の理由と後のとは密接に関連している。たとえばシカゴ大学のイーストン教授の著書(D. Easton, *The Political System*, 1953)などにはそういう両面の反省が一番鮮明に出ているね。だからこの本を読んでもわかるが、僕が前に批判したような日本の政治学界の状況とちょうど正反対の方向から問題が提起されている。いわばちょうど一まわりズレているのだ。卑近な例を挙げれば、有名な政治学者のロウエルが、現実政治家はさっぱり政治学者に相談を求めようとしないといって慨嘆したのは一九一〇年のことだが、それが今日では政治学者は例のフーヴァー委員会[3]をはじめ政府機関の各種の研究調査に大規模に動員されて、一体大学教授は学生の教育と政府の仕事とどちらにヨリ多くの義務を負っているのかという疑問が提起されるほどになった——とイーストンが言っている。事の是非は別として、少くも政治学と現実政治との交渉という形式的観点から言っても、日本の状況が依然として一九一〇年の段階にとどまっていることは確かだろう。

B　日本じゃアメリカ政治学の直面している状況にちょっと似てるのはむしろ法律学ですね。

A　繰返し断っておくが、日本の政治学がそういう「発達」の仕方をするのが望ましいといっているわけじゃないよ。要するに僕がいいたいことはこれだけ日本とアメリカの政治学は状況がちがうんだから、あちらで調査研究が「限界」に来たからって、すぐ日本の政治学がそれみろといった顔をするのは危険だというのさ。こと政治学に関する限り、まだまだ日本では操作上の有効性の見地から験《ため》されない「根本概念」や「本質」論が氾濫していて、それに比べてデータの蒐集が圧倒的に不足しているからね。調査資料だって他の学問分野のそれぞれの観点なりカテゴリーから行われた結果におんぶしているのじゃ先は見えているので、たとえば立法過程の研究にしろ、労働運動のリーダーシップの研究にしろ、やはり政治学者が政治学的な問題設定の下にどしどし実態にぶつかって行く必要がある。さっき育児説をもち出したのもそのためなんだ。むろん政治学者は須《すべか》らくみな調査マンになれといった馬鹿なことを言っているわけじゃないがね。

C　育児説も、それから固定的な「方法」に頼るなっていうことも大体分りましたけれど、いくら多様なアプローチといったって雑炊をつくるみたいに何でもぶちこめばいいというものじゃないんでしょう。少なくも政治学的なアプローチとして歴史的に発達して来た大筋の考え方はある筈《はず》でしょう。そういったことをもう少し具体的に教えて下さらない。どうもお二人の話はともすると「専門家」同志の了解事項で議論が進んで行くので、いくらC子お得意の山カンで追っかけても何だか空漠として手応えがないのよ。私たち「学」のない者のためにもっともっと手前のところでお話ししてよ。

B　結構利いた風なちょっかいを出していたくせに、今度は居直って絡んで来たな。

A　いやCちゃんの言い分ももっともだ。入門という奴はとかく出門になりがちでね。じゃ門や塀の近所をウロウロするのはいい加減にしてともかく中へ入ってみようか。その前にCちゃん、すまないけど紅茶いれてくれないか。一休みしてからまた続けよう。

二

C　さっきおじさまは政治思想史と狭義の政治学の関係のこと一寸《ちょっと》おっしゃったでしょう。ふつう政治学っていうとき、どういう部門分けするの。そのへんのごく常識的なことからお話ししてよ。

A　それよりB君の大学じゃ政治学関係にどういう講義があるの？

B　僕の方じゃ今のところ単位になっているのは政治学・政治学史・政治史・外交史・行政学の五つだけですね。国際政治学の講座が近く出来るってききましたけれど……。

A　まあ日本の大学じゃそれだけ講座があれば一応整っている方だろうね。いや日本だけじゃなく、一九五二年ハーグの世界政治学会議のためにロンドン大学のロブスン教授が書いた報告《ペーパー》(4)によると、政治学が独立の学部をもっている大学が比較的多いのはアメリカは特別として、あとインド、スエーデン、カナダ位のもので、こうした寄生状態は斯学《しがく》の発達のため好ましくないと慨嘆されている有様だ。それはともかく、一番発達しているアメリカの政治学教育を例にとると、むろん大学によって必ずしも一様でないけれど、大体、政治史・外交史といった歴史関係を除いて政治学の分野を構成しているのは、(イ)政治理論——これは前にも言ったように我が国の政治学史と原理論を一緒にしたようなものだ——、(ロ)統治構造論《ガヴァンメント》——この場合ガヴァンメントというのは日本で政府という言葉から連想されるような内閣を中心とする行政府だけではなしに議会や裁判所など政治機構を包括的に指すことは御承知だろう——、(ハ)政党論——ふつう圧力団体とか世論とかの問題もここで一緒に取扱われる——、(ニ)比較政治機構論《コンパラティヴ・ガヴァンメント》——これは以前は単に諸外国の政治制度の叙述にとどまっていたが、最近は、例えば議院内閣制・大統領制・ソヴェート制におけるそれぞれの政策決定過程の比較分析などに力点を置いている——、(ホ)国際政治学——これは国際関係論《インタナショナル・リレイションズ》というヨリ包括的な名前で政治学から分離して独立の学科をなしている場合もある——、(ヘ)行政学《パブリック・アドミニストレーション》、とまあこんなところだろう。しかしこういう分け方はアメリカの大学での政治学教育の伝統から来たごく常識的な分類でそう大した意味があるわけじゃない。むしろ大事なことはこうした対象的な分類よりも内面的な理論構成だね。

B　あちらの教科書を見るとたとえば政党論にしても、政治的行動様式(Political Behavior)という大きな章のなかに入って組織論と区別されているのがあるかと思うと、議会や行政府と一緒に政治過程論(Governmental Process)に含まれているのもあって間誤《まご》つきますね。

A　それがまさにアプローチの角度と密接に関連しているわけだ。政治権力の問題にしても支配関係の実体的構造を中心にして見て行くのと、象徴《シンボル》の選択と操作をめぐるエリート(又は対抗エリート)と大衆の関係から捉えて行くのと、集団間の相互作用《インタラクション》から分析して行くのとではそれぞれ、体系的な位置づけがちがって来ることになる。

C　どういう角度をとるかということはやっぱり学者のイデオロギー的立場できまってくるのじゃないんですの?

A　むろんイデオロギーというか世界観というか、それが基底にあることは確かだ。ただちょっと前の議論の蒸し返しになるけれど、イデオロギーが根底にあるということと、すべてをイデオロギーに還元できるということは全然別だよ。だから例えばパレトの有名なエリート循環の理論にしても、それがファシズムの基礎づけに利用されたことは事実だけれども、だからといってああしたアプローチが学問的に無価値だというわけじゃない。むしろそういう角度によって政治権力の安定と変革の法則に新たな照明があてられた功績も少なくない。だからCちゃんなどは……。

C　大丈夫よ。もう「限界」なんていいませんから……。

A　いや、むしろ僕が強調したいのはすべてのアプローチの「限界」を絶えず自覚し、その「限界」から生れる偏向《バイアス》をコントロールしながら積極的に使いこなすことなのだ。それには政治学で使用される色々なアプローチがどういう理論的＝実践的要請に基いて生れて来たかという背景を知ることが大事だね。これは観察方法だけじゃなくて、国家とか主権とか国民代表とかいった伝統的な根本概念についてもいえることだが……。

B　国家論のすべての概念が、本来具体的な「敵」を前提とした論争概念だ、という有名なカール・シュミットの考えはまさにその点を鋭く衝いていますね。

C　またお話がだんだん天空に昇りそうね。それより早く近代政治学の歴史的背景なり方法論的な発達の経路を教えて頂戴。

A　といわれたって、あの「これがシネラマだ」の始まりみたいに走馬灯からシネラマまでを一瀉《いっしゃ》千里に説明する手腕は到底持ち合せないがね。ともかく近代政治学は伝統的な法律学への圧倒的な依存から徐々に解放されて来た歴史だということは今更いわなくても分るだろう。

B　ドイツや日本の政治学が国法学と長い間癒着していて、それが絶対主義官僚制支配の伝統を背景にしているということは講義でもきいたんですけれど、英米のように市民的デモクラシーが早くから開花したところでもそうなんですか。

A　そりゃ西欧では政治学的なものの考え方が早くから成熟していたということはいえるが、政治学という名のディシプリンということになると話はまた別になるんだ。もっとも法律学に依存していた理由は日本やドイツとはちがうがね。例えば近代政治学の祖国アメリカでいうと、政治学という学問分野の独立性が自覚されはじめたのは南北戦争以後だが、大体二十世紀の初めまでは政治学の実質的内容をなして来たのは政府・議会・司法部・連邦と州といった統治機構をもっぱら法的制度として把え叙述することで、用語も憲法や公法のそれと区別がつかなかった。むしろ学問的系譜からいうとベンサムからオースティンに至るイギリスの法律学と十九世紀ドイツ国法学の影響下にあったわけだ。

C　へえ、イギリスはともかくドイツの影響とは驚いたわね。

A　これはむろんアメリカの学問全体の若さということにも由来するが、政治学の場合はまた尤《もっと》もな理由もあるんだ。というのは御承知のようにアメリカは建国の由来からして合衆国憲法なり州憲法なりが政治生活の中心軸になって来たろう。三権分立にせよフェデラリズムにせよ何よりもまず憲法問題だったのだ。だからその理論づけや解釈に制定法中心のオースティン派なり、また精緻を誇るドイツ国法学の概念が借りられたのは自然だった。

C　それがいつごろからどうして崩れて来たの。

A　追撃急だね。じゃこっちもジェット機のスピードで飛ばすからふり落されないように注意したまえ。十九世紀末から御承知のように、ヨーロッパでもアメリカでも国内的国際的な社会状況に大変動があった。経済的には資本主義の独占化が顕著になり、いわゆる帝国主義段階に突入した。社会的には労働組合・消費組合・婦人団体など各種の職能集団が発展して、社会生活の流動化が著しくなり、また「経営」の組織化・合理化と共にいわゆる新中間層が生産された。政治的には頂点における行政機能の膨張と、底辺における選挙権の拡張によって、古典的立憲政の「ヴィクトリア的均衡」が破れて、プロレタリアートが政治過程のなかの恒常的な因子に繰り入れられ、他方無定形な大衆的情動がテクノロジーに乗って巨大な作用を及ぼすようになった。こうした新らしい局面はむろん社会科学のあらゆる分野に影響したが、近代政治学のいろいろな学派にしても一様にこうした二十世紀初頭の世界の構造的変化に対する「応答《レスポンス》」として出発したといえるだろう。

B　つまり大衆デモクラシーの現実が近代政治学の前提になっているわけですね。

A　「大衆デモクラシー」の問題性と意味を政治学が鋭く意識するようになったのは、第一次大戦後、それもファシズムの勃興に直面して以後だが、系譜的に遡れば思考様式の転換はすでに十九世紀の末期に萌《きざ》している。

B　その場合イギリスでいうと古典政治学から近代政治学への転換点に立っているのは、やっぱりJ・S・ミルですか。

A　ミルもそうだが、方法論的に重要なのはむしろW・バジョットだろうね。彼の名著『英国国家構造論』(*The English Constitution*, 1867)は、イギリスの政治機構を形式的法律的側面からでなく、制度を動かしている現実的な権力関係と大衆統合の象徴的役割という二側面から解明した不朽の労作で、アメリカ政治学者——たとえば例の学者大統領のウッドロウ・ウィルソンなど——に甚大な影響を与えている。ともかくこうして最初は統治機構が、ついで政党・選挙人団体のような政治集団が、さらに進んで広く職能団体その他の non-governmental な集団の政治的機能が政治学プロパーの問題としてリアリスティックに観察されるようになったわけだ。

B　「国家対個人」というスペンサー的図式が崩れて、E・バーカーのいわゆる「集団の噴出」(5)が着目されて来た、というのはその事ですね。

A　そうだ。しかしルネッサンスの「個人の発見」が単に対象的に個人の存在に着目したという意味でないように、「集団の発見」も政治学の対象領域の拡大というだけではなく、むしろヨリ大事なのは集団に対する接近方法が変化した点だね。日本ではこの点がハッキリつかまえられていないから、折角《せっかく》二〇年代に多元的国家論が輸入されたのに、実践的にはもとより、理論的にも有効な遺産として定着しなかった。むろんそれにはそれなりに当時の日本の社会的条件が作用したわけだがね……。

C　具体的に願いまあーす。

A　どうも話を端折《はしょ》ろうとするとつい抽象的になってCちゃんに叱られるし、困ったな。もう少し我慢してくれると段々具体的になる筈なんだが……。

C　いいわ。で、そのアプローチがどう変ったんですの。

A　つまりいくら社会集団の役割を重視するといっても、個人に代えて集団を単位として観察するだけなら、たかだか集団が擬人化されるだけの事だろう。新らしいアプローチというのは第一に、政治構造をフォーマルな固定的な制度として、ないしは、一定の抽象的「イズム」の化体として見ないで不断の動的な過程として把えること、第二にその動的な過程は主として立法・司法・行政といった統治機構の内部に現われると同時に、統治機構と諸々の機能集団や圧力団体《プレッシャー・グループス》の間の複雑な相互作用として把握されること、第三にそうした機能集団が、さらに基底にある階級・人種・宗教・地域に基く非組織的なグルーピングと、本来の統治機構との間に介在して営む代表・統合・伝達など種々の媒介的作用に着目すること、第四に組織的集団にせよ非組織的なそれにせよ、その活動をなんらかの実体的中心からの意思発現としてでなく集団内外の不断に変動する状況に対する応答と適応の函数関係として観察すること、第五に、「国家」も含めていかなる集団もそのメンバーを全人格的に包含するものではなく、したがってつねに同一人格をめぐって、異なる忠誠関係が競合しているという認識から出発すること——大体こういう点に絞れると思う。

C　そういう傾向を典型的に代表した学者はどういう人々ですの。

A　さっき言ったコール、ラスキ、バーカー、フォレットらによる多元的国家論又は政治的多元主義(political pluralism)が一つの大きな流れだし、アメリカ政治学の歴史でエポックを劃したのが有名なベントリの『政治過程論』(A. Bentley, *The Process of Government*, 1908)だ。とくに統治機関の活動をコントロールするための諸社会集団間の"push and resistance"の過程から全政治的状況を分析したベントリの方法はその後五〇年の今日ふたたび新たな息吹を受けて「復活」したといわれる——例えばD. Truman, *The Govermmental Process*, 1951——ほど、当時としてはいわば早熟的なアプローチだった。

B 狭義の政治組織を中心とする叙述に代って、いわば下からの政治過程に重点が置かれれば、それだけ政治学は法律学から離れてむしろ社会学的な方法に接近するわけですね。

A そう。だから大陸諸国のように伝統的に政治学と公法学の癒着が強いところでは、右に言ったような新らしい局面の衝撃は政治学の方法的独立として現われないで、むしろ社会学者によって実質的に政治学的な考察が押し進められることになる。グンプロヴィッツやラッツェンホーファーらオーストリー社会学派などもその例で、彼等の集団闘争理論はA・スモールのような学者を通じて早くからアメリカ政治学に流れ込んだ。大衆民主政の政治過程を古典的なそれから鋭く特質づける人民投票的独裁政の登場や合理化=官僚化の内包する政治学的諸問題が、今世紀初頭のM・ウェーバーやR・ミヘルスによって(〔本篇末の〕「文献紹介」参照)殆んど予言者的な適確さで分析されたことは今更《いまさら》いうだけ野暮だろう。それからデュルケムの社会学の影響も大きい。もっともこういう大物になると社会学者だとか政治学者だとか分類すること自体あまり意味がないんだが……。

C　おじさま、お話に夢中でお茶が冷えましたわ。入れ替えますから一寸お待ちになって……。

三

C　制度論や機構論が政治過程論として動態化されるいきさつは一応分りましたけれど、例の行動様式《ビヘイヴィア》からのアプローチはどういうことになるんですの。さっきからお兄さんはジリジリしているわ。わが尊敬すべき心理主義者にもこの辺で花をもたせてあげて頂戴よ。

B　なに、僕がいつ心理主義者だといった？

A　いや、いまその方に話を進めようと思っていたところさ。それより前にCちゃんに言っておくけれど、心理主義なんて一口にいうけれど、いわゆる心理学的アプローチといったって文字通りピンからキリまであるし、ことに最近のパースナリティ研究の発展と分化は目覚しいものがあるので、そう簡単にくくれるものじゃないよ。

B　それで思い出しましたが、大分前におじさんの人物紹介みたいなものがある雑誌に載っていたので本屋で立ち読みしたら、Aは戦後いち早く社会心理学的方法を政治学に導入して日本ファシズムを分析した、って書いてありましたよ。

A　ああ、そのことは当時人からきいて思わず呵々《かか》大笑したよ。だって僕はその頃には――今だって大した事はないが――社会心理学なるものは、大昔にマクドゥガルやル・ボンを少しかじった程度で殆んど無知だったからね。飛んだところで買被《かいかぶ》られたものだと驚いた次第だ。それはどうでもいいが、人間の心理や情動の構造から政治現象を捉えて行くのが心理主義なら政治学はプラトン、アリストテレスのいにしえからずっと心理主義だということになるね。どんな政治思想でも体系的に位置づけているといないに拘らず人間性に関する何らかの解釈を前提にしているのだ。例えばマルクス主義の機構分析にしても人間の状況反応の motivation〔動機〕については多分に功利主義の考え方を継承しているわけだろう。

C　そういう一般論は分ってるつもりですけれど近代政治学での行動様式論はやはりそれ以前の政治心理学とはちがった背景と課題をもって出て来たんでしょう。そこよ、おききしたいのは……。

Ａ　いわゆる行動様式的アプローチにも今日までいくつかの発展段階があるが、基本的にはやはり前に言った市民的デモクラシーの「変質」に対する応答《レスポンス》として登場したのだ。

Ｃ　するとやはり二十世紀初頭が境目になるんですの？

Ａ　そうだ。過渡期に立っているのはここでも、バジョットの著『自然学と政治学』(*Physics and Politics*, 1872)だが、ちょうどベントリの『政治過程論』に対応する意義をもつのはＧ・ウォラスの『政治における人間性』(G. Wallas, *Human Nature in Politics*, 1st ed., 1908)だといえるだろう。「政治の研究は恰度《ちょうど》いま(一九〇八年)恐ろしく不満足な位置に立っている」という書き出しで始まるこの著名な研究がベントリの書物と同年に出たということは偶然というにはあまりに深い象徴的な意味がある。つまり期せずしてこの両著は近代政治学を貫く二つの基本コースを開拓したわけだ。

Ｃ　政治過程論に対する政治意識論ということ？

Ａ　というよりむしろ政治過程への人格面からの接近というべきだろう。ベントリ的方法が代議制の建て前になっている原子論的個人主義と「集団」の噴出現象との間のギャップから出発したとすれば、ウォラス的なそれは「下意識の世界」の政治的水平面への噴出に着目して、ミドル・クラス政治理論の前提にしている合理主義的人間像に挑戦したのだ。むろん今日の行動様式論はウォラスの段階とは比較にならぬほど進歩しているが、主題には一貫したものがある。

C　それで行動様式論や政治的パーソナリティ論は、とかく人間性の非合理面に興味を持つのね。だからお兄さんの「講義」も何かシニカルな、意地悪な感じがするわ。

B　べつに非合理面に興味をもってわけじゃないさ。ただ制度や組織の建て前とそれを担っている現実の人間とが見合っているというオプティミズムを捨ててかかるだけさ。現に同じ選挙制度が選挙民の投票行動様式《ヴォーティング・ビヘイヴィア》の如何によってまるでちがった機能の仕方をすることは今の日本でさんざ見せつけられているじゃないか。

A　むろん政治学上の有効なアプローチは多少とも両刃の剣で、悪く利用しようと思えばいくらでも出来る。B君のいう通り、政治的行動様式論が、「教養と財産《ビルドゥング・ウント・ベズィッツ》」をもった市民の合理的判断と自主的選択という十九世紀的オプティミズムの現実的破綻から出発していることは確かだが、さればとていわゆる「性悪説」に立っているわけじゃない。ちょうどベントリ的系列が集団や組織を孤立的な実体としてでなく、他の集団との関係において函数的に捉える方向を辿ったように、現代の政治的人間論は性善とか性悪とかいった人間性の固定的把握でなしに、客観的状況とパースナリティとの相互作用を動的に追究しようとするのだ。投票行動の研究にしろ、象徴・神話を通じての大衆操作の分析にしろ、下手をすると非合理主義やシニシズムに顚落する危険をはらんではいるが、少くも近代政治学の主流は、下意識の領域からの衝撃を無視せずにむしろこれをハッキリ自覚に登せることによって理性的にコントロールする途が開ける、といういわば高次のオプティミズムに立脚して来たんじゃないかな。ウォラスの『大社会』(*The Great Society*, 1914)の直接影響の下に名著『世論』〔*Public Opinion*〕(一九二二年)を書いて、政治的無関心やリーダーシップの研究方向に先鞭をつけたW・リップマンからマンハイムのイデオロギー論を経て、S・グレイジアの「アノミー」現象の研究[6]に至るまでその点はずっと共通している。

B　と同時にニーバーの言い草じゃありませんが[7]、ファシズムの試錬を受けて西欧民主主義も「闇の子」の智慧で武装しなければならぬというところから、三〇年代以後とくに大衆の権威への盲目的帰依や瀆罪山羊《スケープゴーツ》の心理的機制が鋭く関心の的になって来たわけでしょう。

A　そう。たしかに人格的アプローチが飛躍的に発展した契機はそこにあった。そこで政治学と社会心理学・精神分析学・文化人類学などとの共同研究が広汎に促進されたのだ。

C　でもお兄さんがよくふりまわす学者の中でも、フロムの『自由からの逃走』(E. Fromm, *Escape from Freedom*, 1941. 邦訳〔日高六郎訳、創元社、一九五一年〕)などは歴史的な社会構造と関連させながら自我分析をしているのでよく分るんですけれど、ラスウェルの政治的人格形成の公式などになると、あまり個人的動機を重視しすぎてトリヴィアリズムに堕しているような気がするわ。

B　それが公式主義だよ。

A　いや、Cちゃんの批判も当らぬことはない。とくに社会的条件のちがう日本の政治過程などにああいう方法を無批判に適用するとそれこそ公式主義になる。それにイーストンが言っているように客観的な政治状況の心理的影響と心理の状況への影響とを混同しないようにすることが大事だ。ただ瑣末主義《トリヴィアリズム》という点はなかなか厄介な問題でね、一見全くささやかで政治とは何の関連もないように思われる日常身辺の事柄が状況によって巨大な政治的効果をもつというのが、まさにテクノロジーの異常な発展を背景とした「政治化」の時代の宿命なんだから……。

C　ですけれど政治の大きなコースは国内的にも国際的にもやっぱり階級間の力関係できまって来るんじゃないこと?

A　その力関係というときにね、とかく制度化された権力や集団の、しかも積極的な出方や組織的行動だけが視野に入って、その反面組織されない、いわゆる「匿名の思想」の圧力とか、無関心・逃避など権力過程からの引退が権力関係に及ぼす逆作用とかいうことが、無視もしくは軽視されるところに問題があるのだ。手っとり早い例を出すと、三鷹事件のときに官房長官だったか、すぐあれは共産党の仕業だという声明を出したろう[8]。するとそれが直ちに新聞ラジオを通じて全国津々浦々に報道される。そこで急激にある一つの心理的雰囲気がかもし出されると、国鉄労組の組織力自体に少しも変動がなくても対政府の力関係は実質的に一変してしまった。また最近の例でいえばあの原水爆禁止の署名運動[9]ね、初めはあんなものはセンチメンタリズムだといって笑っていた「リアリスト」も少くなかったが、段々拡がって一千万を超えるとなると国際的に波紋が及んで、もう好むと好まないとに拘らず黙殺できない政治的ファクターとして評価されるようになって来る。

B　それでね、面白い話をきいたんですよ。僕の大学で一昨年の文化祭のときに学内で原爆禁止の署名をやるかどうかで自治会と大学当局とが対立したことがあるんです。その際、補導委員のある先生が経済学部出身の委員にこういったというのです。「君たちはマルクス経済学を勉強しながら、署名運動で戦争を防げると本気で思っているのか。それでも君らはレーニンの『帝国主義論』を読んだのか?」って……。もっとも学生がそれに対してどう答えたかって事は残念ながら聞き洩らしましたけれど……。

A　そいつは本当としたら傑作だね。

C　だけどそりゃあんまり一般法則と具体的問題とを直線的に結びつけすぎるんじゃない?

A　そうもいえるが、色々な問題が含まれていて面白いな。一つ政治学の試験問題に出すかな。コンミュニストは学問的にどう答えるか訊いて見たいね。

B　おじさんが学生の立場にいたらどう言いますか。

A　さあね。僕ならさしずめこう言って逃げるね、「理論が大衆を把んだときはそれは一つのマテリアルな力になる[10]ってマルクスは言っていますが、これを二十世紀のマスデモクラシーの文脈《コンテクスト》で言い直すと、シンボルが大衆を把んだときはそれ自体一つのマテリアルな力になる、という風に拡張できると思います」――ただしそのマルクシストの先生がこれで納得するかどうかは保証の限りではないぜ。

B　さっきおじさんは集団本位の見方はとかく政党とか組合とかいった formal organization〔公式の組織〕にばかり着目しがちだと言われましたが、それだけでなく、そうした組織がメンバーをいわば丸ごと抱え込んでいるように無意識のうちに想定する危険性もあるんじゃないんですか。例えばよく組織労働者と未組織労働者と分けるけれど、組織労働者といったってごく少数のアクチヴは別として、全人格を挙げて組織労働者として行動し生活してるわけじゃないでしょう。その点で社会主義思想は、ちょうど自由主義が個人的利害の合理的弁別を日常的に行っている「市民」を想定したと同じ思考様式を「プロレタリアート」の上に移しているところがあると思うのです。

A　それは思想史的にも興味があるテーマだが、レーニンの前衛理論もあるし、そこのところは中々複雑じゃないかな。しかしB君の指摘した「丸抱え論」は大事な点で、かつて西欧の社会主義を含めた民主主義勢力はその甘さをファシズムに衝かれたわけだ。だから大衆デモクラシーという際の「大衆」という概念は、自主的集団に結合して積極的なエネルギーになる面と、逆に合理化＝官僚化の反面として原子化《アトマイズ》され、受動的な

「孤独なる群衆」(D・リースマン)に転化して行く面と、二つの矛盾の統一として把えることが必要なのだ。

C　どうりでお兄さんがマス文化とかマス的行動様式とかいう場合の「マス」と、お友達が大衆路線とか大衆行動とかいうときの大衆とは何だかトーンがちがうような気がしたわ。すると前の場合のマスは階級的な規定を受けないの?

A　受けないというのは問題だが、少くも高度の機械文明の下で生活する限り、階層や地位に必ずしも拘わりなくマス的行動様式の浸透を多かれ少かれ蒙るということはいえるね。

C　すると結局、集団圧力関係からのアプローチと行動様式論とは、それぞれ「大衆の勃興」の現実を表と裏から捉えているわけね。

A　実際はもっと交錯しているのでそう図式化はできないが、傾向としてはCちゃんの言う通りだろう。要するに近代政治学はいろいろ方向はあるが、市民↓投票↓政党↓議会↓内閣(或いは大統領)↓行政機関↓市民という古典的民主政のノーマルな循環に対する攪乱的要素の登場に着目して、その新たな均衡の条件を探究する理論的実践的課題を担って発達して来た、——こういう点の大体の見当をつけてもらうために政治過程論と行動様式論という二つの焦点を設定して話したわけで、現代の政治学の方法や範囲がこれに尽きているという事ではないんだよ。学問の方法の変遷はモードの移り変りとはちがうんだから、新らしい方法がでて来たからといって、伝統的な法的＝制度論的アプローチが消えるものでもなければ、無用になるわけでもない。また歴史的背景や社会的＝経済的基盤との関連づけが政治的状況の考察に欠くことができないのも分りきったことだ。行動様式論も政治的状況の全体構造のなかに位置づけられてこそ意味があることを忘れないでほしい。

C　ところでそもそも近代政治学とマルクス主義との関係はどう考えたらいいんでしょう。

B　いよいよ奥の手が出て来たぞ。

A　両者の関係を真正面から論じたら何時間話したって終らないし、また政治学の立場についての僕の個人的な評価はこの話ではなるべく避けるようにしたのでわざとそういう形ではとり上げなかったのだ。ただ幸か不幸か政治学は、法律解釈学や近代経済学のような「精密性」と「自己完結性」をもっていない——それは僕にいわせれば未発達ということだけでなくまさにこの学問の本性上そうなのだ——から、マルクス主義との関係といっても右のような学問の場合とはよほど事情がちがうんじゃないかな。だからすぐれた政治学者はイデオロギー的立場にかかわりなく、公然と若《も》しくは密輸入的にマルクス主義の方法と分析から不断に学んで来たしまた今後も学ぶだろう。その意味でB・ラッセルが「われわれは皆マルクス主義以後の人間(postmarxist)だ」といっているが、流石に名優のセリフは味があるね。むしろ日本の場合には率直に言ってマルクス主義者の側でもっと近代政治学の提示している問題——解答でなく——を理解する必要の方が大きい。

B　思考法が何か「本体論」的で硬直してるってこともあるんじゃないんですか。

A　いや、それはあながちマルクス主義者だけじゃないがね。それに硬直も感心しないが他方じゃ、ある種の心理学的方法みたいに流線型になっても困る。思考法の点では僕は本来マルクス主義というのは高度に政治学的な思考法だと思うね。例えばラスウェルが政治的指導の思考とか、政治学の原理とかいって挙げているのを見てごらん、観察的見地と操作的見地とを綜合する全体配合的思考(configurative thinking)にせよ、理論や制度の型態《パターン》に内在する理念をつねに孤立させずに状況との関連で把えて行く文脈的思考(contextual th.)にせよ、A対非Aという絶対的固定的対立でなく、両者を極限としてその間の無数の移行形態のニュアンスに着目する一時性の原則(principle of temporality)とそこから生れる発展的思考(developmental th.)にせよ、彼自身マルクスのイデオロギー批判から発生したと認めている象徴化の原則(principle of symbolization)にせよ、いずれも押しつめて行けばまさにヘーゲルの『精神現象学』から毛沢東の『矛盾論』・『実践論』までを貫く弁証法的な思考の最良の伝統に帰着するじゃないか。もしマルクス主義者の政治的思考が硬直しているならば、それは彼等が弁証法の名において弁証法的に思考していないからというほかない。主よ主よと唱えるものに必ずしも天国への途が開かれてはいないのだ。

BC　じゃ、もう遅くなりましたからこの辺で失礼しますが、最後に政治学研究の根本的な心構えというか精神というかそういう点をきかせて下さい。いままでのお話の中にも断片的には触れられていましたけれど……。

A　そう開き直られると元来お説教は苦手なのでテレるけれども、そうだな、二つばかり附け加えておこうか。一つは変な言葉だがいかれない精神とでも仮に名付けよう。「批判は科学の生命である」とはヴィクトル・クーザンの有名な言葉だが、およそ政治の科学ほどこれが必要でしかも実際には困難な学問はない。しかも現代のような政治的激動と変革の時代にはなおさらだ。なにより政治学の一番大きな対象である政治権力というのは古今東西を問わず自分を裸にされるのを甚だ好まない通性をもっている。そのためにさまざまな後光を背負いきらびやかな衣装をまとって醜い肉体を隠そうとする。これが昔から政治の科学的認識が後光や衣装をはぎとるイデオロギー暴露をつねに随伴して来た所以だ。政治学の享受しうる自由がその国の精神的自由の程度を測る物指しだといわれる理由もそこにある。したがって権力の呪縛に対して不断に抵抗するという意味での野党性を持たぬ政治学は、いかに深遠な理論を誇ろうと一番肝腎な筋金が欠けているといって差支ない。第二にいかれない精神は「敵」だけでなく「味方」の陣営に対する認識にも等しく発揮されなければならない。むしろ不断に変転する政治的状況において敵味方の関係を客観的に判別する能力自体が政治的叡智の高さの指標といっていいだろう。感傷主義こそ政治的認識の最大の敵なのだ。それから最後に自分自身に対しても醒めていること、つまり自分の社会的個人的環境、自分をとりまく精神的気候《メンタル・クライメート》から生じる判断の偏向《バイアス》に不断に警戒することが大事で、この点では政治の世界に対する「不偏不党」の客観性を僭称する学者がしばしば最大の自己欺瞞に陥っているというアイロニーが見られる。

　さてもう一つの心構えはこの話の初めの方で言った政治学の範囲《スコープ》ということから自然に出て来る問題だ。政治学はその本質上人間生活のあらゆる領域に関係するので、勢いきわめて包括的な知識を必要とし、それだけ動《やや》もするとディレッタンティズムに堕し易い。しかしそれかといって隣接領域に盲目ないしは無関心なプロフェッショナリズムに陥っては、他の学問はいざ知らず政治学は到底《とうてい》有効性を発揮できない。そこでこの二つの危険から免れるためには、ロブスン教授が言っているように政治学研究者はどうしてもJ・S・ミルの定義した意味での「教養人」を志さざるをえないことになる。それは「あらゆることについて何事かを知っており、何事かについてはあらゆることを知っている人」(11)というのだ。これだけじゃ一寸見当がつかないかもしれないが、あのオーケストラの指揮者を連想すればいいんじゃないかな。指揮者は管絃楽のあらゆる楽器の専門奏者には到底なれないが、少くもそれぞれの性質や奏法を一応全部知っていなければならず、しかも指揮法については徹底的に精通していなければならない。政治というのはつまりおそろしく複雑な楽器編成をもった人間社会をコンダクトして行く技術であり、それに関連する科学的知識の体系が政治学だということになる。それがどんなにはるかな目標であり、どんなに険しい山谷が横たわっていようと、この途を倦《う》まずたゆまず辿って行くのが政治学に与えられた運命《さだめ》なのだ。

（一九五六・三・三〇）

文献紹介

一、以下の文献は「入門」的見地を考慮して、特定の項目について重要文献を網羅するのでなく、むしろなるべく広い項目にわたって例示的に少数の文献を選択することにしました。外国書が圧倒的に多くなりましたが、これは日本の斯学の現状では残念ながらまだ基本的な勉強を邦書だけに頼るには至っていないという「厳粛なる事実」と、もう一つは初学者にとっての選択の難易を考慮したためです。

二、政治思想史上の古典に属するもの及び行政学関係は別項に譲りました。

最初に辞典・年鑑・雑誌類について、まず辞典としては辻・中村・丸山編『政治学事典』（平凡社、一九五四年）、この分野では日本最初の専門的な事典で、ともかく戦後の斯学発達の一つの水準を示すもの、以下の各テーマに共通する参考文献でもあるわけです。外国ではちょうどこれに該当するような政治学事典は最近でていませんが、フランスには *Encyclopédie politique de la France et du monde*, 4 vols. があり、また例のセリグマ

ン編の *Encyclopaedia of the Social Sciences*（普通ＥＳＳと略称）のなかには、政治学上の根本範疇に関して今日でも通用性を失わぬ立派な解説が含まれています。次に現代政治情勢のトピックに力点を置いたものとして、Theimer & Campbell (eds.), *Encyclopaedia of World Politics* と、中村哲監修『現代政治の基礎知識』（ダイヤモンド社、一九五二年）を挙げておきます。ごくハンディな辞書としてはペンギン叢書の *Political Dictionary*, 1940 が便利でしたが、やや時代が古く、むしろ最近岩波小辞典で出た辻清明編『政治』（一九五六年）がよいでしょう。年鑑で権威のあるのは、*The Statesman's Year-Book; Political Handbook of the World; Internationale Jahrbuch der Politik* などです。政治学専門雑誌として著名なものは、アメリカでは *American Political Science Review; Political Science Quarterly; Journal of Politics; Annals of the American Academy of Political and Social Science*, イギリスで *Political Studies; Political Quarterly*, ドイツで *Zeitschrift für Politik; Zeitschrift für die gesamte Staatswissenschaft*, フランスで *Revue politique et parlementaire; Revue française de science politique* などです。但し雑誌については隣接科学関係の雑誌にすぐれた政治学的論文が載ることが少くなく、とくにソ連・中国・東欧諸国では広く社会科学と歴史学関係の雑誌に目を通す必要があることを一言しておきます。日本では各大学や研究所の機関誌を除けば日本政治学会の『年報』(一九五〇年以降)が最も重要です。

政治学の概論とか入門とかいう名の書物は文字通り汗牛充棟も啻《ただ》ならずですが、私はこうした概説書を漁《あさ》りまわることにはあまり賛成しません。政治学の書物について学ぶことはつきつめれば、(イ)政治的なものの考え方に習熟することと、(ロ)政治の基礎的なデータ(制度・文化・地理的歴史的条件・人物など)についての正確な知識を得ること、との二つに尽きます。しかも不幸にしてそのいずれの意味でも大して役に立たぬ概説書が少くないのです。むしろ近代政治学の、それもなるべく新らしい教科書——例えば、A. de Grazia, *The Elements of Political Science*, 1952——などで一応見当をつけたら、自分の興味をもつ個別的なテーマ——ただしあまり特殊的なものでなく——についての古典なり権威ある研究書に直ちに入って行く方がいいでしょう。政治学の一般理論ないし入門書のうちから右の規準で比較的すぐれたものを若干例示すれば、G. E. Catlin, *The Science and Method of Politics*, 1927; H. J. Laski, *An Introduction to Politics*, 1931; G. D. H. & M. Cole, *A Guide to Modern Politics*, 1934; K. Mannheim, *Ideology and Utopia*, 1936(一部邦訳〔ドイツ語版 *Ideologie und Utopie*, 1929 の全訳として、樺俊雄訳『イデオロギーとユートピア』創元社、一九五三年〕); C. Schmitt, *Der Begriff des Politischen*, 1932(邦訳〔清水幾太郎訳『政治の本質』三笠書房、一九三九年〕); H. Heller, "Political Science" (in *E.S.S.*); H. D. Lasswell, *Politics: Who Gets What, When, How*, 1936; D. Easton, *The Political System*, 1953; B. de Jouvenel, *De la souveraineté*, 1955など。其他の重要文献及び日本の概説書については蠟山政道『政治学原理』(岩波全書、一九五二年)の巻末を御覧下さい。講座には今中〔次麿〕・信夫〔清三郎〕他編『政治学講座』(六巻、理論社、一九五五年)があります。なお成熟した政治的思惟はチャーチルの回顧録とか毛沢東選集とかいった第一級の実際政治家の著作に具体的な例を見ることができますし、また人間観察に鋭利な文学者の作品にはしばしば抽象概念の虜になった政治学者からは到底学びえない政治的洞察が窺われます(本書旧版『社会科学入門』中の「政治学」〔「政治学入門(第一版)」〕参照)。

近代立憲国家の発展と構造を知るには、C. Friedrich, *Constitutional Government and Democracy*, 1950(増補独訳版 *Der Verfassungsstaat der Neuzeit*, 1953)が最も包括的で一種の政治学事典の役も果します。ついで H. Finer, *The Theory and Practice of Modern Government*, 1949; C. de Malberg, *Contribution à la théorie générale de l'état*, 1920; T. Cole, *The European Political Systems*, 1953など。思想史的なアプローチですが、A.

D. Lindsay, *The Modern Democratic State*, 1943も良い。ドイツ国家学の系列で政治学的に有益なものは、G. Jellinek, *Allgemeine Staatslehre*, 1900; H. Heller, *Staatslehre*, 1934; C. Schmitt, *Verfassungslehre*, 1928などです。日本のものでは蠟山・堀・岡其他『近代国家論』(三巻、弘文堂、一九五四年)また最近のマルクス主義国家論として、ソ同盟科学アカデミー法研究所編『国家と法の理論』(二巻、藤田勇訳、巌松堂、一九五四年)および、平野義太郎『国家権力の構造』(理論社、一九五四年)を挙げておきます。**ガヴァメント論**と**比較政治機構**の文献も甚だ豊富ですが、一般理論としては、C. Merriam, *Systematic Politics*, 1945; R. M. MacIver, *The Web of Governments*, 1947(邦訳〔秋永肇訳『政府論』上・下、勁草書房、一九五四年〕); E. Barker, *Reflections on Government*, 1942; F. A. Ogg, *Modern Foreign Government*, 1949; F. M. Marx(ed.), *Foreign Governments*, 1949といった所でしょう。

権力・権威とその社会的ないし心理的支柱については何といってもM. Weber, *Wirtschaft und Gesellschaft*, in *G.D.S.*(一部英訳 *Theory of Social and Economic Organization*. 一部邦訳)が卓抜で、これに続くものは、C. Merriam, *Political Power*, 1934; B. Russell, *Power*, 1938(邦訳〔東宮隆訳『権力』みすず書房、一九五一年〕); B. de Jouvenel, *Du pouvoir*,

1945(英訳); S. de Grazia, *The Political Community*, 1948 など。**権力の移動と変革**の政治的条件についてはフランス革命やロシア革命の政治過程や優れた革命指導者の諸著作(例えばレーニンの『何をなすべきか』『一歩前進二歩後退』「民主主義革命における社会民主党の二つの戦術」『共産主義における「左翼」小児病』「プロレタリア革命と背教者カウツキー」等々、スターリンの『レーニン主義の諸問題』、トレーズ『政治報告集』)から具体的に学ぶことが大事ですが、一般的考察としては、R. Michels, *First Lectures in Political Sociology*, trans., 1949; C. Brinton, *The Anatomy of Revolution*, 1938(邦訳〔岡義武・篠原一訳『革命の解剖』岩波書店、一九五二年〕); G. Pettee, *The Process of Revolution*, 1938. 日本では猪木正道『政治変動論』(世界思想社、一九五三年)があります。官僚制については「行政学」の項に譲りますが、**近代社会の官僚化**=**合理化**の観点からの考察はウェーバーの前掲書及び *Gesammelte Politische Schriften* のほか、G. Mosca, *The Ruling Class*, 1939; K. Jaspers, *Die geistige Situation der Zeit*, 1931(邦訳〔飯島宗享訳『現代の精神的状況』河出書房、一九五五年〕); G. Lukàcs, *Geschichte und Klassenbewusstsein*, 1923; K. Mannheim, *Man and Society in an Age of Reconstruction*, 1940(邦訳〔福武直訳『変革期における人間と社会』上・下、みすず書房、一九五三年〕)など。

政党及び圧力団体の文献も選択に困りますが「古典的」なものは、R. Michels, *Political Parties*, trans., 1915; M. Ostrogorski, *La démocratie et l'organisation des partis politiques*, 1903（英・独訳）; M. Weber, *Politik als Beruf*, 1919（邦訳〔西島芳二訳『職業としての政治』岩波書店、一九五二年〕）及び本文ベントリの著などで、比較的新らしいものでは、V. O. Key, *Politics, Parties and Pressure Groups*, 1942; M. Duverger, *Les partis politiques*, 1951（英訳）; S. Neumann (ed.), *Modern Political Parties*, 1956. **国民代表**の理論では、G. Leibholz, *Das Wesen der Repräsentation*, 1929; R. Smend, *Verfassung und Verfassungsrecht*, 1928; A. de Grazia, *Public and Republic*, 1951. **選挙**の実態、**投票行動**については、H. F. Gosnell, *Grass Roots Politics*, 1942. 蠟山他『総選挙の実態』（岩波書店、一九五五年。これは五二年一〇月の選挙に際して東京都近辺で行った実態調査をまとめたものです）。**世論・宣伝・コミュニケーション**は社会心理学関係の文献とダブリますが、ここでは政治学的な観察としてリップマンの古典的名著のほか、J. Dewey, *Public and Its Problems*, 1927; A. L. Lowell, *Public Opinion and Popular Government*, 1913; J. Driencourt, *La Propagande: Nouvelle force politique*, 1950; F. C. Irion, *Public Opinion and Propaganda*, 1950; P. R. Hofstätter, *Die Psychologie der öffentlichen Meinung*, 1949 を

挙げておきます。**リーダーシップ**については、前掲ウェーバー、ミヘルス、リップマンの著のほか、A. Gouldner (ed.), *Studies in Leadership*, 1950; H. D. Lasswell, *Power and Personality*, 1948（邦訳〔永井陽之助訳『権力と人間』創元社、一九五四年〕）及び政治学会年報一九五五年度「大衆デモクラシーにおける政治指導」など。また**象徴・神話**の政治学的意義を知るには、前掲マッキーヴァー、ラスウェルのほか、T. W. Arnold, *The Symbols of Government*, 1935; J. Marshall, *Swords and Symbols*, 1939; L. Bryson (ed.), *Symbols and Society*, 1955 など定評があります。**政治的無関心**の問題は上掲の文献に散在していますが、D. Riesman, *The Lonely Crowd*, 1950（邦訳〔佐々木徹郎ほか訳『孤独なる群衆』みすず書房、一九五五年〕）; E. Fromm, *Escape from Freedom*, 1941（邦訳〔日高六郎訳『自由からの逃走』創元社、一九五一年〕）; C. W. Mills, *White Collar*, 1951 などが参考になるでしょう。日本では永井陽之助「政治を動かすもの」（河出書房、『現代心理学』第六巻「政治と経済の心理学」一九五五年、所収）。**政治的行動様式**の一般論については、F. Kent, *Political Behavior*, 1928; H. D. Lasswell, *Power and Society*, 1950; R. C. Snyder & H. H. Wilson (eds.), *Roots of Political Behavior*, 1949 などがあります。何々主義といったイデオロギー及び政治形態に関する文献はここでは挙げきれませんから省略し、ただ**独裁**の政治的考察として、A. Cobban, *Dictatorship: Its History and Theory*, 1939; C. Schmitt, *Die Diktatur*, 1921; H. Kantorowicz, *Dictatorship*, 1935; G. M. Gilbert, *The Psychology of Dictatorship*, 1950; G. Hallgarten, *Why Dictators?*, 1954 を挙げておきます。

国際政治学の概論には、H. Morgenthau, *Politics among Nations*, rev. ed., 1954; F. Schuman, *International Politics*, 1933 が比較的理論的で、やや特殊的ですが、H. Nicolson, *Diplomacy*, 1939; E. H. Carr, *Twenty Years' Crisis*, 1939（邦訳〔井上茂訳『危機の二十年』岩波書店、一九五二年〕）; P. Dutt, *World Politics 1918–1936*, 1936 も推奨されます。入門書としては W. Friedmann, *An Introduction to World Politics*, 1951（邦訳〔神川信彦訳『国際政治入門』みすず書房、一九五四年〕）。日本の概説書には神川彦松、田中直吉、前芝確三、内山正熊の諸氏のものがあります。

最後に**各国の政治学の現況**を知るには、ユネスコで出した *Contemporary Political Science* が便利ですし、日本の政治学の戦前までの発達については蠟山政道『日本における近代政治学の発達』（実業之日本社、一九四九年）がいいでしょう。

どんな学問でもそうですが、政治的あるいは党派的制約性を免れえない政治学の参考書についてはとくに著者の前提している価値体系がカテゴリーなり問題設定の仕方をどのように規定しているかに注目することが必要です。その意味で「悉《ことごと》く書を信ずれば書なきに如《し》かず」という孟子の教訓が大事ですが、私はむしろこれを裏返した長谷川如是閑氏の「悉く書を信ぜざれば書あるに如かず」という積極的な提言を皆さんにお薦めしたいと思います。

Ⅳ　市民のための政治学

政治的無関心

（英）political indifference, apathy　（独）politische Gleichgültigkeit

人間の政治的態度を理念型としてみると、まず政治権力とその象徴にたいする積極的な忠誠、支持と、それへの積極的な反抗、否認とに大別される。政治的闘争が両極化するほど、支配的な権力（および象徴）にたいする積極的忠誠は反対権力（および象徴）にたいする積極的否認と結びつき、逆に支配的な権力（および象徴）にたいする積極的な叛逆は対抗権力にたいする積極的忠誠と結びつくわけである。ところがいずれの権力（および象徴）にたいしても積極的に忠誠も示さなければ積極的反抗も示さないという「政治的態度」——むしろ非政治的態度がありうる。これを広義において政治的無関心という。それはいわば権力過程からの引退である。H・D・ラスウェルはそうした引退の形態を脱政治的（depolitical）、無政治的（apolitical）、反政治的（antipolitical）とに分けている（*Power and Society*, 1950）。脱政治的というのはたとえば権力の参与と行使によって自己の要求を満足し期待を充足することに失敗したために、価値としての権力ないし権力過程に幻滅を感じて引退する場合であり、無政治的というのは他の価値(学問、芸術など)にたいする排他的傾倒によって政治に関心をもたぬような場合をいい、最後の反政治的というのは、たとえば個人主義的アナーキストや宗教的神秘主義者のように、自分の固着する価値が本質的に政治と衝突するという前提にたって政治過程に反対する場合をさす。この三者を総称して非政治的(nonpolitical)というのである。むろん現実の政治的無関心はこのいずれかに厳密に所属する場合はむしろ稀であり、おおくは混合形態である。また無関心は積極的忠誠と積極的反逆の中間地帯に存するからそこには無限の段階がありうるし、同じく無関心といっても冷淡、嫌悪、反感などによってニュアンスを異にしている。とくにアメリカの政治学や社会学で apathy という場合には、政治過程にたいする関心がいわば零点に静止しているような狭義の indifference だけでなしに、たとえば私的領域で起った人格内部の緊張の打開のために突発的に政治行動をとったり、急激にある政治的象徴との結びつきを強化したりするばあい(apolitical approach to politics)もアパシーの一つの形態として扱っている。後述するように、現代の政治的無関心のダイナミックスを明らかにするためにはこのような広い考察方法の方がより有効であるから、以下には無関心という言葉にこうした意味を含めて論ずることにする。

現代における問題の所在　およそ政治にたいする冷淡、嫌悪ないし反感はむろんきわめて古い歴史的由来をもっている。近代以前の社会にあっては、ごく少数の治者層を除く大多数の民衆はたんに政治的支配の客体にとどまったから、政治的関心をもたぬのが通常であり、また積極的にもつことを禁じられていた。黙従と随順がいわば彼らの唯一の正統的な政治的行動様式であった。しかも彼らの日常生活と政治的世界との空間的距離は非常に大きかったので「帝王の力我において何かあらんや」[1]という意識はそこではきわめて自然であった。こうした形の冷淡性をかりに政治的無関心の「伝統型」とよぶならば、現代におけるアパシーはそのような伝統型とは著しく構造と機能を異にしている。この点の新しい問題意識が生れたのは第一次大戦以後であり、その直接の動機となったのは西欧におけるブルジョア自由主義と社会主義に共通するオプティミズムの破綻であった。十九世紀の自由主義者は、大衆の政治的受動性と無関心は彼らがおかれた無権利と無機会の状況の反射にすぎないから、選挙権の拡大と教育による啓蒙は「自《おのずか》ら」彼らの政治的自覚をたかめ、その結果個々の人間は自己の政治的利害にしたがって行動するようになると期待していた。同世紀後半の社会主義者は、自由主義的楽観の甘さとユートピア性を指摘し、個人的利害の観念を階級的利害のそれに、個人意識の問題を階級意識のそれに代えた。けれどもそこで暗々裡に前提されていたのはやはり自由主義的思考の流れにそった合理主義的な利害心理学であり、プロレタリアートの窮乏の増大によって「即自的」階級は自然必然的に「向自的」階級に転化すると考えられた。大衆は経済的物質的諸条件の成熟によってやがて自己の真の利害を自覚し、自己の利害の自覚はまた必然に彼らの政治的な目覚めを結果するといった「予定説」的な思考様式は、レーニンの前衛理論の登場以後も根強く社会主義者を支配していた。しかし現実の事態の発展はこうした素朴な楽観を覆えした。アメリカでは自由民主主義の黄金時代ともいうべき一九二〇年代に、選挙民の大量的な棄権がヨーロッパとの対比において識者の注意をひくようになった。W・リップマンは高度資本主義下の「大社会」における市民の行動様式のステロタイプ化と能動性の低下の諸現象を鋭利に指摘して、自由主義の合理主義的仮説に鉄槌をあたえた。他方ヨーロッパでは矛盾はきわめて複雑な形であらわれた。ここではプロレタリアートの階級的組織化の進展とそれにともなう階級意識の著しい成熟がみられた反面において、とくに第一次大戦後の混乱期に、種々な形でのニヒリズムとシニシズムが広汎な層を捉えるにいたった。この矛盾はイタリア、ドイツその他の諸国におけるファシズムの勝利において絶頂に達した。生活の不安や窮迫は必ずしも「自生的」に大衆の左翼化をもたらさぬこと、むしろ不安と挫折から生れる行動様式は自主的、合理的な組織化への方向ではなくて、しばしば逆に自我の放棄による権威への盲目的な帰依としてあらわれること——これがファシズムの勝利の教えた貴重な教訓であった。ファシズム独裁にたいする大衆的支持は積極的な政治的選択というよりは、むしろ大衆の現実政治にたいする無力感と絶望感の非合理的爆発にもとづくことが分析の結果明らかにされた。第二次大戦後の今日において、社会関係の「政治化」とともに大衆の政治的アパシーが増大するという逆説は依然として、いなますます西欧世界の深刻な課題となっている(日本のような場合には伝統型の無関心と現代型のそれとが重畳して事態は一層複雑である)。

アパシーを促進する諸条件　(1)現代政治に内在する要因。いうまでもなく現代の政治機構の複雑化とその規模の国際的拡大は大衆の無力感を強める最大の要因となっている。自己の生活に重大な影響をあたえ、場合によっては生死にかかわるような政治的決定がどこか自分たちの手の遠くおよばぬ処で、自己の到底コントロールしえないような何びとかによって、しかも自己の知りえないような複雑なメカニズムを通しておこなわれているという意識が大衆を深く捉えるほど、彼らはどうにも仕方がないという諦観と絶望の中に沈淪する。ひとびとの耳目に四方八方から飛びこんでくる各種の政治的イデオロギーの宣伝戦はおたがいに相殺しあって、彼らを政治的行動に赴かせる代りにむしろしばしば、政治一般にたいする反感と嫌悪感をかきたてる作用として働くのである。技術文明の発達は権力中枢と個人の日常生活との「空間的」距離を著しく縮めた反面、その間の「心理的」距離はデモクラシーの空虚化とともにますます大きくなっている。したがって現代人のアパシーは伝統型のそれとちがって、政治を風雪雷雨のような一種の自然現象とみなすのではない。政治が人間の統制下にあることは万々《ばんばん》承知しておりながら、しかも政治をコントロールしているのは「我々」でなく「彼ら」だという意識に、そのアパシーは根ざしているのである。伝統型の無関心が政治的無知と相即していたとすれば、現代型アパシーの悲劇性は、まさに「快適になるにはあまりに知りすぎており、役に立つにはあまりに知らなすぎる」(D. Riesman & N. Glazer――「参考文献」参照)ところにあるといえよう。それが伝統型のように静的な諦観でなく、焦躁と内憤をこめたいわば動的な無力感であればこそ、時あって非合理的激情として噴出し、いかなる政治的象徴とも無差別に結びつく可能性をはらんでいるのである。

(2)諸々の非人格的(impersonal)な機構の発達。現代における官庁、企業体、公団、非営利ないし半営利的機関、職能団体などあらゆる社会機能を担当する組織体の厖大な発達と、その内部における分業にもとづく精密な階層性の形成――M・ウェーバーのいわゆる現代社会の官僚化・合理化の傾向は、それ自体アパシーの重要な醱酵素である。その中で働くひとびとは肉体労働者であれ、デスク・ワークの事務職員であれ、きわめて細分化された仕事をルーティンとして繰返す間に、そうした仕事と外部の世界とのつながりは日常的な意識の外におかれる。また仕事が技術的に高度の専門知識を要する場合には、そこにいわば技術のニヒリズムともよぶべき精神傾向が生れ、専門技術とそれの奉仕する目的との関連がますます眼界から見失なわれ、仕事の「意味」ではなしにその「能率性」だけに関心が集中するようになる。工場労働者の場合には労働組合などの活溌な活動がこうした「部分人化」にたいする阻止要因として働くが、自己の技能にたいするプライドが高い反面に社会的連帯性の意識に乏しいホワイト・カラー層において、このような原因に胚胎する政治的アパシーはもっとも強烈にあらわれる。しかも都市の騒音と機械的な労働による肉体と神経の疲労は、職場外の私生活における弛緩 relaxation の強い要求としてあらわれ、これが後述するマス・コミュニケイションや大衆娯楽の作用と相乗して、彼らの精神態度をいよいよ受動的・消費者的ならしめる。

(3)マス・コミュニケイションの代表する諸々の消費文化の役割。現代の商業ジャーナリズムやスポーツ、映画、演劇などの大衆娯楽はまた、政治的無関心を蔓延させるうえに巨大な役割を演じている。そうした機能は政治的な問題や事件を「非政治化」して大衆に伝達することによっても果されるし、また大衆の興味と関心を直接的には非政治的な対象に集中させることによってもおこなわれる。たとえば前者についていえば、マス・コミュや大衆雑誌は一般に事件や問題を歴史的社会的文脈から切り離して事柄の本質と関係のないエピソードや附随現象を大きく取扱い(trivialization)、また相関連する事象について綜合的な認識や判断を与えるかわりにこれを細切《こまぎ》れのニュース・フラッシュや短評の形式で断片化し(fragmentalization)、あるいは政治家の紹介や描写をする場合にも、その政治的業績や政治的資質ではなしに、朝食の献立は何々とか、行きつけの待合やナイト・クラブはどこそこといった私生活面を好んでとり上げる(privatization)。他方大衆の嗜好の形態が娯楽装置の巨大化に比例して受動的になる傾向は、テレビの普及において象徴的にあらわれている。大衆雑誌の主要なテーマをなすのはエロティシズムと成功物語であるが、後者においても個人が個人的努力によって個人的目標——恋愛、蓄財、地位――を獲得する経過として叙述され、集団的方法によって集団的目標を達成するような取り上げ方はほとんどされない。こうした種々の形態でのマス・メディアがつくりだす世界は現代人の圧倒的な生活環境を形成しており、隠微のうちに大衆の自主的な選択力と積極的な行動力をすりへらす機能を営んでいる。マス・コミュはしばしば支配層の用いる政治的象徴へ大衆を積極的に動員する作用の点から批判の対象となるが、国際的国内的な非常事態の際はともかく、日常的なマス・コミュの政治的意義としては、むしろそれが種々の擬似宗教や惰性化した既成宗教とならんで、大衆の関心を非政治化する役割の方に注目しなければならぬ。それは一方において支配的象徴の頻繁な繰返しによって、大衆の忠誠を因習化・形式化し、他方対抗象徴を黙殺することによってその吸引力を封鎖する。こうして大衆は積極的忠誠と積極的反逆のいずれの方向への吸着からも引離されるのである。

アパシーの政治的効果　現代の政治的無関心は前述のように一定の状況のもとでは非合理的な行動主義に逆転してファシズム独裁の有力な地盤となるが、そのような形で痙攣的・突発的エネルギーとして噴出しないで、直接的な政治過程の外にとどまっていてもそれ自体としての政治的効果をもっている。C・W・ミルズは現代アメリカの圧倒的な大衆のアパシーを「ラディカルでもリベラルでも保守的でも反動的(reactionary)でもなく、非動的(inactionary)なのだ」(2)として表現しているが、そうした非動性は実はアメリカ民主主義の反動化に日々寄与している。アパシーはなるほど支配的な象徴にも対抗的な象徴にも積極的には結びつかないが、その現実的効果は一般的に支配層により有利である。現在の体制は「消極的」忠誠によっても惰性の力で相当の程度まで維持されるが、それを変革しようとする運動は自己の側に「積極的」に大衆を動員しないかぎり進展しないからである。積極的にリベラルでも保守的でもないということは政治的には保守的に作用せざるをえない。とくに日本のように大衆の合意(consent)よりは随順(conformity)が伝統的に天皇制支配の精神的基盤をなしてきたところではそうである。いわゆる教育や学問の政治的中立の主張が、現実には対抗象徴への結びつきの否定だけを一方的に強調する結果になりやすいのもこのことと密接に関係している。

(参考文献) B. Barner, “Participation and Mass Apathy in Associations”(*Studies in Leadership*, 1950, ed. by A. W. Gouldner). D. Riesman & N. Glazer, “Criteria for Political Apathy”(*ibid.*). John M. Dumas, “Apathy: Our Fifth Column”(*The People, Politics* *and the Politician*, 1941, ed. by Christensen & Kirkpatric). C. W. Mills, *White Collar*, 1951. E. Fromm, *Escape from Freedom*, 1941（邦訳〔日高六郎訳『自由からの逃走』創元社、一九五一年〕）。T. Mann, *Betrachtungen eines Unpolitischen*, 1918（邦訳〔前田敬作・山田知三訳『非政治的人間の考察』上・中・下、筑摩叢書、一九六八―七一年〕）。

政治的判断

一

ただいま、ご紹介にあずかりました丸山でございます。

私は広い意味では「政治学」というはなはだ俗な学問をやっておりまして、今、「深い」とか「深遠な」ということを先生がいわれましたけれども、あまり深遠でない方の学問をやっておりますので、これが文学とか、宗教というようなお話でしたら、あるいはもう少し人間の根本問題にも立ち入ってお話しすることができるかもしれませんが、なにぶん、やっていることが政治という非常に俗な中にも俗な学問、俗な対象でありますので、そういったお話はできないのであります。ただ、同時に私は政治の問題というものは、いわゆる政治の制度とか、イデオロギーといった、そのものの内容の叙述なり、批判なりをやるだけでなく(あるいはそれももちろん大切でありますけれども)、政治に対するわれわれの思考法、考え方の問題というものに前から興味をもっておりまして、そういう関係で政治というものを判断するうえにそもそも政治についての「思考法」というものはどういうものであるか、ということについて、私の考えていることを申し上げまして、皆さんのご批判を仰ぎたいと思うわけであります。したがって、具体的な政治問題を少し例に引きませんと、あまり話が抽象的になってしまいますから引きますけれども、それは、その現実の政治論そのものをお話しするのではなくて、そういう具体的な政治の問題に対するわれわれの認識のし方というものを中心にしてお話しするわけであります。と申しますのは、その問題がいつも抜きになって、そしてすぐ内容的な政治論について、「良い」とか「悪い」とか、といっているので、そこからいろいろ困った現象が起っているのではないかというふうに思いますから、私としては、一見抽象的でありますけれども、政治の認識方法、あるいは哲学的にいえば「政治の認識論」ということになるわけですけれども、そういうむずかしいことをいわないでも、政治に対する認識のし方というものについての、私の考え方を若干申し上げてみたいと思うわけであります。

二

私の考えでは、そういう、政治的なものの考え方、あるいは認識のし方というものは、単に狭い意味で、政府の、国会のやっている活動についてわれわれが批判したり、判断するためにだけ必要なのではなくて、われわれの日常的な政治的な活動に必要な思考法だと思うわけであります。

政治的認識が高度であるということは、その個人、あるいはその国民にとっての政治的な成熟の度合を示すバロメーターです。政治的に成熟しているかどうかということは、簡単にいえば政治的認識が高度であるかどうかということに換言できるわけです。もっとも、ここで断っておきたいことは、政治的認識が高度でないということ、つまり政治的に成熟していないということは、必ずしもその個人にとって、あるいは国民にとって、道徳的なレベルが低いということではないのであります。つまり、政治的な認識は他の種類の認識に比して、特別に高級であるというわけではなく、また逆に特別低級であるというわけでもない。しかしながら、それは政治的な場で、あるいは政治的な状況で行動する時に、そういう考え方が、いいかえれば、政治的な思考法というものが不足しておりますとどういうことになるかというと、自分のせっかくの意図や目的というものと著しく違った結果が出てくるわけであります。いわゆる政治的なリアリズムの不足、政治的な事象のリアルな認識についての訓練の不足がありますと、ある目的をもって行動しても、必ずしも結果はその通りにならない。つまり、意図とははなはだしく違った結果が出てくるということになりがちなのであります。

よくそういう場合に、自分たちの政治的な成熟度の不足を隠蔽するために、自分たちの意図と違った結果が出てきた時に、意識的に、あるいは無意識的になんらかのあるわるもの、あるいは敵の陰謀のせいでこういう結果になったというふうに説明する。また説明して自分で納得するということがよくあります。

つまり、ずるい敵に、あるいはずるい悪者にだまされたというのであります。しかしながら、ずるい敵にだまされたという泣き言は、少なくとも政治的な状況におきましては最悪な弁解なのであります。最も弁解にならない弁解であります。つまりそれは、自分が政治的に未成熟であったということの告白なのです。特に指導者の場合にはそうです。指導者というのは、一国の指導者だけでなく、あらゆる団体において、政治的な状況において行動する場合、その団体の指導者が自分の意図と違った結果が出た場合、あるいは自分の目的と違った結果が出た時に、これは結局何者かの陰謀によってそうなった、というふうにいって弁解し、説明することは、自分の無能力の告白なのです。つまり、自分の状況認識の誤りというものが、往々にしてすべてそれが実は政治的なリアリズムの不足から出ているにもかかわらず、相手の謀略によってそういう結果が生み出された、というふうに説明されるわけです。あるいはまた、専門の政治家になると、ある目的で意識的にそういう説明を使うことがあります。

たとえば、アメリカの民主党に対して、戦後この数年来の共和党の攻撃の最も主たる攻撃点はどういうところにあったかというと、つまりアメリカの中国政策がロシアの謀略にかかった、という説明、ロシアにしてやられた、というんですが、もしアメリカの中国政策がすべてロシアの謀略にかかったということで説明されるとするならば、それはわれわれの言葉でいえば、アメリカの指導者の政治的認識が著しく不足している。つまりアメリカが政治的にはなはだしく未成熟である、ということと同じことです。それを別な言葉で言い換えているにすぎないのです。

こういう状況認識の錯誤からくる失敗を敵の謀略に帰する考え方というものは、たとえば軍人などには比較的多い思考法であります。日華事変が日本政府は初めは不拡大の方針であった。それがどんどん拡大していったということについて、軍事専門家と称する人の説明をみると、うまく国共合作で抗日統一戦線にもってゆこうという、中共（中国共産党）の謀略にひっかかって拡大していった、というふうに、全部中共が綿密に陰謀をめぐらして、それが着々効を奏していったというような説明がされます。これも同じ思考の範疇にはいります。日本の状況認識の誤りという問題が、その場合にはすべて敵の謀略ということに帰せられてしまう。極端な場合には、世界中のあらゆる出来事がユダヤ人の陰謀であるという考え方があります。ユダヤ人が将棋の駒を動かすように、世界中のあらゆる所に自分の目的を実現していったという考え方が、（このごろは以前ほどではありませんが）一時あったわけであります。また、ウォール・ストリートの独占資本家が世界経済を全部あやつる陰謀をめぐらしている、というような見方もそれと似た見方です。たとえば、私人間の経済関係においてこういうような見方がおかしいということは当然とされるわけです。ある人がきょう株を買うとしますと、それが買ったとたんに下落した。でその人は非常に損した。もしその場合にその人が、きのう自分に株を売った人間に対して、「お前の謀略にかかった」といったらそれは通用するかというと通用しないわけです。つまり、株式市場というものに対する認識が足りなかった、ということです。相手はその市場の状況というものにより精通しておった。先の見通しをもっていたから売った。買った方はそれを見通せなかったから買ったということでありまして、それを相手の謀略にかかった、というくらいなら、初めから株に手を出さなければいいわけです。経済状況の場合には、そういう需給関係というものは、特定の人の謀略によってすべて自由になるというふうには考えられていない。それは一種の客観的な法則によって、需給関係が決まるのは当然だという常識があります。

ところが政治の場においては、とかく状況の客観的な推移によって起ったことまでが、すべて敵の手にかかった陰謀である、というふうに考えられやすい。つまりそれだけ経済の場合に比べて政治的に成熟した認識が地につきにくいということになるわけなのであります。

三

そこで、こういう政治的な思考法というものは、われわれが政治家ではないから不要なのかどうか、という問題があります。確かに政治的な場に、政治的な状況にまったく登場しない人間というものを想定するならば、その人間にとってはこれは必要のない思考法であります。逆に、政治的な場で行動することを常とする人間、つまり職業的政治家にとっては必須の(それなしには政治家の資格のないところの)一つの思考法になるわけであります。必須の思考法であるというのは、単に権力を獲得し、あるいは権力を維持し、あるいは権力を伸張するという目的にとって必要である、という意味ではありません。もちろん、そのためにはもっとも必要な思考法でありますけれども、それだけでなしに、一般にこういう思考法なしにはほんとうの政治的な責任意識というものが成長しない。逆にいえば、どんなに個人的に徳の高い人でも、もしこういう思考法が欠けている、つまり政治的に未成熟であるという場合には、政治的な場ではなはだしい無責任に陥る。その人がとった行動が結果においてその状況に関連する多くの人間に、損害と迷惑を及ぼすということになるわけであります。

というふうに見ますと、そのかぎりにおいては、この政治的思考法は、実はわれわれに倫理的に必要な(道徳的に必要な)思考法であるともいえるわけです。政治は肚《はら》であるとか、政治は人物であるとか、よくいわれます。そこに一面の真理はあるのですが、こういう政治観というものは、とかく政治状況の客観的な認識というものを無視、もしくは軽視するところに育ちやすい考え方です。つまり、認識の錯誤からくる意図と結果との食い違い、自分が実現しようとする意図と結果との食い違いが「不徳のいたすところであります」、あるいはそれを逆にすれば「ずるい相手にしてやられた結果であります」というような弁解によって、そういう決定の政治的責任の問題が解除されてしまう。そういう伝統的な考え方は有徳な人なら政治的にも必ずりっぱな成熟度をもった指導者であるという、そういう神話にしばしばつながっております。あるいは、致命的な政治的錯誤を犯した指導者に対して、この人もお国のためを思ってやったんだから、つまり、その人の動機が純粋なところから出たんだから、ということでその人を是認する、あるいは弁護するという風潮にもつながるわけであります。

四

政治というものはご承知のように、結果によっては人間の物理的な生命をも左右するだけの力をもっております。つまり、状況認識を誤った結果、誤った政策をたてることによって、何百万、何千万の人間の命が失われるということは、われわれがつい最近において経験していることです。そういう意味で、多くの人間の物理的生命をも左右する力をもつ、ということにおいて、政治的な責任というものは徹頭徹尾結果責任でありまず。行動の意図・動機にかかわらず、その結果に対して責任を負わなければならないというのが政治行動の特色です。政治が結果責任であることからして、冷徹な認識というものは、それ自身が政治的な次元での道徳になるわけであります。

マキャベリズムというものは、権謀術数主義というふうにいわれて悪口の見本みたいになっておりますが、いわゆるマキャベリズムは悪いんです。しかし、思想家としてのマキャベリは、政治に必要な徳というものはどういうものか、それなしには無責任な結果を招いて非常に多くの人々に悪い影響を及ぼすという意味で悪徳になるということを徹底的に考えぬいた思想家であります。つまり、病人を癒すために劇薬を用いたのです。はなはだ極端な例を用いて、残忍冷酷な指導者で、個人道徳としてはどんなにいかがわしい人物でも、イタリーなりフィレンツェなりの統一と独立を守ったなら、それはすぐれた指導者として称えるべきだということをいったのです。それに似たことでイギリスのことわざに、「われわれは道徳堅固でトラファルガーの海戦に負けるネルソンをもつよりは、ハミルトン夫人と姦通をしても、トラファルガーの海戦に勝つ将軍をもつ方が幸福である」というのがあります。ご承知のように、ネルソンはハミルトン夫人との情事をもって名を高くした人であります。ヴィクトリア時代のイギリス人は非常に道徳的な事柄についてやかましかった。そういう意味で多くの非難はしております。その事件だけを批判すれば決していいことではない、それは悪いに決まっています。しかしながら、一定の政治的な状況というものをとれば、確かにそのイギリスのことわざにあるように、非常に道徳堅固であっても、トラファルガーの海戦に負けては、それはイギリス人に大きな害毒をもたらした無能な将軍であった、という結論はまぬがれないわけです。そういう一つの冷厳な結果責任というものが政治にはあるということです。したがってこの政治的責任の意識というものは、先ほどいったような陰謀説、どんな結果になっても、「これは敵にだまされた、敵の陰謀である」というようなものの考え方からは生じてこないということはすぐおわかりになると思います。

五

したがって、政治的な思考法というものは、職業政治家には必須の徳でありますし、また、一般にどんなグループにしろ、グループリーダー、あるいはサブリーダーには、比較的に（相対的に）グループの大衆よりはより必要な資格です。また、そのグループの機能する状況が政治にかかわるほど必要になってくる認識です。

たとえば、一般的に政党と教育団体とを比較すれば、政党のメンバーの方が教育団体のメンバーより、より政治的思考法を必要とする、これはいうまでもないことでありま す。しかしながら、必ずしもグループそれ自身の性格で決定されない場合があるわけで す。つまり、そのグループが政治的団体であるか、それとも非政治的な団体であるか、ということは大事ではないので、むしろそれがどういう場で機能するか、そのグループがどういう場で、どういう具体的な状況で機能するか、ということが大事なのです。つまりどんな非政治的な団体でも、政治的な場で機能する時には政治的な思考法というものが妥当でなければ、そのグループの目的を実現できない、ということになるわけであります。だから、一般的にいって、たとえば労働組合、教育団体、その二つをとってみても、どっちに政治的な思考法が必要かということは、一般には決して論じられないわけです。つまり、政党と労働組合、政党と教育団体というような場合は割合にわかりやすいのですが、労働組合と教育団体という場合には政治的思考がより必要なのはどっちか、ということは軽々しく判断できない。

なぜならば、権力はしばしば抵抗力の比較的弱い所、あるいは抵抗力が弱いと判断された所に、つまり水の低きにつくように、まずいちばん抵抗力の弱い所をねらってくるというのが、昔からの権力の常道であります。政治の目的を抵抗力の弱い所からまず先に実現しようとするわけであります。

ご承知のように、マッカーシズム(1)というものがここ数年来アメリカで盛んであります。これの集中目標とされたのは決して労働組合ではなかった。むしろ、教育団体、新聞・出版社、ジャーナリスト、あるいは大学教授とか弁護士とか、医者とか、だいたいインテリ組織がいちばん集中的に攻撃目標になった。これは一つには、アメリカの労組というものが徹底した経済主義で、政治的に著しく保守的であるというせいでありますけれども、他面からみると、何といっても労働組合というものは組織的な発言力が非常に強くて、うっかりそこに手を出すとひどい目にあう。それに対してインテリ層は組織がバラバラで抵抗力が弱いということとも関係がある。学者、ジャーナリスト、映画人というものがもっともねらわれたということも一つにはそういう背景もあるわけであります。したがって、もしこういう状況にたたされた場合には、労組のメンバー、あるいは労組の指導者よりも、むしろ教育者、学者、映画人、ジャーナリスト、そういった人の方がより政治的な思考法を身につけることが必要になってくる。つまり、権力の方は政治的な場に引きずり込むわけですから、そういう場合には本来それ自身は非政治的な目的をもった団体であっても、否応なしに政治的思考法を身につけなければ、自分の非政治的な目的それ自身をも実現することができなくなる、ということになるわけであります。

六

今申しましたように、時代とか、状況によって、政治的な思考法が必要であるかないかという範囲、およびその程度というものは違ってくるのです。もちろん、一般的に申しますと、デモクラチックでない社会、非民主的な社会よりも、民主的な社会の方がそういう思考法が必要になってくる。なぜかというと、つまり政治的な選択と判断を要する人の層がふえ、同時にそのチャンスがふえるからです。つまり、昔は政治的な指導者、あるいは支配層だけに必要であったこの思考の訓練というものが、ますます広い人民大衆にとって必要になってくるわけでありますし、また、単に非民主的社会から民主的社会になるに従って必要になるというだけでなく、現在においてはこういう思考法がわれわれすべてに要求されているような状況にある。つまり、現代社会が、たとえば民主的な体制であっても、現代社会はわれわれの生活がすみからすみまで政治によって占領されている世界であります。したがって、そういうことを考えますと、単に民主的社会であるから、という以外に、現在の社会の状況そのものがこういう思考法を必要としているわけであります。これをいちばん簡単に示すために、政治的な行動とはそもそもどういうものか、ということを考えてみましょう。

　政治行動というものは、だいたい三つに分類されると思います。第一には直接権力を目的とする行動であります。これは政治行動であることはいうまでもない。第二は直接権力は目的としないけれども、権力状況に密接に関連する行動であります。たとえば労働組合の経済闘争、あるいはデモンストレーション、あるいは圧力団体の行動、こういうものは直接権力を目的としている行動ではない。しかし、権力状況に密接に関係しており、その意味で権力状況を動かす可能性がある。第三には政治的状況に、結果的にみると影響を及ぼす行動です。

そうしますと、現代では第三の意味をとるとすれば、極端にいえばわれわれのあらゆる行動というものが政治行動ということになります。一見まったく非政治的な行動も、つまり本人が政治をやろうと思っているわけでもなく、また権力状況に影響を与えようという意図など少しもなくやったような私的な行動も、現代の微妙なコミュニケーションの配線構造を伝って、結果的に政治的に影響を及ぼす。そのかぎりでは政治行動です。つまり、現在において政治から逃避することが、そのまま、それ自身が政治的意味をもつ。こういう逆説が起っている。政治から逃避する人間が多ければ多いほど、それは政治にカウントされない要素ではなくて、その国の政治にとって巨大な影響を及ぼしてくる。つまり、専制政治を容易にする。一般人民が政治から隔たるほど専制主義的な権力というものは、容易になるということです。政治から逃避することが逆に政治に影響を及ぼす、という逆説ですね。こういう逆説が現在において非常に多くみられるようになっております。ですから右の第三の意味においてわれわれの行動が(極端にいえば)すべて政治行動であるといえるわけです。それだけ今日においてはポリティカル・クライメート、政治の気圧配置ですね、それが政治的アクティブだけによって作られるのではない。政治に関心をもたない人の群れのムードによって、それなりに一つの政治的な気圧というものが作られるということになるわけであります。

七

「政界」という言葉があります。政界ということと政治的な世界ということは、今日においては非常にギャップがあります。政界というのは特殊の、政治を職業とする人々の非常に多面多種なサークルであります。つまり、右に申したことをいいかえるならば、政治的な気圧というものは、決して「政界」によってだけ決まるものではない。また、「政界」のことだけを見ていては政治の状況認識はできない、ということになるわけであります。このことは当りまえのことでありますが、たとえば、政治的中立とか、政治から独立する、といったような言葉が非常に簡単に用いられることがありますから、一応こういうことを考えておく必要があります。「政界」というものと政治の世界というものは違うんです。今日の世界の政治を見ると、あるいは日本の政治を見るためにも、いわゆる「政界」の出来事だけを見ていてはわからない事が多い。私は日本の新聞の「政治部」というのは「政界部」というふうに直した方がいいのではないかと、新聞社の知人にからかうのですけれども、かれらもその点で、もっともだといって反駁しません。「政治」というものを報道しないで、政治に重要な出来事を報道しないで、「政界」の出来事、派閥がどうなったというような、「政界」の中の人的な関係を報道している。政界ということと政治的世界というものはくい違っているわけであります。

さて、それでは政治的なリアリズム、先ほど申しました状況認識というものは、具体的にどういう思考法をいうのか、ということを多少例をあげてご説明してみたいと思います。もちろん、政治的な思考法について全面的にお話しするということは、私の能力を越えておりますし、こんな短い時間には話せませんが、いわば例示的にお話しするわけであります。

よく、空理空論というものはだめだ、それは書生の政治論だというようなことがいわれます。これはある意味では正しい。政治的なリアリズムは実感だ、いわゆる空理空論は排する、書生の政治では実際政治はやれないという。そこには実際正しいものがあります。つまり、政治というものは状況のリアルな認識が必要なんだ、ということが常識的にいわれている。そのかぎりでは正しい。しかしながらここで考えていただきたいことは、政治というものはユートピアではないからといって必ずしもいわゆる理想と現実の二元論を意味するものではないということです。つまり、実際政治家は(特に日本の政治家たちはそうだと思いますが)「理想はそうだけれども現実はそうはいかないよ」というふうにいうわけであります。この言葉は一見非常に政治的リアリズムの思考法を表現しているようでありますが、しかしながらそれは、なるほどそのうちの一端を表現しておりますけれども、全部ではない。それどころか、そういう認識方法が非常に政治的にリアルでない結果を導くことがしばしばです。

なぜかと申しますと、「理想はそうだけれども現実はそうはいかないよ」という、こういういい方というものには、現実というものがもつ、いろいろな可能性を束《たば》として見る見方が欠けているのです。現実というものをいろいろな可能性の束として見ないで、それをでき上がったものとして見ているわけであります。しかし政治はまさにビスマルクのいった可能性の技術です。ビスマルクの言葉を本格的に解釈するとあまりに立入った問題になりますので、ここではそこまで介入しません。さしあたり今の政治的なリアリズムの問題に関係させて申しますと、つまり、現実というものを固定した、でき上がったものとして見ないで、その中にあるいろいろな可能性のうち、どの可能性を伸ばしていくか、あるいはどの可能性を矯《た》めていくか、そういうことを政治の理想なり、目標なりに、関係づけていく考え方、これが政治的な思考法の一つの重要なモメントとみられる。つまり、そこに方向判断が生れます。つまり現実というものはいろいろな可能性の束です。そのうちある可能性は将来に向かってますます伸びていくものであるかもしれない。これにたいして別の可能性は将来に向かってますますなくなっていく可能性であるかもしれない。そういう、つまり方向性の認識というものと、現実認識というものは不可分なんです。それを方向性なしに、理想はそうかもしれないけれども現実はこうだからというのは政治的認識ではない。いろいろな可能性の方向性を認識する。そしてそれを選択する。どの方向を今後のばしていくのが正しい、どの方向はより望ましくないからそれが伸びないようにチェックする、ということが政治的な選択なんです。いわゆる日本の政治的現実主義というものは、こういう方向性を欠いた現実主義であって、「実際政治はそんなものじゃないよ」という時には、方向性を欠いた政治的な認識が非常に多いのであります。

八

ご承知のように、日本では最近中共〔中華人民共和国〕の承認問題が貿易問題とからんでやかましくなっております。[2] この問題については承認すべきであるとか、すべきでない、ということは、必ずしもここでの私の問題ではない。思考法の問題として私はこの例を出すんです。たとえばしばしばこういうふうにいわれます。「日本は自由国家の一員であるから中共政府を現在承認するわけにいかない。この現実をわれわれは認識しなければならない」。こういう判断に対して、ある原理的な、あるいはイデオロギー的な立場から批判することは可能であります。けれどもそれをここで申しているのではありません。こういう判断が政治的な思考法としてどこに問題があるか、ということのいわば一つの例として問題にするわけです。

ここでは、現実というもののもっている多元性、もしくはわれわれの思考が、果して問題のどのレベルで考えられているかというレベルの多層性というものを無視して、これを一般的・抽象的な命題に還元する思考法が典型的によく出ている。それは私にいわせれば、政治的リアリズムの思考法から遠い考え方です。日本は西欧自由陣営に属している、というのは一般的命題です。具体的に今起っている問題をそういう一般的命題に還元して答を出すのはリアルな政治的考え方といえない。なぜならば、自由陣営に属するから(もちろんそれ自体がいいか悪いかは人によって判断が違います)ということを前提にしても、それと中共承認ということは少しも矛盾していない。イギリスの例を見ればよくわかります。したがって、中共承認の問題は自由陣営に属するか属さないかということとは次元の別な問題です。その次元のちがった問題を混同して、西欧自由陣営に属する以上は中共は承認できない、というふうにいわば演繹的に結論するのはリアルな思考法とはいえません。西欧自由陣営に属するという一般的次元から他の、もっと具体的な次元に属する問題を一義的に結論づける。こういう抽象的な議論の一般的な拡大主義というものは、日本における政治的な思考法に多いと思われます。もし現在中共が日本に、自由陣営から離脱しろ、ということを要求しているというようなことがあるとすれば、先ほどのような考え方は一応成り立つわけです。つまり、離脱を条件にして貿易するということを要求しているというなら、それは現在できません、ということも、一応それは政治的リアリズムの立場からそういえないこともない。しかし私の知っているかぎりでは中共はそういう要求はしていない。それではなぜ日本の政策に中国が疑惑をいだくのか。これを先ほどの問題に関連させますと、つまり、国際政治において日本の方向性というものが少しも明らかでない。将来どういう方向にいこうとしているのか、その方向性というものが少しもわからない。これが疑惑の原因になっている。日本の国際政策、外交政策の今後の方向性が一向明瞭でない。ですから直接実際政治の問題に入るのはひかえますけれども、かりに私が自民党の指導者だったとしますと、私は政治的リアリズムの立場に立ってこういいます。自民党の立場というものを――それに対して私は批判をもっておりますけれども――一応前提にしてこういうふうにいいます。「現在ただちに中共の承認はできない。しかしながら必ずある適当な時期をみて承認する方針である」ということを責任ある当局者がはっきりいうんです。これは方向性を示すわけです。つまり、現実のこの瞬間には承認できない。しかしそういう方向に進んでいるという方針があれば、そこからどういう政策が出てくるかというと、そういう方向というものに対して有害な措置をとることはなるべくさしひかえ、それを促進させる方向へ一歩でも進んでいくという具体的な政策が出てくる。これがつまりビスマルクの「可能性の技術」ということです。

そうでなくて、「現在日本の立場からいって承認できない」というだけでは、そこに方向性というものが少しも現われない。これでは先方が疑惑をもつのはもっともだと思うのです。すなわち、方向性が決まって初めて現実の中にあるいろいろな可能性のうち、どういうものを伸ばし、どういう可能性をチェックするかということが具体的に決まってくるわけであります。そういう点からいいますと、日中貿易の話し合いが最高潮に達した最中《さいちゅう》に、岸信介さんがわざわざ台湾を訪問して、蔣介石に会って、「共に反共のために闘おう」といったというのは、どういうわけで台湾までいってそこまでいわなければならなかったかという、その背景のことは知りませんが、しかしながら現在の問題に関連させていえば、つまり日本がもしほんとうに将来は中国承認の方向に進みたいと思っているとすれば、そういう方向を著しくチェックする要素になったということは疑いない。つまり、政治技術としては必ずしも及第でない、むしろ落第であるといわなければなりません。こういう問題によるレベルのちがいというものを無視して、一般的・抽象的な命題に還元するという考え方は、具体的な、現在争われているいろいろな問題に、いたるところにみられます。

九

いわゆる革新陣営というのは、非常に抽象的なスローガンをただふりまわしている、ということがいわれている。それはたしかにその通りであります。しかしながら、必ずしもそれは革新陣営だけのことではない。たとえば、再軍備問題についても（ここでいっているのは、やはり実質的な再軍備是非の問題でなく、思考法の問題として取り上げているのです）、「そもそも独立国である以上は軍備をもつのは当然である」という議論があります。これは抽象的・一般的命題です。これにたいして政治的リアリズムに立った思考法というものは、現在国内、あるいは世界の状況の中で、日本が再軍備の方向をすすめることはどういう意味をもつかという、そういう問題の立て方をいたします。共産主義はしょっちゅう侵略を考えているからわれわれは軍備をもつのは当然である、というふうに、保守陣営は申しますが、果して現実に今日、中ソが日本に侵略してくるかこないかということはそもそも神様以外の者は知るよしもない。神様でない以上、絶対に侵略してこないということも、逆に必ずやってくるということもいえない。ですから、こういう絶対命題としてでなく、これを政治的リアリズム(認識)の問題にふりかえていうと、こういうことになります。

つまり、現在の状況が続くかぎり、中ソが日本に侵略してくるという事態を仮定すれば、世界戦争を予想しないでは不可能であります。つまり、中ソが日本に侵略して、他の世界の国々は無事平穏で、ただ日本への侵略を黙って見ているということは考えられない。そこで問題はこういうことになるのです。現在の状況で中国とソ連は世界戦争を賭して日本に侵略してくるだろうか。こういう実際の可能性の問題になるわけでありま す。朝鮮の場合でもあれだけの騒ぎになった。それを日本に侵略してきて他の国が全部平穏で、日本がさんざ荒されて、それきりになって終っちゃうということは、現実の問題として考えられるかというと、まず考えられないでしょう。つまり世界戦争を賭してまで、中国なりソ連なりが日本に兵を進めるということは現在の状況としてあるだろうか。それによって先ほどの答が決まってくるわけであります。これは状況認識の問題であります。これに対して、ああいう中国やソ連のような大きな国が隣りにあって、膨大な軍備をもっている。それなのに日本は無防備ではいかにも心細いというのは、日本と中国とを世界の具体的状況から切り離して、抽象的に考えるか、あるいは何となく心細いという心理的気分に基く判断です。こういうのは政治的なリアリズムに立った判断とはいえません。ところが皮肉なことに今日では、再軍備反対論者にたいして、「道徳的には日本は無防備でもいいという考えも成立つだろう。しかし現実の問題として考えれば、再軍備は必要である」という言い方が通用し、それがあたかも政治的なリアリズムに立った唯一の考え方であるかのようにいわれます。ですから、必ずしもそういう結論が出てくるとはかぎらないという例として今のようなことを申し上げたわけです。

国際的な問題では、たとえば今、国連で拒否権の問題が非常にやかましくなっていることはご承知の通りです。今度はこの問題に政治的な思考法を適用してみるとどういうことになるか。ある国が拒否権を盛んに乱用するため、国連の機能が一向に強化されない。だから拒否権は制限されなければならない、という意見が世界にもかなりあります。これは私にいわせれば、政治的な思考法としては成熟した思考法とはいえません。なぜかというと、国連ができた前提というものは、もちろん世界戦争の防止です。世界戦争というものは、現在、大国と大国の争いがなければおこりません。あるいは小国の争いに大国が関与することによって世界戦争になる。したがって、大国間の協調が国連の前提であり、同時に目的です。つまり何のために安全保障理事国一般にでなくて、そのうちのいわゆる大国にだけ拒否権を国連が与えたか。それはつまり、大国の協調、具体的には米ソの協調が国連の前提になっているからです。もし国連が、ある大国が他の大国を道徳的に、あるいは政治的に圧迫し、非難するための道具になったとすれば、国連のそもそもの目的に違ってくるというわけです。特別に大国に対して拒否権という特権を与えたというのは、小国の立場から考えますと不当だということになりますが、リアルに考えてそうしたのです。ということは、国際連盟の経験からきているわけでありますが、国際連盟のように総会本位にしますと、国連総会のデモクラシーというものはリアルに考えるとおかしな結果になってくる。各政府がそれぞれ一票をもつということですから、グァテマラも一票、アメリカも一票、日本も一票です。つまり、政府の立場からいえば、各政府が一票もつということですが、人民の立場からいうと何億の人民というものは何億分の一しか表現されない。これにたいして別の国の何百万の人口というものはその何倍もに表現されるということになります。必ずしもデモクラシーとはいえません。しかしその問題は別としても、少なくともある大国が集団安全保障のための制裁を、他の大国に適用すれば、形式的には国連の制裁ということですが、実際にはそれは大規模の戦争を意味する。戦争を防止するための国連が大戦争を起すという結果にもなりうるわけです。そういうことを防ぐために「必要悪」として大国の拒否権が認められている。とすれば、拒否権というものは紛争の原因ではなくて結果であります。つまり、拒否権が発動されるようになったのは大国間の協調が破れた結果であって、拒否権を発動したから大国間の協調が破れたのではない。そうすると、拒否権を制限することによっては、具体的には世界平和の問題は解決できない。原因を取り除かないで、原因から出てきた結果を取り除くにすぎない。もし拒否権を制限し、安全保障理事会は多数決ですべてを決めてしまって、少数は多数に無理に従わせるということにしたらどうなるか。国連は機能しなくなるか、それでなければ世界戦争になるか、どっちかです。それよりも、よろめいて、ぐらぐらしているけれども、すべての大国が国連に参加しているということが、まだしも世界にとってはいいんです。やたらに拒否権を乱用するのはケシカラン、少数が多数に従うのは民主主義の方式ではないかという、一般的・抽象的命題では、必ずしも世界平和の問題、いわんや国連の機能を活発にするという問題は解決されないわけです。

一〇

ちょうど選挙が終りましたけれども、今度はわれわれが選挙する時のいろいろな政党の選択という問題に、今の政治的思考法を適用してみることにいたします。選挙になりますと、ご承知のように各新聞がいろいろな党の公約を発表しまして、社会保障の問題、外交の問題というふうに、「表」にして非常に見やすく掲げております。で、そのこと自身を私は若干問題にしたいと思います。理想的なデモクラシーを前提にいたしますと、各政党は公約を掲げて国民に政策を約束する、国民はその中から最もいいと思われる政策を掲げている政党を選ぶということになるわけであります。みんなそういっておりますし、そうしなければいけないといっているわけです。その理屈はだれでも反対しない、もっとも至極のことであります。それは政治的な教育にとっても悪いこととはいえない。少なくとも、単に情実とか縁故とか、そういうものに基いて投票するという態度から少しでも脱却させるために、各政党政派の公約を比較検討して、それに投票するという態度をより一般化するということは大事なことでありますし、そのかぎりでは私も賛成です。しかし、同時にそれによって看過されやすい面があるのではないか、ということに私は注意を向けたいんです。つまり、各政党が非常にいい公約を並べ、その公約の中でどれがいいだろうと思って選択する、そういう選択の態度にはどういう疑問があるかということを私は問題にしたいと思います。

それはどういうことかというと、つまり、政治的な選択というものは必ずしもいちばんよいもの、いわゆるベストの選択ではありません。それはせいぜいベターなものの選択であり、あるいは福沢諭吉のいっている言葉ですが、「悪さ加減の選択」(3)なのです。これは何か頭に水をぶっかけるようないい方ですけれども、リアルにいえば政治的選択とはそういうものです。悪さ加減というのは、悪さの程度がすこしでも少ないものを選択するということです。この中には二つの問題が含まれているのです。すなわち、第一に、政治はベストの選択である、という考え方は、ともすると政治というものはお上《かみ》でやってくれるものである、という権威主義から出てくる政府への過度の期待、よい政策を実現してくれることに対する過度の期待と結びつきやすい。つまり、政治というものはもともと「自治」ではなくて、政府がよい政策をやってくれるものだという伝統的な態度と容易に結びつくのです。したがって、こういう政治というものをベストの選択として考える考え方は、容易に政治に対する手ひどい幻滅、あるいは失望に転化します。つまり、政治的な権威に対する盲目的な信仰と政治にたいする冷笑とは実はうらはらの形で同居している。政治にベストを期待するということは、強力な指導者による問題解決の期待につながります。政治というものは、われわれがわれわれの手で一歩一歩実現していくものだというプロセスを中心にして思考していったものでなければ、容易に過度の期待が裏切られて、絶望と幻滅が次にやってくる。万事お上がやってくれるという考え方と、なあにだれがやったって政治は同じものだ、どうせインチキなんだ、という考え方は、実は同じことのうらはらなんです。

一一

こういう政治的な傾向がある時に、私は新聞の政治報道というものは、政治教育のやり方としてよほど考えてもらわなければならないと思うんです。いわゆる厳正中立を標榜する一般の新聞は、公平という名目で、たいていどの党派にもケチをつける。「政治家はうまいことをいっているけれどもだまされないようにしよう」といいます。こういう態度は、批判的態度を養成するようにみえて実はそうでないと思うんです。つまり、前から日本人の中にある、「どうせ政治家なんていう連中はろくなことをやらないんだ」という諦観に一層拍車をかける結果になると思うんです。批判的態度のようにみえて、実は政治的な無関心、政治的逃避という最も伝統的な、最も非民主的態度を助長する役割を果しているのではないか。具体的に、A党のこういう政策よりB党のこういう政策の方が少しはましである。あるいは、B党の政策の方が少なくとも「悪さ加減」が少ないというような具体的な比較というものが政治的な判断です。前に悪さ加減の選択であるといいましたけれども、この中には二つの契機が含まれています。第一には、「悪さ加減」の微妙な差を見分けること、「なに、どれもこれも同じなんだ」ということでなくて、〇・一でも、〇・二でも差があればその差を見分ける目です。第二に、政治悪ということは十分知りながらなお選択するという積極的な態度です。どうせ悪いものが附随するからこそ少しでもそれを減らすために口を出すんだという、そういう逆説的な考え方です。放っとくと悪いことばかりするから、しょっちゅう監視するんだということ。いいものだから参加するというよりはむしろ悪いものだから参加して監視していく。これがつまり政治的なリアリズムの考え方ということになるわけです。

もう一つ、具体的な例でお話しします。たとえば同じ政党が非常に長く権力の座にすわっていると、元来いい政党であっても、あるいはその政党がよい政策をもち、あるいはそれをある程度実現していると仮定しても、長く権力の座にいると、そのこと自身から腐敗、堕落というものが起りやすい、というのが歴史の教訓であります。とするならば、反対政党の公約を比較するという、それだけの政治的な判断で、A党の政策の方がよさそうだということだけでA党に投票するのは、果して政治的に成熟した認識にもとづく判断といえるか。必ずしもそうではない。それにならんで、今いったような考え方、つまり、反対政党の政策にたとえ全面的に同調しないでも、支配関係が惰性に陥っていると、そこから腐敗や独走が生じやすいので、その惰性を破るために反対党を伸張させる。現政権への批判力を大きくさせるために、反対政党に投票する、という投票行動が十分ありうるわけであります。つまりこれは、個々の政党それ自身がいいとか悪いとかいう判断に基く投票態度とは一応別の次元の問題です。全体状況の判断という問題がここに登場するわけです。

江戸時代に荻生徂徠という儒者がいました。その徂徠が為政者の人事登用の仕方を論じて、「人間というものは使ってみなければわからない[4]」ということをいっているんです。つまり、使ってみないで人間をいくらためつすがめつながめても、その人間が役人として有能か無能かということはわからない。使ってみると、この人間は案外こういう面に才能がある。あるいは、非常にできると思っていたが、こういう面では無能だということが初めてわかるということです。これは人間についていっているのですが政治や政党についても同じことがいえます。でありますから、反対党にやらせてみて、もし悪ければ次の選挙で引っ込めればいい、とにかくやらしてみようという考え方です。これが一般的に欠けているのではないかというふうに私は思うのです。政党の選択についても、全体の政治状況とにらみ合わせて、もう少しこの線が出た方がいいのではないか、もう少しこの線が引っ込んだ方がいいのではないか、そういう全体状況と関連させる判断、これを政治学者が用いるむつかしい用語をつかうと、全体配合的思考(configurative thinking)、あるいは、文脈的思考(contextual thinking)といいます。ある政党が全体の政治的文脈の中にどういう役割をもつか、あるいは、この政党が出ることは政治の配線構造にとってどういう意味をもつか、という思考法をもって判断する。これは二大政党に対する少数政党の問題にもあてはまると思います。アメリカにおける第三党というものは、しばしばアメリカのデモクラシーを非常にいきいきとさせる要素になっていました(5)。つまり、二大政党がなれあいになることを防ぐために、ラジカルな第三政党が存在して他の二大政党を牽制するという意味をもつ。これもまた権力の惰性の問題に関連するわけです。そういうことを認識すれば、必ずしも二大政党だけになっちゃうのが望ましいとはいえない。イギリスも二大政党である、アメリカも二大政党であるから、日本も二大政党であるべきだというのは、さきほどものべた抽象的命題の拡大主義といわなければならないと思うんです。

イギリスでは、十九世紀後半には自由党と保守党との二大政党が労働党の勃興によって破れました。自由党の衰退で、保守・労働の二大政党になったのは第二次大戦以後であります。アメリカの政治学者はアメリカの政党について二大政党といわずに多数政党といっております。なぜなら、南部の民主党と北部の民主党は、イデオロギー的にも、政策的にも同じ政党とはいえないのです。いろいろの由来から一つの政党になっているだけであります。実質的には多数政党なんです。そういうことは別といたしまして、イギリスもアメリカも二大政党だから、日本も二大政党でなければいかんということは必ずしもいえない。第三政党とか、あるいは政党に所属しない人々というものが存在して、大きな政党を牽制するということが、ある場合には政治の活性化のためにより役にたつということもありうるわけです。私の知っているあるイギリス人と話している時に、彼が半分冗談みたいに「私が日本人なら共産党に投票するでしょうね」といいました。もちろんかれは共産主義者でも、共産主義に同調的でさえもないのです。どうしてこういうことをいったのか、それを今の問題に関連させていえばこういうふうに解釈できるんです。日本全体の政治状況を見ると、共産党が議会に進出することが、いろいろな意味で、政治的な腐敗を牽制したり、あるいは多数政党が専制的になったり、つまり議会政治の名の下に一党独裁ができるというような事態をチェックするために、より必要ではないかという全体状況的な判断を彼が念頭においてそういったのではないでしょうか。イギリス人というものは、にくらしいほど政治的に成熟した国民ですから……。政治は宗教と違いますから、自由主義者が自由主義と名のる政党に投票し、社会主義者が社会主義を名のる政党に投票しなければならないというような、固定的な考え方というものは、政治の場では必ずしも妥当しないんです。それは、ことさら日本の状況ではそうであります。ですから、一見批判的な厳正中立主義の新聞は、日本ではへたをすると政治的無関心を助長するだけです。政党あるいは候補者の間に存する具体的な微妙な差を見分ける眼光を養い、さらにその時の全体状況における意味、全体状況の判断からいって、選挙の結果がどういうふうに現われるのが望ましいか——いや、さきほどの表現でいえば、政治の「悪さ加減」がより少なくなるか——について具体的な批判に立って投票するように、政治認識を成熟させるうえで、必ずしも日本のいわゆる厳正中立の新聞は貢献していないのではないか。むしろ、諸外国の新聞のように、今度の選挙で自民党を支持する、今度の選挙にはどうする、とハッキリいった方がまだいいのではないか。公約にだまされるな、ということだけいって、一見批判的にみえる論調は、ただ政治的無関心を助長するだけであって、本当に政治的な機能を果していないのではないかというふうに私は思うのであります。

一二

日本の政治状況を保守と革新の対立というふうに分けるのが常識になっております。しかしながら、政治的にリアルな認識というものは、こういう抽象的な二分法にはいつも警戒の念をもつんです。はたしてそういうふうに日本の政治状況は表現できるだろうか。その中にはさっきいった、一般的・抽象的命題への還元が含まれていないかということなのです。もちろん、非常に長い目で見れば、社会党あるいは共産党というような革新政党というものは、現在の経済制度であるところの資本主義というものを、社会主義的な経済制度に改めるということを目ざしており、少なくともそれを意図しているわけでありますから、そういう意味では革新的であります。それに反して自民党は資本主義を維持していこうというのですから、そういう意味では保守かもしれない。しかし、現在日本の客観的な条件というものは、具体的な問題として社会主義建設が日程に登っているか、現在社会主義建設というものの客観的な条件が存在しているか。もしも本気で「存在している」というなら、状況認識においてははなはだしく甘い、ユートピア的であるといわなければならない。もし、革新政党自身がそう思っているとすれば、はなはだしい思い上がりです。それでなければ自己欺瞞です。リアルに見れば、社会主義建設というものは全然政治的日程には存在しません。

それでは現在の具体的な、実質的な争点はどこにあるかというと、現に革新政党がどういう方向で動いているかということです。つまり、革新政党が動いている方向は大ざっぱにいって憲法擁護です。終戦後獲得された労働の基本権、労働三法、それを守ることに懸命である。何々を守ろうじゃないか、教育基本法を守ろうじゃないか、子どもを守ろうじゃないかといって、たいてい「守る」という言葉でいっている。保守政党の方はどうか。これは一般的に戦後民主主義はゆきすぎているという状況判断にたっている。むろん革新政党が、保守政党への悪口として「戦前の日本帝国の復活をもくろんでいる」とまでいうのはいいすぎでしょう。けれども一般的傾向として保守は、現在の憲法の民主主義はゆきすぎているという状況判断にたって、いくらかでも元の日本帝国に近いものにもどそうという方向で、いろいろな政策を出しているというのはリアルに見れば明らかです。政治・労働・教育、あらゆる方向にそういうものが出ている。

そうすると、「現状はケシカランから改める」というのが保守政党で、革新政党の方は「何々を守ろう」といっている。べつに私は皮肉なことをいっているのではなくて、ありのままを申し上げればそういうことになると思うんです。現にスローガンにしろ、憲法改正反対、労働三法改正反対、基本的人権を守る、というように、むしろ革新政党の方が保守的な態度で表現されている。ある次元をとれば、何とかして現状を変えようと思っているという意味で、保守党の方が革新的です。だから政治的な選択というものは、保守か革新かの選択のようにみえるけれども、実際はそうではない。さっきいった二つの方向、つまり、終戦後獲得されたものを守っていこうという方向で選択を行っていくか、それとも人権と民主化がゆきすぎているからそれをチェックしようという方向で選択するか。これが現在の具体的な争点です。

一三

社会主義建設を革新政党がいっているとすれば、よほど頭がのぼせ上がっている証拠です。革新政党自身がイデオロギーにとらわれている。革新政党としてはより広汎な国民の間に存在する、正しい意味の保守感覚というものを自分の方に動員することが必要です。実際、憲法擁護とか、原水爆反対の動きが非常に強いのは、つまり、自分たちが今現実に享受しているものを失いたくない、そういう保守的な、コンサァバティブな感覚というものを表現しているわけです。つまり、保守政党と革新政党とはイデオロギー的に逆の面があります。これを一途に「革新対保守」の対立というふうにいうのはリアルな認識ではないと私は思うんです。

したがって、保守党の立場に立っても、中共の問題をリアルに処理していくにはどうすればいいか、ということを十分問題にしうる余地があります。また革新政党の立場に立って、そういった国民の政治感覚の中にある保守感覚をつかまえて、保守感覚を革新的イデオロギーに結びつける、そういう組織化の努力をすることが可能です。そのことがあまり認識されていないのではないか。とくに革新政党の側が、保守対革新という、非常に公式的な二分法によっているために、さっきいった戦後解放された国民の実感、つまり、現在憲法によって保障されているいろいろな権利の実感を失いたくないという保守感覚、これをもう少し政治的に昇華して、組織化する方向に努力すれば、もっと広汎な大衆を動員できるのではないか。人間の本性というものはどんな場合でも、あすはどうなるかわからないという不安がありますから、あしたもきょうのように続けばいいという気分の方が強い。人間の本性は保守的であります。というのは、物理学に慣性の法則というものがありますように、動きだしたものはいつまでも動いている。止まっているものはいつまでも止まっている。ですから、「きょうの生活が少なくともあすも続く」ということの方を、「あしたどうなるかわからない」という状況よりも望ましいとして前者を選ぶ。だから放っておけば人間の感覚というものは保守に傾きます。

ですから、資本主義対社会主義という形で選択をつきつけられれば、「社会主義になれば今の生活はどうなるかわからない」という不安の方が強い。現状に不満は多々あっても、ともかく今日においてもダンスはやれるし、結構民主的な権利も行使できるし、まあいまのままの方が安全じゃないか、ということになる。革新革新といって不安を与えることによって、保守感覚を正しく動員することをさまたげているのではないか。革新派には政治的なリアリズムというものが非常に不足しているということを、私にいわせればいわざるをえない。

一四

さっき「政界というものは非常に特殊な世界である」ということを申しました。政治のリアリズムというものがないと、政治の言葉の魔術にいかにあやつられるかということは、いわゆる政局の安定、という言葉を例にとってもわかると思います。「政局の安定」ということはしばしばいわれます。けれども政局の安定というのは、特殊な世界である政界の安定以外の何物をも意味しないんです。したがって、日本でいわれている政局の安定ということは、政界の安定であって、それは政治的安定とは必ずしも関係しないし、いわんや国民生活の安定とは何も関係しない。

ある政党が議会で絶対多数をとれば政局は安定するでしょう。しかしそれは政治的安定に進むとはかぎらない。もし国民生活が不安定ならば、必ずそれは政治的不安定になって現われます。ところが、政局の安定、不安定ということは、言葉の魔術のために政治的安定、不安定と取り違えられる。これはまだしも、さらに、国民生活が安定するかどうかということと取り違えられる。もし、政局の安定というものを国民生活の安定とするならば、なぜ実践活動にたいして政府が「破壊活動防止法(6)」なるものを制定しなければならなかったかということが、説明がつかないわけです。つまり、いかに議会で、ある政党が絶対多数を占めても、国民生活自体の中に不安定をかもし出す要因があるならば、それは政治的な不安定になって現われます。政局が不安定であるということが、もし国民の日常生活自身が、いつも不安にさらされているかのような印象と結びつくとするならば、それはわれわれの政治的な判断の未成熟のためといわねばなりません。

そこで、政治的リアリズムというものは、何よりもこういう言葉の魔術を見破る一つの思考方法です。フランスの小党分立というのは、政局の不安定の原因で、困ったことだ、とよくいわれます。最近のアルジェリア問題はフランスの帝国主義の問題であって、いわゆるフランスの政局の不安定とは別問題でありますから切り離して考えるべきですが、フランスの政局が不安定でひんぴんと内閣が代わるということは、これはフランス人にいわせれば日本人がいうほど困ったことではない。政局の安定、不安定は政治的安定、不安定とは異り、さらに政治的安定、不安定はその基礎にある国民生活の安定、不安定というものとは当然に区別して考えているから、むしろフランス人の個人主義からすれば、政局が不安定であった方がいい。強大な政権ができると何をするかわからない。いつも政府は代わっている方が国民生活にとっては悪いことができなくていいという考え方です。これは実際そうであるかもしれない。それじゃ、実際国民的なレベルにおいて、政治的な意識がフランスで変動しているかというとあまり変動していないんです。政党のことを専門的に研究しているフランスのある学者(7)によると、驚くことに一八七〇年、つまり第三共和制が成立して以来左を支持する層と右を支持する層とのパーセンテージは殆ど変わっていないのです。左と右という言葉はご承知のようにフランスから発しているわけでありますが、左とは何を意味するか、右とは何を意味するかということは時代的に変わってきており、相対的な区別ですが、ともかくある時代時代において「左」を支持する国民層と、「右」を支持する国民層とのパーセンテージは一八七〇年から現在まで五パーセント以上は変わらない。これは驚くべき政治的な安定がフランスにはあるということです。つまり、左と右とがガッチリ組んでそのまま動かないということです。政局がいつも変わっていて、政局が不安定であるのがいいというわけではないんですが、しかし政局の安定ということは何かそれ自身が国民生活の安定と向上を意味すると思うのはとんでもない言葉の魔術によるもので、そういう意味で、小党分立ということを、ただちに国民生活自身がたえず不安にかき立てられている、というふうに思うとすれば、それは非常にまちがいだということを申し上げたわけです。

デモクラシーの進展にともなって、従来政治から締め出されていた巨大な大衆が政治に参与することになったわけでありますが、巨大な大衆が政治から締め出されていく度合いが激しければ激しいほど、あるいはその期間が長ければ長いほど、多数の大衆の政治的成熟度は低い。大衆の政治的成熟度が低いと、右にいうような言葉の魔術というものは、ますます大きな政治的役割をもちます。つまり、それだけ、理性よりもエモーションというものが政治の中で大きな作用をするということになるわけであります。これをある人々は慨嘆して、デモクラシーというものがどうも誤って大衆に過度の政治的権利を与えすぎた結果である、というふうに考えるんです。しかしもしそういう現象があるとすれば、つまり言葉の魔術というものが横行するという現象があるとすれば、それは国民大衆に過度の政治的権利を与えすぎた結果ではなくて、ながらく大衆に政治的な権利を与えなかった結果だと私は思います。これは非常に重大な考え方の分れ目であります。どちらの考え方をとるか、つまり、大衆に権利を与えすぎたからそういう結果になるのか、また、あまり長い間与えなかったからそういう結果になったのか、この考え方によって対策がまるで反対になってくるわけです。大衆が現実に未成熟であるということは否定しませんけれども、それでは大衆が政治的権利をもたなかった時代に、政治的な指導者の言葉の魔術にあやつられ、とらわれることが果してなかったかどうか。大衆どころか、指導者自身が初めは国民の士気を鼓舞する目的で作り出したスローガンに、いつのまにか自分自身が酔ってしまう。そのために冷静な決断ができなくなる。つまり、政治的なリアリズムを喪失する、ということは史上しばしばみられるところです。これはつい先ごろにわれわれの経験したところであります。

一五

東京裁判の記録を見ますと「聖戦」ということが盛んに問題になっています。つまり、連合国が、ああいう戦争をなぜ聖戦といったかということで戦犯たちに追及するわけです。つまり、連合国側に一定の前提があるんです。つまり、国民の支配者たちが国民を欺瞞するために「聖戦」といったんだろうと思っていた。ところが、だんだん調べてみるとそれだけがすべてでない、初めはそういう言葉を大いに宣伝して、国民の意志を鼓舞しようと思っていたのでしょうが、だんだん、自分自身がイカレちゃって聖戦と思い込んじゃったという面があることが分った。つまり、聖戦という言葉を流布することによって、国民の間にまきおこる熱狂的な空気の中に指導者自身が巻き込まれてしまった。これが世の中がデモクラシーでも何でもなかったついさきごろのお話であります。

先ほど、にくらしいほどイギリス人は成熟した国民であるということを申しましたが、それは、民主主義の最も長い伝統をもっているということとまったく無関係ではないわけです。デモクラシーの円滑な運転のためには、大衆の政治的な訓練の高さというものが前提になっている。これがあって初めてデモクラシーがよく運転する。しかしながら反面、デモクラシー自身が大衆を訓練していく、ということでもあります。この反面というものを忘れてはならない。つまり、デモクラシー自身が人民の自己訓練の学校だということです。

大衆運動のゆきすぎというものがもしあるとすれば、それを是正していく道はどういう道か。それは大衆をもっと大衆運動に習熟させる以外にない。つまり、大衆が大衆運動の経験を通じて、自分の経験から、失敗から学んでいくという展望です。そうでなければ権力で押さえつけて大衆を無権利にするという以外には基本的ないき方はない。つまり大衆の自己訓練能力、つまり経験から学んで、自己自身のやり方を修正していく——そういう能力が大衆にあることを認めるか認めないか、これが究極において民主化の価値を認めるか認めないかの分れ目です。つまり現実の大衆を美化するのでなくて、大衆の権利行使、その中でのゆきすぎ、錯誤、混乱、を十分認める。しかしまさにそういう錯誤を通じて大衆が学び成長するプロセスを信じる。そういう過誤自身が大衆を政治的に教育していく意味をもつ。これがつまり、他の政治形態にはないデモクラシーがもつ大きな特色であります。他の政治形態の下においては、民衆が政治的訓練をうけるチャンスがないわけでありますから、民衆が政治的に成熟しないといってなげいても、ではいつになったら成熟するのか、民主的参加のチャンスを与えて政治的成熟を伸していくという以外にない。つまり、民主主義自身が運動でありプロセスであるということ。こういう、ものの考え方がまた政治的思考法の非常に大きな条件になってくるわけであります。

つまり、抽象的に、二分法に考えないで、すべてそれを移行の過程としてみるわけで、その意味でデモクラシー自身が、いわば「過程の哲学」のうえに立っております。たとえば、多数決ということをよくいいますが、これはどういうことかというと、過程の哲学ぬきには考えられない。多数決についても、もし数が多ければ多いほどよいという考え方に立てば全員一致がいちばんいいということになります。だいたい閉じた共同体というものは全員一致です。つまり閉された社会というものは伝統的な一つの価値が通用しておって、その価値を認めないものはそのことで村八分になる。価値が画一化しているわけでありますから、だから当然そこでは全員一致になる。だれでも同じような考え方をしている。したがって全員一致になるのは当然なんです。つまり、デモクラシーが多数決だというのはどういう意味か。多数は少数に勝つという意味が含まれるのは今さらいう必要もありませんがそれがすべてではない。多数決という考え方には、違った意見が存在する方が積極的にいいんだという考え方が根底にある。違った意見が存在するのがあたりまえで、それがないのはかえっておかしいという考え方ならば、全員一致はむしろ不自然だということになるんです。ここではじめてつまり、反対意見にたいする寛容、トレランスということが徳とみなされるようになる。これが基本的な、「多数決」についてのものの考え方の違いになってくるわけであります。つまり、こういう反対少数者が存在した方がいいという考え方から、少数意見の尊重ということが、あるいは、反対意見に対する寛容ということが、民主主義の重要な徳といわれる理由はすべてそういうところから出てくるわけであります。単純に数が多ければ多いほどいいというだけならば、すべて少数意見の尊重などはいけないことになります。つまり、歴史の長い教訓によって、今日異端の意見があすは認められ、今日はいいとされているものも、かつては異端の意見であったということが、あらためて反省され、それが少数意見に対する寛容の徳の前提になっているわけであります。

つまり、全員一致を理想とする考え方と、デモクラチックな多数決という考え方とは似ているようで意味が逆になるわけです。多数と少数との議論によるプロセスそれ自身を重視するか、それともその結果だけを重視するかということの違いになってくるわけであります。こういうことをお話ししますと、そういう原則は初めからわかっているとお思いかもしれないけれども、具体的な事柄の政治的な判断になると必ずしもそうはならないところが問題だと思うのです。

一六

昨日(一九五八年)五月二三日)私、宿屋のラジオを聞いておりますと、自民党の河野(一郎)さんでしたか、有力な人が新橋の街頭で挨拶しているんですけれども、その時に、「選挙に勝った以上は、政治というものはきれいにわれわれにまかしてもらいたい。したがって、議長・副議長というものはもちろん自民党が独占するし、常任委員長もこの前のように社会党と話し合いということにしないで、これも独占する。選挙に勝って国民の審判が下ったから政治はきれいにおまかせ願いたい」ということをいっていたが、そういうふうに本心から考えているかどうかは別として、そういう考え方、つまり、もっぱら結果の勝ち負けでものごとを判断する考え方がいろいろな面で考えられる。結局、どっちが勝ったかという興味中心になる。これでは競馬と同じです、極端にいうと。

だからいろいろ熱心に組合活動をしても、原水爆反対というようなことをやっていても、急にやめちゃう。いくらやったって同じだ、全部与党の言い分が通っちゃうんだから、ということで……。ここには二つ問題があります。一つは、先ほどいった、政治に対するあまりにも過度の期待は過度の幻滅におわるということの一つの現われであると同時に、もう一つはここにやはり勝ち負け思想というものが現われている。悪法が通った、盛んに反対したけれども結局通っちゃった、通っちゃったら終りであるという考え方。これは終りじゃないんです。通ったらその悪法が少しでも悪く適用されないように、なお努力をする、終局的には撤廃されるように努力するということです。だいたいいわゆる「文化人」などは、いくら反対しても通っちゃうから、反対しても意味ないというふうにいうが、これも投票の結果論からみた先の勝ち負け二分法です。ある法が望ましくないという場合に、その反対する力が強ければ強いほど、その法が成立する過程において抵抗が強ければ強いほど、できた法の運用をする当局者は慎重にならざるをえない。たとえば破防法というものはあまりいい法律ではないと私は思う。破防法はワーワー反対してさわいだけれども現実にはあまり適用されていないではないかといいますが、あれだけ反対があったからうっかり適用できないんです。つまり、投票の結果において通るか通らないかということは、政治過程における一つのファクターであるけれどもすべてのファクターではない。要するに負けちゃったじゃないか、いくらやってもだめじゃないかという、そういう考え方には勝ち負け思想というものが非常に大きくはたらいているんです。

たとえば、革新政党にいくら投票しても天下をとらない。天下をとらなければただの人という言葉があるけれども、政治過程としては、批判すること、反対することによって政府の政策もだんだん変わってきている、ということはリアルに見ればわかると思います。政府が面壁《めんぺき》九年でだんだん変わってきたのではなく、抵抗があるから、こんどはこういう政策を出さないと反対党に負ける恐れがあるから、ということで政策が変わってきた。こういうふうに両面から見ていかないと、万年野党であるから何にもならないというような批判が生まれてくる。そこにはやはり天下をとればすべてで、天下をとらなければナッシングであるといった勝ち負け思想が根底にある。われわれはこういう具体的な問題について判断をする場合に、必ずしも政治的に成熟した判断を下しているとはかぎらない。そういうことを申し上げるために、あまり適切でない例もあったかもしれませんけれども、多少私の思いついた例を申し上げて、政治的なリアリズムというものはどういうものか、こういうような考え方が政治的な思考法だということをお話し申し上げたわけです。

最初に申し上げたように、こういう思考法をもっている人が理想だとか、道徳的にりっぱな人だという意味でなく、ただ政治的な場で思考する場合に、こういう思考法が著しく不足しておれば、政治的に無責任な結果をみちびく。そして今日の状況においては、われわれの最も非政治的な行動までが、全体の政治状況に影響を及ぼす、というのが現在の宿命なんです。とすれば、政治的な認識方法というものが、決して職業的な政治家だけの問題であるとは考えられないということがおわかりになるのではないかと思います。

現代における態度決定

われわれは決断を回避できない

最近、私が属しておりますある団体で、新しい安保条約の批准に反対する署名を集めたことがあります。(1)断わっておきますが、その団体というのはむろんこの憲法問題研究会ではありません。その署名を集める過程のなかで、私はいろいろためになる見聞をしたのですが、その一つとしてある人が次のような意見を出した。自分は個人としては新しい安保条約の批准に対して反対である。けれどもこういう問題について、狭いサークルで署名を集めるというようなことは、一種の思想調査になる、その意味で賛成できない、というわけであります。

これは私にはたいへん考えさせられる問題を含んでいる意見だと思われたのでありますす。私はこの意見には、たしかにある真実が含まれていると思うのです。もちろん具体的な運動について申しますならば、この運動の世話をした人々も、また署名を集めた範囲もそれぞれ専門をもった研究者でありましたから、たとえば発起人をお願いするさいにも一人一人の自発的な意思を重んじたことは当然でありますし、それに加わらない、あるいは署名もしないということも、その人なりの意見として尊重したはずであります。往々見られますようにすぐその人の傾向について、保守的だとか、反動だとか、というレッテルを貼るような空気は当該の団体の場合にはなかったと思います。しかしそれにもかかわらず、公正に考えまして、そういう署名運動自体が、どうしてもある程度、結果的に思想調査的な意味を帯びるということを、私は否定しきれなかったのであります。安保問題のように現に鋭い政治的な対立の渦中にあるイッシューについて、どういう調子、どういう内容のものであれ、とにかく一つの結論を出して、それにイエスかノーかを答えさせるということは、たとえどのように相手の自発性を尊重し、またどのように無理じいを避けたところで、やはり結果としては、問われた人のアクチュアルな政治問題に対する一定の態度の表明として、受取られることを避けることはできないのであります。

原則的に申しますならば、ある具体的な問題に対して、賛否を答えることはもとよりのこと、およそ答えるか答えないかということ自体を、誰でも自分の自由意思で決定できます。答えないからいけないということを、誰もいう権利はないわけであります。ところがこういう事柄が行われる場合、それが小さな団体であればあるほど、やる人がどんな善意でも、そこに一種の心理的な強制が働くということを避けることができない。その限りでこういう運動には、どうしても良心と思想の自由を侵す危険というものがつきまとっているということを、率直に認識しなければならないと思います。

けれども、もう一歩問題を進めて、それならばさきのような意見というものは、全面的に正しいだろうかということを考えると、私は必ずしもそう思わない。少くとも問題の大きな側面を逸している考え方ではないかと思うわけであります。

それを突きつめていきますと、そもそも現代というのはどういう時代なのかという根本的な問題に行き当らざるを得ないと思います。結論的に申しますと、私たちは私たちの毎日毎日の言動を通じまして、職場においてあるいは地域において、四方八方から不断に行われている思想調査のネットワークのなかにいるというのが今日の状況であります。私たちの内面の世界、良心の世界が平穏無事の環境のなかで安らぎを与えられ、そのなかでいわば署名運動的なものだけが荒々しい波を立てているわけでは決してありません。思想調査という言葉が、あまりに旧帝国の治安維持法的な匂いがするのでしたら、これを忠誠審査、ローヤルティー・テストといいかえてもいいと思います。ローヤルティー・テストというのは、アメリカで例のマッカーシズムの嵐がふきまくったときに、非常に有名になりましたが、西欧のデモクラシーにおいても、とくに第二次大戦以後いろいろな形で制度化されておりますし、他方中国などでも洗脳とか、思想改造ということがだいぶん騒がれましたが、そこにもやはり良心にたいする心理的強制の問題が含まれておるわけであります。現在の日本では、幸いにしてまだ忠誠審査法というような特別法はありませんが、公安調査庁が実質的に思想調査をやっていることは事実ですし、また企業体などでも入社試験や組合対策などで、しばしば警察を通じて思想調査を行っている。ただこういう場合はともかく行う主体も、また、善かれ悪しかれ、行う目的もハッキリしています。ところが問題はそういうように、フォーマルな制度に乗った形でわれわれの思想が審査されているということだけではない。あらゆる職場で、あらゆる会合で、明確な手続きもたないし、また誰がやっているという主体もさだかでない形において、私たちは四方八方からたえず思想調査や忠誠審査を受けているのが現代の状況ではないでしょうか。これはきわめて不愉快なことでありますけれども、私たちはその現実を否定することはできないと思います。それは主としてわれわれについてのイメージの形成を通じて行われます。われわれの日常生活で、いきなり天下国家の問題についてでなくても、ある職場なら職場に発生したような問題について、発言したり、いろいろな意見をいったり、一つの行動をとったりするたびごとに、それはやはり周囲の人々に、自分の考え方の傾向性についてのあるイメージというものを、どうしても不可避的に与えます。お互にお互の言動をめぐって無数のイメージの往来があるわけですが、そのなかでやはり比較的有力なイメージが沈澱し、厚みを加え、固定化して行きます。そういうイメージの形成に当って、もっとも有力に作用する契機は、その集団をこれまで支配して来たところの、ものの考え方なり感じ方——価値体系といってもいいと思いますが——そういうものに同調する度合いであります。

たとえば日本で地域にしろ職場にしろ伝統的な雰囲気が支配的なところ、そういうところほど、そういう精神的風土と異った意見や行動を出すと、御承知のようによくアカといわれます。アカというイメージは、必ずしもコンミュニズムとかいう、そういうむずかしいイデオロギーの問題であるよりも、むしろ反抗的で同調性を欠いているということを実質的に意味する場合が少くないのであります。また別の例をとりますと、たとえばある革命的なイデオロギーを建前とする集団では、やはり周囲の支配的な動向や考え方に同調しない傾向は今度は別の名前で呼ばれる。右翼日和見主義とか、トロツキズムとか……。むろんこの場合には一応、理論的あるいは思想的な規準によっている点で、前の「アカ」の場合のように漠然とした非合理的なイメージとは違いますが、しかし実際をよく見ると、イデオローグが自分で思っているほど合理的なものではありません。ともかく、こうして私たちはさまざまのイメージの渦中で、見えないところの匿名の力によって日々忠誠を審査され、思想を調査されているというのが、好むと好まざるとにかかわらず現代の状況なのであります。

この事態というものを、いまは思想調査されるとか、忠誠審査をされるというように受身の形で申し上げましたが、同じことを能動的にいい表わすとどういうことになるか。われわれは一つ一つの社会的な行動が、一定の傾向性にコミットするという意味を、どうしてももつということであります。この場合の行動ということには、静観している、つまり不作為ということも含まれます。たとえばある集団あるいは地域社会で、およそ社会的にうるさい問題になっているような事柄に対しては、積極的な意見の表明とか、行動とかをしないということが習慣になっているようなところでは、そういう積極的な態度表明をすることが、とくに鋭く、政治的なコミットメントとしての意味をもつ。逆にまた政治的な問題に対してある方向で行動することが当然とされているような地域あるいは集団では、そういう雰囲気が支配的ななかでは、沈黙していること、動かないこと、それ自身が、今度は鋭くある一つの政治的なコミットメントとして目立つのです。けれどもその集団や特殊の地域を越えた、もっと広い社会的文脈のなかにおろして見ますならば、その場合、することもコミットであれば、しないこともコミットであって、一方だけがコミットであるということはありません。ただその場合は、その集団の一般傾向に対して同調的な行動は、本人によっても、他人からもコミットとしてあまり鋭く意識されないだけのことであります。しかも現代の社会では私たちの属する集団が多層的ですから、いよいよ問題が簡単でなくなる。たとえば、インテリのごく一部のサークルのなかで、そういう同調性に反発して、われこそ自主独立に思考し行動していると思っている人が、もっと別の社会的文脈のなかでみると、はるかに広大な範囲の社会的な同調性に棹《さお》をさしているというような場合が少くない。そういう例をわれわれはたくさん見ております。前門からの忠誠審査的な傾向を警戒し、それから避ける行動自体が、案外に、背後からのもっと大きな忠誠審査的な傾向のなかに引き入れられて、しかも当人がそれに気がつかないということがあるわけであります。ディセントとかコンフォーミストとかいうことは、どういう問題に対して、いかなる勢力もしくは傾向に対してということを離れて一般的にはきめられなくなっている。こういう状況のなかで私たちは、日々に、いや時々刻々に、多くの行動または不行動の方向性のなかから一つをあえて選びとらねばならないのです。ですから、くどいようですけれどさきほどの署名問題にかえって申しますならば、そういう種類の「傾向性」だけに敏感に反発したとするならば、その人はその人なりに、今度は別の潮流に対してコミットしているといわれても仕方がないのではないかと思います。しかもおよそ政治的争点になっているような問題に対して、選択と決断を回避するという態度は、まさに日本の精神的風土では、伝統的な行動様式であり、それに対する同調度の高い行動であります。

不偏不党とはどういうことか

現代にはいやおうなくわれわれに態度決定を迫ってくるような問題は山のようにあります。しかもそういう問題は昔と違いまして、きわめて巨大であると同時に複雑な様相からなっており、その問題の全貌を認識するということは容易なことではありません。私たちはどこまでも客観的な認識を目指すところの研究者として、具体的な問題にたいしてできるだけ多面的な、また豊富な認識に到達することを目指すのは当然であります。しかも他方においてわれわれは、時々刻々にこれらの問題に対して、いやおうなく決断を下さなければならない。それによっていやおうなく一定の動向にコミットすることになります。物事を認識するというのは無限の過程であります。一見きわめて簡単な事柄のように見える社会事象とか政治問題をとってみても、そのあらゆる構成要素をとり出して八方から照明をあてて分析し、さらにその動態のあらゆる可能性を究め尽すとなるとほとんど永遠の課題になります。それだけ考えてもどんなに完璧に見える理論や学説でも、それ自身完結的なものでないことが分ります。だから学問的な分析が無意味なのではなく、むしろ完結的でないところにこそ学問の進歩というものがあるわけです。認識が仮設と検証の無限の繰り返しの過程であるからこそ、疑うということ、自分の考え方、自分の学説、自分の理論に対する不断の懐疑の精神ということが、学問に不可欠であります。学問的な態度をドグマチックな態度から区別するのは、なによりそうした疑いの精神、自分のなかにひそむ先入観を不断に吟味し自分の理論につねに保留を付ける態度であります。

しかしながら他方決断をするということは、この無限の認識過程をある時点において文字通り断ち切ることであります。断ち切ることによってのみ決断が、したがって行動というものが生まれるわけであります。むろん決断し選択した結果そのものはまた認識過程のなかに繰り入れられ、こうして一層認識は豊富になるのですけれど、決断のその時点時点においては、より完全なより豊富な認識を断念せざるをえない。つまりここには永久に矛盾あるいは背反があります。認識というものはできるだけ多面的でなければならないが、決断はいわばそれを一面的に切りとることです。しかもたとえば政治的な争点になっているような問題についての決断は、たんに不完全な認識にもとづいているという意味で一面的であるだけではなくて、価値判断として一方的ならざるをえない。泥棒にも三分の理といいますが、認識の次元で一方に三分の理を認めながら、決断としてはやはり他方の側に与《くみ》せざるをえない。それでなければ決断はでてこないわけです。

ゲーテは「行動者は常に非良心的である」(2)(Der Handelnde ist immer gewissenlos)といっておりますが、私たちが観照者、テオリア(見る)の立場に立つ限り、この言葉には永遠の真実があると思います。つまり完全にわかっていないものをわかったとして行動するという意味でも、また対立する立場の双方に得点と失点があるのに、決断として一方に与するという意味でも、非良心的です。にもかかわらず私たちが生きていく限りにおいて、日々無数の問題について現に決断を下しているし、また下さざるを得ない。純粋に観照者の立場、純粋にテオリアの立場に立てるものは神だけであります。その意味では神だけが完全に良心的であります。

　私たちの社会というものは、私たちの無数の行動の網と申しますか、行動の組合せから成り立っております。社会がこうして私たちの行動連関から成り立つ限りにおいて、私たちは行動あるいは非行動を通じて他人に、つまり社会に責任を負っています。その意味では純粋に「見る」立場、ゲーテのいう意味で完全に良心的な立場というものは、完全に無責任な立場ということになります。したがってこの点でも神だけが、完全に無責任でありうるわけであります。認識することと決断することとの矛盾のなかに生きることが、私たち神でない人間の宿命であります。私たちが人間らしく生きることは、この宿命を積極的に引き受け、その結果の責任をとることだと思います。この宿命を自覚する必要は行動連関が異常に複雑になった現代においていよいよ痛切になってきたのです。

世の中には一方では、認識の過程の無限性に目をふさぎ、理論の仮設性を忘れる独断主義者もいれば、またそもそも認識の意味自体を頭から蔑視する肉体的行動主義者がいます。しかし他方その反面では、物事はそう簡単にはイエスかノーかきめられないのだ、もっとよく研究してからでなければなんともいえないという名目の下に、いつも決断を回避することが学者らしい態度だという考え方がかなり強い。あるいは対立する政治的争点に対してあれももっとも、これももっとも、逆にそれの裏返しとして、あれもいけない、これもいけないということで、結局具体的な争点に対して明確な方向性を打ち出すことを避ける態度をもって、良識的であるとか、不偏不党であるとか考える評論家やジャーナリストもかなりいるようであります。たびたびゲーテの言葉を引いて恐縮ですが、ゲーテはこういうことをいっています。「自分は公正であることを約束できるけれども、不偏不党であるということは約束できない」(3)。今申しましたような世上いわゆる良識者は対立者にたいしてフェアであるということを、どっちつかずということと混同しているのではないでしょうか。

どうも話が抽象的で固くなりますので、すこし余談をしたいと思います。『ポリティカル・ハンドブック・オブ・ザ・ワールド』という政治年鑑があります。便利な年鑑で私もよく厄介になりますが、それを見ますと、元首の名前、政治制度の大要、内閣の閣僚、政党の種類および勢力、議会の構成や勢力分布というようなことが、一目でわかるように国別に書かれています。またそこにはその国における主要な新聞の名前も載っており、そのそばに、発行部数とそれからポリティカル・アフィリエーションという項目がある。なんと訳しますか、政治的な色彩というような意味です。つまりこの新聞は保守系であるとか、リベラルであるとか、プロ・レイバーであるとかいうふうに書いてあるわけであります。日本のところはどういうふうに書いてあるかというと、毎年いつもきまっているのであります。いわく、朝日・インディペンデント、毎日・インディペンデント、読売・インディペンデント、産経・インディペンデント等々、以下主要な地方紙まで名前が挙げられていますが、全部揃ってインディペンデント一色であります。こうも全新聞の傾向が見事に揃っている例はめずらしい。これだけインディペンデントな新聞が揃っているならば、それこそもう少し日本の外交政策にインディペンデントな方向が打ち出せないものかと、私は不思議に思うのであります。どうか日本の新聞のインディペンデントという性格が、さきほどのどっちもどっち式の、つまり決断を回避し、コミットをできるだけ逃げて社会的、政治的責任をあいまいにするというような結果にならないよう心から希望する次第です。

　私たちの認識は無からの認識ではありません。対象を整理するひきだしというか、箱というか、そういったものが予め私たちの側に用意されていて、それを使いながら認識します。概念や定義はそういうひきだしの一種です。しかもそのひきだしは必ずしも合理的に反省され吟味されたものでなく、社会に蓄積された色々のイメージがほとんど無自覚的に私たちの内部に入りこんでいます。現実を直視せよなどとよくいわれますが、現実というものは、私たちが意識すると否とを問わずこういうイメージの厚いフィルターを通して整理され、すでに選択された形で私たちの認識になるのであって、問題はそういう自分のフィルターを吟味するかどうかということだけです。自分だけは「直接に」ひきだしを使わないでものを見ていると思っている人は往々、その社会に通用しているイメージに無反省によりかかっているにすぎない。そのうえ、私たちは行動連関の網のなかにいるわけですから、私たちは対象を高空からいわば地図のように見ているのではなくて、あるいは観客席から舞台を見ているのではなくて、舞台で演技しながら、自分の立っている場所から遠近法的に見ている。そういうところから私たちの認識はつねに一定の偏向を伴った認識です。むしろ偏向を通じないでは一切の社会事象を認識できない。ここでも問題は、偏向をもつかもたないかでなくて、自分の偏向をどこまで自覚して、それを理性的にコントロールするかということだけであります。

　私は政治思想史を勉強していますが、西欧のすぐれた政治思想史の研究を見ると、はじめに著者が対象を分析し批判するさいの自分の偏見《バイヤス》はこれこれだ、たとえば自分のバイヤスはリベラリズムであるとか、自分のバイヤスはヒュームの経験論であるとかいうことを断っている。つまりそれは自分はこういう偏向を通じて、あるいは好みの選択を通じて物事を認識しているのだ。認識の結果や批判の仕方がそれに影響されているから、読者は注意してほしい、自分もそれを自覚しながらできるだけ客観性に到達しようと試みるということであります。私はこれがむしろ社会事象に対する本当のフェアな、また誠実な態度ではないかと思うのであります。この点でもいわゆる「左右の偏向を排して公正の立場をとる」といった考え方が現実にはしばしばかえって自分の偏向を隠蔽し、あるいは社会的責任を回避する口実となることを注意しなければなりません。

不作為の責任

先日私は『ロベレ将軍』(4)というイタリー映画を見ました。ごらんになっている方も多いと思いますが、第二次大戦中のドイツ軍占領下のイタリーを背景にとりまして、抵抗運動のあるエピソードを取り扱ったものであります。もちろんここでストーリーを詳しくお話しすることはできませんが、私がそのなかでとくに印象づけられた場面の一つとして、刑務所のなかの場面があります。そこでは戦争中闇商売をやっていた男が、抵抗運動者やユダヤ人といっしょにつかまって、今やまさに処刑されようとしている。死刑になるか強制労働にやらされるか、あるいはドイツに送られるかという瀬戸際のところであります。その闇商売をやっていた男は恨めしそうに、同室の囚人たちに対して、さかんにこういうわけです。自分は何もしなかったのにこういう目にあった、ユダヤ人でもない、抵抗運動もしたことはない、それなのにこんなにひどい目にあういわれはない、私は何もしなかった、何もしなかったと、ヒステリックに叫びます。それに対して元銀行員であったところのレジスタンスの指導者が静かにこういいます。「私はあなたのいうことを信ずる。しかしまさに何もしなかったということがあなたの罪なのだ。なぜあなたは何もしなかったのか。五年も前から戦争が行われている。そのなかであなたは何もしなかったのです」。これに対してその男が「それじゃあなたは何をしたのですか」と聞くと、そのファブリチオという抵抗者は、「私はとるに足らない仕事をしました。ただ義務を果そうと思っただけです。もしみんながそれぞれ義務を果していたならば、たぶんわれわれはこんな目にあうことはなかったでしょう」ということを語ります。

　ここには私の先ほどから話していた問題の核心が、非常に短いが鋭い形で触れられていると思います。つまりそれは不作為の責任という問題です。しないことがやはり現実を一定の方向に動かす意味をもつ。不作為によってその男はある方向を排して他の方向を選びとったのです。ついでながら私がこのやりとりに感銘しましたのは、銀行員あがりの抵抗者が、自分の命がけの行動について、何らヒロイックな陶酔に陥っていないで、自分はじつにつまらないことをしただけのことだ、平凡人が平凡な社会的義務を遂行したにすぎない、といっていることです。

　今日は、もちろんあの映画の背景になっているような時代ではありませんし、私たちのおかれている環境もその苛烈さにおいては到底ああした異常な状況と比べものになりません。しかし今私が簡単に述べましたようなテーマは現代に生きる人々すべてに、多かれ少なかれ突きつけられている問題だと思います。ああいう文字通り毎日毎日が死に直面した抵抗運動でさえ、平凡な社会的義務の遂行であるならば、われわれがいろいろな現代の問題に対して、日々なしている決断や行動などは、その何万分の一にも当らないつまらないことです。しかもその何万分の一にも当らないつまらない社会的義務というものを、もし私たちがしないなら、その不作為の結果が積り積ったところでは、やはりあの映画に劣らないところの悲劇が生まれて来ないとは必ずしもいえないのじゃないかと思います。

たとえば最近の請願ということにしましても、一人一人の請願などということは、なんにもならない、そんなことではとても現代の大きな政治は動かないというようなことを耳にします。なるほど請願を一人がするという、そのこと自体の比重はきわめて軽いかもしれない。しかしそんなことをしてもつまらないと考えて結局みんながなんにもしなかったら、逆にそのなんにもしないという現実がどんどん積みかさなって、それ自体社会を一定の方向に押しすすめてゆきます。大きなこと、つまらないことといっても、私たち個人個人の行動などは、とてつもなく巨大な、国際的規模にわたった今日の政治的現実にたいしてはいずれにしても大した違いはありません。しかしどんな微細なつまらないと見える事でも、できるだけ多くの人がそれをするかしないかはやがては非常に大きな違いを生んで行きます。習慣の力というものはそうしたものです。

政治行動というものの考え方を、なにか普通人の手のとどかない雲の上の特殊なサークルで、風変りな人間によって行われる仕事と考えないで、または私たちの平凡な日常生活を断念してまったく別の世界にとびこむことのように考えないで、私たちのごく平凡な毎日毎日の仕事のなかにほんの一部であっても持続的に座を占める仕事として、ごく平凡な小さな社会的義務の履行の一部として考える習慣——それがどんな壮大なイデオロギー、どんな形式的に整備された制度にもまして、デモクラシーの本当の基礎です。ギリシアの都市国家の直接民主政の伝統といったものは、あるいは私たちの国に欠けているかもしれません。しかし私たちの思想的伝統には「在家仏教」という立派な考え方があります。これを翻案すればそのまま、非職業政治家の政治活動という考え方になります。政治行動というのは政治の世界に「出家」しなければできないものではありません。もし政治活動を政治家や議員のように直接政治を目的とする人間、あるいは政党のように直接政治を目的とする団体だけに限ったら、その瞬間からデモクラシーというものは死んでしまいます。ちょうど宗教が坊さんだけの事柄ということになったら、宗教の生命力が失われるのと同じです。デモクラシーの発展ということは、この観点から見ますならば、つまりそれは職業政治家によって構成されている特殊の世界、俗にいわれる政界によって政治が独占されている状態から、それがだんだん解放されてきた過程であります。ということは、デモクラシーというものは一つのパラドックスを含んでいるということです。つまり本来政治を職業としない、また政治を目的としない人間の政治活動によってこそデモクラシーはつねに生き生きとした生命を与えられるということであります。議会政治もまた決してその例外ではありません。議会政治とは決して議員政治という意味ではありませんし、いわんや国会の立派な建物が厳然とそびえ立っていることが議会政治の健在の証明でもありません。デモクラシーのなかった戦争中にも、国会のなかで翼賛議会は毎回開かれていました。

エドマンド・バークという思想家を御存知だと思いますが、これはイギリスにおける保守主義の典型的な思想家・政治家であります。私は間違えていっているのではありません。保守主義の哲学者であり、政治家であります。彼がこういっております。

「もしこれらの代議士たちが、何らかの目に余る悪名高い法令とか、重大な改革によって、法の柵を踏みにじり、勝手な権力を行使するように見えたときは、いつ何どきたりとも、人民という団体自体(The body of the people itself)が介入しなければならない。それ以外に代議士たちに、いつも公共の利益に対して、相応の考慮を払う態度を維持させる方法というものを、私は見出すことができない。こういう人民の直接介入ということは、じつはもっとも不愉快な救済策である。けれども、それ以外の方法では、憲法の真の原則を保持することができないようなことが明瞭であるような場合には、それは許されて然《しか》るべきことである[6]」

イギリスの議会政治の基礎づけをした、保守主義の思想家によってそういうことがいわれている。これがつまり議会政治のコンモンセンスであります。人民が「何どきたりとも」そういう行動をとるということは、突然できることでなく、人民が日々に、寸暇を割いても、自分たちの代表者の行動を監視しているという前提があってはじめてできることです。毎日毎日をとってみれば、きわめて小さな関心と行動がじつは大きな制度の生命を動かしているわけです。繰返し喩《たと》えていえばお葬式のときだけ思い出すような宗教は死んだ宗教であり、そういうお寺は民衆の日常生活と隔絶した特殊地帯にすぎません。

今日は憲法記念日であります。憲法擁護ということがいわれますけれども、憲法擁護ということは、書かれた憲法の文字を、崇拝するということではありません。憲法擁護ということが政治的イッシューになっているということはどういうことか。この状況のなかで、私たちはどういう態度決定というものを迫られているか。憲法擁護ということが、書かれた憲法というものをただありがたがることでなく、それを生きたものにするということであるとするならば、それを裏返しにしていえば、憲法改正ということ――よく改悪といわれますが法律的には別に正ということはいいという意味ではないので正といっておきます――、憲法改正ということは、政府が正式に憲法改正案を発表したり、あるいはそれを国会にかけるその日から始まるわけではありません。ちょうど日本国憲法が成立した瞬間に、その憲法が現実に動いているのではないと同じように、憲法改正もすでに日々始まっている過程であります。この日々すでに進行している過程のなかで、私たちが憲法によって規定されたわれわれの権利というものを、現実に生きたものにしていくために日々行動するかしないか、それがまさに憲法擁護のイッシューであります。

われわれはどちらにコミットすべきなのか、憲法の九七条には御承知のように「この憲法が日本国民に保障する基本的人権は、人類の多年にわたる自由獲得の努力の成果であつて、これらの権利は、過去幾多の試錬に堪へ、現在及び将来の国民に対し、侵すことのできない永久の権利として信託されたものである」とあります。今日何でもないように見える憲法の規定の背後には、表面の歴史には登場して来ない無名の人々によって、無数の見えない場所で積み重ねられていった努力の跡が蜿蜒《えんえん》と遥かにつづいています。私たちはただこの途をこれからも真直ぐに堂々と歩んで行くだけです。短かい時間で意を尽しませんがこれで私の話を終ります。

『増補版　現代政治の思想と行動』追記・附記

七(「現代における態度決定」)と**八**(「現代における人間と政治」、『集』⑨)は、増補版に加えた稿であるが、いずれも既発表のものである。すなわち、**「現代における態度決定」**はもと、私の所属する「憲法問題研究会」が、昭和三五年五月三日に憲法記念講演会を開いたときの講演であって、加筆の上、他の講演とともに、同研究会編『憲法を生かすもの』(岩波新書、昭和三六年刊)に収められた。また「現代における人間と政治」は、「人間の研究」シリーズ（有斐閣）中の一冊として、私が編者となった『人間と政治』（昭和三六年刊）のために書いたものである。本書に収録するに際して僅少の字句を改めたが、転載を快く諒承された憲法問題研究会、岩波書店および有斐閣にたいして感謝したい。

ちょうどこの両稿を間にはさんで、かの安保闘争がクライマックスに達した時期が位している。右の「憲法記念講演会」が開かれた半月あと（五月一九日（以下の文中の「五・一九」はこの強行採決の日を指す））に岸内閣と与党によって、衆議院における新安保条約の審議の一方的な打ち切りと強行採決が一夜にして行なわれ、全国を騒然たる事態のなかにひきこんだ。安保改定問題については、これより前に私は種々な会合や研究会に参加し、また居住地域での集会で、苦手のスピーチなども行なってはいたが、強行採決後は文字通り席のあたたまる暇のない日々が続いた。むろん安保問題で終始熱心に動いていた人々と比較したら、私の多忙さなどは大したものではない。しかし、性来おっくうで無精者の上に、ほとんど片肺飛行にひとしい身体的なハンディキャップを負った私としては、今から考えても持ちこたえたのが奇蹟と思われるほどの激しい生活であった。この間、私の行動の場の大部分は、大小の報道機関で伝えられたような集会・デモ・雑誌での発言というようなところ以外にあったのであるが、そうした表面に現われた言動だけをとっても、直接時事的な問題について短期間にこれほど集中的にしゃべったり書いたりしたことはなかった。今度本書の増補版を出すにあたって、かなりの量にのぼるこれら安保闘争関係のものをどう処理するかに困ったが、結局、書物の厚さも考え、また本書の選択基準に照らして、「現代における態度決定」だけをとった。これはいわゆる五・一九以前の講演であり、そのうえ直接に安保闘争をテーマにしたものではない。しかしそれだけにかえって、あの渦中における私の行動動機を原則的に、しかも事後からの合理化という危険を冒さずに、示していると考えたわけである。

　私は五・一九直後の激動のなかで「今後の大きな見通しとしては……支配層の中の、一種の危機を先取りした分解が起こって、それで事態が鎮静するというのが、現在もっともあり得る可能性だ。どうころんでもそうなると思う」「見通しからいうと、私は結局今度の事件もいつの間にかルーティンに落ち着きそうな気がする。ただそのルーティンがきたって、やはりこの大きな経験は経験です。これは必ず資産になりますよ、もとのもくあみでは決してない。しかし現実はやっぱり連続性の面を持っていて……むしろ「有頂天の革命的精神のあとには長い宿酔が来る」というマルクスの言葉が実感をもってひびくようになるでしょう」と語った（竹内好・開高健氏との五月二七日の討議、『中央公論』昭和三五年七月）。こういう見透しを持ちながら、この短期の激動からできるだけ私達にとって今後の「資産」となるものをひき出したいというのが、あの時期の私のさまざまな言動の底に流れていた願望であった。議会制についての「院内主義」批判、または「建物自然主義」の批判とか、「在家仏教」的政治活動の強調とかは、いずれもこうした長期資産への狙いから出た考え方であり、それをすこしでも多くできれば、たといあの時点での安保条約の「自然成立」を阻止できなくても、条約の効果をミニマムにし、ひいてはそれを廃棄する持続的なエネルギーになると思ったわけである。しかし「事態が鎮静」してみると、「有頂天の革命的精神」が乱舞しただけ、そのあとの宿酔のひどさは私の予想を上まわった。最小限の政治的リアリズムを具えていたら、あの時点においてどう転んでも「成功」する筈《はず》がないことが明瞭な筈の「革命」の幻影をえがいたり、「ヘゲモニー」への異常な関心が満たされなかったりしたことからの挫折感をあの闘争全体の客観的意義にまで投影して「敗北」をおうむのようにくりかえし、それが良識を看板にしている評論家――高揚する運動にとり残された内心の焦燥感を冷笑にまぎらわしていた人々――の見解と「一致」するというような奇異な光景がいたるところに見られた。その結果、世界中で安保闘争の評価がもっとも低いのが、わが日本のこういうグループであるという珍現象を呈している。私はあの闘争に一市民として参加したことにいまもって悔いるところはないが、右のような宿酔現象のひどさには少なからず失望した。と同時に、さまざまの誤解と中傷のなかで感情に流されず、目立たぬ場所で縁の下の力持ちのような役割を終始誠実につとめた人々の存在に心暖まる思いを経験したことも事実である。

この間の私の言動は――というより大小の「通信」を通じて私に帰属させられた「思想と行動」は、その後左右両翼からさまざまな批判を浴びた。ここでその一々について弁明をする意思はないし、そのあるものについては右の**七**、**八**の二論稿が実質的な答えになっていると思う。ただ本書の全体を通ずる政治にたいするアプローチとの関連で、一、二の問題について一般的な形で補足しておきたい(なお、『現代のイデオロギー』第一巻(三一書房発行)での佐藤昇氏との対談〔「現代における革命の論理」、『座談』④、一二七―一七三頁〕でも、このときの批判点に触れている)。

安保闘争時における私の状況的発言は、ある場合にはそれまでどのような意味でもまだ行動に移っていなかった特定の人々にたいする呼びかけという意味で、組織化の論理を基底にしたものもあれば、また、激動の渦中において、希望とはべつに、事態の経過と見透しを叙《の》べたものもあれば、さらに事後からの事件の意味づけあるいは位置づけを試みたものもある。それらを通じて私個人の政治的評価または偏向が多少とも刻印されていることを私はすこしも否定しない。しかし政治的判断にはいくつものオーダーがあるものであって、たとえば特定の状況における特定の人々にたいする組織化の論理は、私の考え方と背反したものではもちろんないが、それをそのまま私の政治思想の吐露と考えられてはいささか迷惑である。たとえば一定の出来事が議会制民主主義の機能条件を満足させているかどうか、という問題は、認識の次元で、つまり議会制民主主義にたいする「究極」の価値判断を離れて、考察できる問題である。そうして否定的結論が導かれるならば、それは少なくもその出来事の主動者から議会主義という大義名分で自らを合理化する資格をはぎとるという実践的意味をもつ。そのことはまた一定の人々にたいする組織論的効果を伴なうだろう。その場合、そういう論理を駆使することと、議会制民主主義をもって、究極にして最良の政治形態とする立場をとることとはあきらかに別の事柄である。

　私自身についていうならば、およそ政治制度や政治形態について、「究極」とか「最良」とかいう絶対的判断を下すことに反対である。(この点、本書の「ある自由主義者への手紙」(『集』④)参照。ただしそこでも「僕は少くも政治的判断の世界においては高度のプラグマティストでありたい」とわざわざ傍点までつけたのに、留保ぬきで丸山は自分をプラグマティストと規定していると速断する批評が間々ある。私は哲学的なプラグマティストでは必ずしもない。ついでにいうならば、何かというと「腹を割」ったり、「肝胆相照」らしたりするストリップ趣味と、でき合いのイズムに帰依することがすなわち「世界観」を持っていることのように考えられる精神的風土と、こういう二つの背景からして、「お前の究極の立場は何か」というような、万事につけて信仰告白を要求する傾向が「思想好み」の人々の間にある。こういう問いには、私はどんなに傲慢に思われようと、「私は丸山イズムです」と答えることにしている。人生の究極の問題にたいする信条は「私の思想は何々です」というような形で本当に表現できるものではない。ある人間の思想がどこまで論理的に一貫しているかどうかは、彼のあらゆる労作の綿密な吟味を通じてはじめて明らかになることであり、また彼の行動がその思想によってどこまで律せられているかは、究極には「棺《かん》を蔽うて定まる」問題である。）私は議会制民主主義を理想の政治形態とはけっして考えていない。しかしその反面、来たるべき制度、あるいは無制度のために、現在の議会制民主主義の抽象的な「否認」をとなえることには、政治的――議会政治的だけでなく――無能力者のタワゴト以上の意味を認めがたいのである。

およそ、議会制といわず、憲法といわず、現在の制度から提供されている機会を享受し、その可能性を最大限に活用する能力のない者にどうして将来の制度をにない動かす能力を期待できよう。現在の制度から自分にはどんな機会も提供されていないとこぼすものは、まさにその愚痴によって、自らの想像力のおそるべき貧困を告白しているにひとしい。いわんや、現実の生活では現在の組織や制度が与える機会を結構享受していながら、自らはそれを意識せず、「外」にいるつもりで「疎外」のマゾヒズムをふりまわす人々を見ると、どうしても電車のなかで大の字になって泣きわめいて親を困らせている子供を連想したくなる。どちらにも「反抗」の根底に「甘え」がひそんでいるからである。いうまでもなく民主主義は議会制民主主義につきるものではない。議会制民主主義は一定の歴史的状況における民主主義の制度的表現である。しかしおよそ民主主義を完全に体現したような制度というものは嘗《かつ》ても将来もないのであって、ひとはたかだかヨリ多い、あるいはヨリ少ない民主主義を語りうるにすぎない。その意味で「永久革命」とはまさに民主主義にこそふさわしい名辞である。なぜなら、民主主義はそもそも「人民の支配」という逆説を本質的に内包した思想だからである。「多数が支配し少数が支配されるのは不自然である」(ルソー)からこそ、民主主義は現実には民主化のプロセスとしてのみ存在し、いかなる制度にも完全に吸収されず、逆にこれを制御する運動としてギリシャの古《いにしえ》から発展して来たのである。しかもこの場合、「人民」は水平面においてもつねに個と多の緊張をはらんだ集合体であって、即自的な一体性をもつものではない。即自的な一体として表象された「人民」は歴史がしばしば示すように、容易に国家あるいは指導者と同一化されるであろう。民主主義をもっぱら権力と人民という縦の関係からとらえ、多にたいする個体という水平的次元を無視もしくは軽視する「全体主義的民主主義」の危険性はここに胚胎する。なにゆえに民主主義的な政治体の仮説が社会契約と統治契約という縦横二重の構造をもっているかという問いが現代においてあらためて問い直されねばならないのである。

こういう基本的骨格をもった民主主義は、したがって思想としても諸制度としても近代資本主義よりも古く、またいかなる社会主義よりも新らしい。それを特定の体制をこえた「永遠」な運動としてとらえてはじめて、それはまた現在の日々の政治的創造の課題となる。そうでなしに、民主主義をもっぱら歴史的体制のタームで語るものは、現実の特定の「体制」を民主主義の体現としてスタティックに美化するか、さもなければ、日々の過程の——すなわち民主的フィードバックの機能の不断の行使という課題を——一切合切、「疎外の回復」という将来の目標のなかにまつりあげ、「歴史的」見方に似て実は非歴史的な思考におちいりやすい。

同じように、「政治をなくすための政治」とか、「権力の死滅をめざす権力集中」といった一見弁証法的な考え方も、目標的思考、もしくは巨大な歴史段階論（階級社会の止揚↓無階級社会というような）だけが前面に出て、日常的過程を刻々切断する論理が示されないかぎり、ヨリ悪しき害悪を具体的な状況の下に識別する規準としては機能しがたいであろう。

注

科学としての政治学

（1）「ミダスの金」　ギリシャ神話で、ミダス王が手に触れるものをすべて金に変える力を得たところ、飲食物まで金になって困ったという話から、ここでは貴重な財物が幻に変わるたとえ。

（2）政治概念と国家概念といずれが先行すべきかというような論議　大正末年から昭和の初期にかけて、新カント派の方法論や多元的国家論の影響の下に、戸沢鉄彦、蠟山政道、恒藤恭らが国家を前提しない政治の概念を模索したのに対して、昭和一〇年代に入り、潮田江次、田畑忍らが「政治は国家外現象なりや」と批判したのに端を発する論争。戦前日本の政治学者を広く巻き込んだ論争であった。蠟山政道『日本における近代政治学の発達』（ぺりかん社、一九六八年、実業之日本社刊行の初版は一九四九年）、一八七頁以下に詳しい紹介がある。

（3）幾人かの政治学者が……政治の真只中に入り込んで行った　このような政治学者の中でも、身近な実例として丸山の念頭にあったのは、蠟山政道、矢部貞治という東大法学部の両先輩教授、とくに後者であろう。

（4）「現実科学」　ハンス・フライヤーが、社会学の方法的洗練は、形式社会学に典型的に見られるように、社会的行為や社会集団の類型化と合法則性を追求するあまり歴史的現実からの遊離を招いたと批判して、自らの立場を特徴づけた言葉。『現実科学としての社会学』(Hans Freyer, *Soziologie als Wirklichkeitswissenschaft: Logische Grundlegung des Systems der Soziologie*, 1930〔福武直訳、日光書院、一九四四年〕)の用語。

(5)**「可能的なものについての術」(Kunst des Möglichen)**　ビスマルクの言葉としてよく知られ、丸山も度々引く(たとえば後出「政治的判断」三五七、三六一頁)政治の規定。ビスマルクは複数の機会にこのような政治観を述べており、言葉はその都度いくらか違うようである。活字で確かめられる一例として、サンクト・ペテルブルクでドイツ語の新聞を発行していたジャーナリスト、ハインリッヒ・ポシンガーが一八六七年八月一一日にベルリンで行ったインタヴューの記録がある。このとき、ビスマルクはロシア人とドイツ人の性格の違いをしばらく話題にした後、クリミア戦争時にオーストリアが以前からの協定に基づいてプロイセン軍をポーランド国境に展開することを要求したときの対応を話題にしたという。時のプロイセン国王、フリードリッヒ・ヴィルヘルム四世の諮問に対して、ビスマルクは、この機会に乗じて国境を越えてクラクフ北西のオポーレまで兵を進め、そこでヨーロッパ全体に向けてポーランド情勢の鎮静を宣言せよと助言したが、国王に度胸がなく軍事的示威行動をとれなかったのを遺憾とした。続いて、ある時期までビスマルクの外交上の盟友であったロシアの外交官ゴルチャーコフに対して、プロイセンとの友好関係をフランスとの同盟に乗り換えることのないよう、先手を打って警告した例を挙げた後に、「政治は可能なものについての学である」(die Politik ist die Lehre vom Möglichen)と言ったという。*Die Ansprachen des Fürsten Bismarck*, hrsg. von Heinrich Poschinger, Stuttgart: Deutsche

Verlags-Anstalt, 1895–1900, S. 247–248.

（6）**ケルゼンの純粋法学**　法学からイデオロギー的要素や超越的価値判断、社会学的考察を排除し、実定法の規範学に純化させようとした法実証主義の極限形態。主唱者ハンス・ケルゼン（Hans Kelsen, 1881–1973）の名とともに戦前日本の法律学に大きな影響を及ぼした。丸山が学んだ東大法学部の教授陣の中にも国際法の横田喜三郎、憲法学の宮沢俊義など、有力な信奉者がいた。

（7）**「政治的肉食獣」**　オズヴァルト・シュペングラーは『人間と技術――生の哲学に対する一寄与』（Oswald Spengler, *Der Mensch und die Technik: Beitrag zu einer Philosophie des Lebens*, 1931（加茂儀一訳、三笠書房、一九三八年））において、技術の生物学的端緒を肉食動物の捕食戦略に見出し、しかしそれらが種の属性の限界の内に留まるのに対して、「発明の才ある肉食動物」たる人間の技術は個性的で不断に変化、発展するとして、文明に対する技術の意義と脅威とを論じている。ただし、ここで「馬車馬のごとく押しすすむだけ」と否定的に形容される「政治的肉食獣」という表現は、この書物にも、また丸山がしばしば引く『国家』（これは後、『西洋の没落』の一つの章となる）にも見当たらない。

人間と政治

（1）**「政治をするものは悪魔と手を結ばなければならぬ」**　『職業としての政治』（Max Weber, *Politik als Beruf*, 1919）に「政治にタッチする人間、すなわち手段としての権力と暴力性とに関係をもった者は悪魔の力と契約を結ぶものである」(脇圭平訳、岩波文庫、九四頁)とある。

(2) **「真の政治理論は必ず性悪説をとる」** カール・シュミットが『政治的なものの概念』(Carl Schmitt, *Der Begriff des Politischen*, 1932, Reprint. Duncker & Humblot, 1963〔田中浩・原田武雄訳、未來社、一九七〇年〕)の末尾で、政治理論は究極的には人間論(Anthropologie)を前提するとして、性善説と性悪説とにこれを分類した上で述べた命題。

(3) **ソレルは『暴力論』で鋭くこの逆説を指摘している** たとえば、「ダニエル・アレヴィへの手紙」と題する「序論」で、ソレルは善意のオプティミストが権力を握ってもたらす禍害の典型をフランス革命時の恐怖政治に見出して、こう述べている。「フランス革命の恐怖時代に、もっとも多くの血を流したのは、自分たちが夢見た黄金時代を同胞に享受させたいというもっとも強烈な願望をもち、人間のさまざまな悲惨に対してもっとも大きな同情心をもつ人びとだった。オプティミストで、理想主義者で、多感な連中は、普遍的幸福へのより大きな渇望を抱いていただけに、いっそう過酷な態度を取ることになった」(Georges Sorel, *Réflexions sur la violence*, 1908〔今村仁司・塚原史訳『暴力論』上、岩波文庫、二九頁〕)。さらに第三章「暴力に対する偏見」では、暴力を排する同時代の「議会主義的社会主義者」、とりわけジャン・ジョレスの言説の中に、「たまたま政権に到達するとすれば、宗教裁判やアンシャン・レジームやロベスピエールのよき後継者になる」可能性を見出している。

(4) **豚のごとき多数** バークが『フランス革命の省察』(Edmund Burke, *Reflections on the Revolution in France*, 1790)の中で用いた言葉。一七八九年一〇月六日、パリの民衆がヴェルサイユ宮殿に乱入して国王一家をパリに連行した出来事に触れて、「騎士道の時代は去り、詭弁家、守銭奴、計算屋の時代が続く」という有名なセリフを吐いた後、バークは民衆が暴動に立ち上がったのは啓蒙思想家が従来の学問の支えであった「紳士の精神と宗教の精神」を掘り崩した結果だとして、次のように述べている。「学問が野心のため堕落せず、ただ教師たることで満足して主人の地位など望まずにいたならば、如何に幸せだったことでしょう。今後学問は、その自然的保護者及び後見人と一緒に泥沼に投げ込まれ、豚の如き群集〔swinish multitude〕の足下に踏みにじられることになるでしょう」（半澤孝麿訳、みすず書房、一九八九年、一〇〇頁）。

（5）**殷鑑《いんかん》は遠くない**　夏の桀王は不仁のゆえに殷に滅ぼされたが、殷もそれに鑑みて慎しめという『詩経』大雅、蕩の一節（「殷鑑不遠、在夏后之世」）を出典とする、失敗の先例は近くにあるという戒め。ここでは、知識人の政治嫌いがナチスや日本軍国主義の台頭を許したことが念頭にあろう。

（6）**N・ベルジャエフが恐れ、A・ハックスリーが『みごとな新世界』のなかで皮肉にユートピア化したような世界**　オルダス・ハクスリーの『すばらしい新世界』（Aldous Leonard Huxley, *Brave New World*, 1932〔松村達雄訳、講談社文庫〕）はいわゆる逆ユートピア小説の典型的作品。冒頭のエピグラフに、ロシアの亡命知識人ベルジャエフ（Nikolai Alexandrovich Berdyaev, 1874–1948）の次の文章を掲げる。「ユートピアはかつて人が思ったよりもはるかに実現可能であるように思われる。そしてわれわれは、まったく別な意味でわれわれを不安にさせる一つの問題の前に実際に立っている――「ユートピアの窮極的な実現をいかにして避くべきか？」……ユートピアは実現可能である。生活はユートピアに向かって進んでいる。そしておそらく、知識人や教養ある階級がユートピアを避け、より完全ではないがより自由な、非ユートピア社会へ還るためのさまざまな手段を夢想する、そういう新しい世紀が始まるであろう」。

政治の世界

(1) **政治化の時代(das Zeitalter der Politisierung)** 「現代は政治化の時代である」という命題は、丸山が東大法学部助手時代に『国家学会雑誌』に掲載した学界事情紹介「一九三六—三七年の英米及び独逸政治学界」(一九三八年、『集』①、四三—八三頁)にすでに言われており、時代の特徴づけとして、その後も繰り返しもち出される見方である。丸山自身、これを「カール・シュミットの思想を紹介した言葉」(『集』⑦、一八五頁)と説明しているが、出典を示してはおらず、「政治化の時代」(das Zeitalter der Politisierung)という言葉自体はシュミットのテキストに確かめられない(参照、権左武志「丸山眞男の政治思想とカール・シュミット」上、『思想』第九〇三号、一九九九年九月)。逆にはっきり確かめられるのは、シュミットがヨーロッパ近代の精神史を「中立化と脱政治化の時代」(das Zeitalter der Neutralisierungen und Entpolitisierungen)と特徴づけていることである(一九二九年一〇月にバルセロナで行った講演がこう題され、この文章は後、*Europäischen Revue*, Dez. 1929 に掲載され、さらに『政治的なものの概念』の一九三二年版に収録されている)。一九世紀の経済の時代を経て、技術が人間精神の中心的関心となった二〇世紀はその最終的帰結であるが、技術はいかなる目的にも仕える反面、まさに中立であるがゆえに、それ自体としてはなんらの決定も生み出さない。だからこそ、技術が社会の全面に浸透すればするほど、決断をめぐる争いとしての政治があらためて活性化するというのがシュミットの見立てである。狭義の政治史において、一九世紀の自由主義が討論の政治の名の下に友敵間の闘争という政治の本質的契機を見失った状況が大衆民主主義によって掘り崩されているという判断と合わせ、シュミットが一九世紀までの脱政治化傾向の裏返しとして第一次大戦以後の世界に「政治化の時代」を見た、というのが丸山の理解であろう。

（2）**朝鮮戦争、台湾問題、イラン・エジプトの問題等**　いずれも当時の世界を緊張させた国際問題。朝鮮戦争の勃発が一九五〇年六月二五日（休戦協定調印は一九五三年七月二七日）、国共内戦に決着がつき、中華人民共和国の成立が宣言されたのが一九四九年一〇月一日、国民党政府が台北に首都を移したのが同年一二月であり、これら一連の事態を通じて東アジアの冷戦状況の原型が固まったのがこの時期である。イランではモサデク首相の下で英国系の石油会社の国有化が進められ（一九五一年）、これに抗してCIAが裏で工作したクーデタによってモサデクが失脚（一九五三年八月）、パーレビ王の下で親米体制が築かれる。エジプトでは第一次中東戦争を通じて台頭した若手軍人が英国によるスエズ運河の支配に挑戦し、自由将校団のクーデタが起こる（一九五二年七月）。

（3）**「日出《い》でて耕し……何か有らんや」**　中国古代の聖王、堯《ぎょう》が市井に政情を訊ね、一人の老人が「鼓腹撃壌《こふくげきじょう》」（腹を叩き、地を踏み鳴らして喜ぶさまを言う）して、世の太平を寿いで歌うのを聴いたという古歌。西晋の史書『帝王世紀』が初出で、後、『十八史略』にも採られ、日本ではとくに後者を通じて広まった。全文は「日出而作　日入而息　鑿井而飲　耕田而食　帝力何有於我哉」（日出でて作り、日入りて息《やす》み、井を鑿《うがち》て飲み、田を耕して食す、帝力我に於て何か有らん哉《や》）となり、丸山の引用は少し違う。

（4）**ナポレオンが嘗て「政治は……用いられねばならない」**　出典はヘーゲルの『歴史哲学』（Hegel, *Vorlesungen über die Philosophie der Geschichte*, 1837）第三部「概観」「一、序説――ローマの一般的性格」の冒頭部分。全文は「ナポレオンは曽《かつ》てゲーテと悲劇の性質について語った時に云った。近世悲劇と古代悲劇との本質的にちがうところは、われわれ近世人がもはや人間のどうにもならないような運命というようなものをもつことがなく、古代の運命に代って政治が現われたという点にある。政治はだから、悲劇に代る新しい運命として、すなわち個人が屈服せざるを得ないような不可抗的な境遇の威力として使用されねばならないものだ、と」（岩波版全集『歴史哲学』下、七九頁、武市健人訳）。ヘーゲルは記述の典拠を示していないが、これは、一八〇八年、皇帝ナポレオンがエルフルトにヨーロッパの諸侯を集めた際、ワイマール公カール・アウグストに随行したゲーテが一〇月二日にナポレオンと交わした会話への言及である。この晩、フランス古典劇を鑑賞した後に、ナポレオンはこう語ったという。この挿話はゲーテ自身の小文（Skizze）、「ナポレオンとの会話」（Goethe, "Unterredung mit Napoleon"）やいくつかの書簡によって広く知られていた。ヘーゲルが記述の根拠にしたと思われるゲーテ自身の文章は以下のとおりである。「皇帝はそれに満足の面持ちであった。それからふたたび話題を演劇に戻し、あたかも刑事法廷の裁判官のような最大の注意力をもって悲劇の舞台を観察し、そしてそのさい、フランス演劇が自然と真実から離反していることを痛感している人のような口調で大変重要な意見をいくつも述べた。こうして話は運命劇にも及び、彼はこれをきっぱり否認した。「もっと暗い時代ならば運命劇もよかろう」。皇帝はつづけて、「いまどき運命を持ち出してきてどうするつもりなんだろう。政治こそ運命だ」と言った」(小岸昭訳「ナポレオンとの会話」、潮出版社版『ゲーテ全集』第一三巻、一九八〇年、四七頁)。なお、ナポレオンに随行していたタレイランの『メモワール』(*Mémoires du prince de Talleyrand, publiés avec une préface et des notes par le duc de Broglie*, Calmann Lévy, 1891-92, 3 vols.)の記述によると、この時、ナポレオンはコメディー・フランセーズの一座を引き連れ、数多くの劇公演を行わせた。ナポレオンの言葉はおそらく、ラシーヌの『イフィジェニー』を観た後に発せられたものと思われる。タレイランは観劇前、一〇月二日昼のナポレオンとゲーテとの会話は逐語的に伝えているが、観劇中あるいは観劇後は近くにいなかったためか、その後の会話については何も記していない。

(5) **「政治家は一生涯戦い続けるが兵士は唯《ただ》例外的に戦う」** カール・シュミットが『政治的なものの概念』の中で引いている言葉。全体は「政治家は戦いに対して兵士よりもよく訓練されている。なぜなら、政治家は生涯を通じて戦うが、兵士は例外的にのみ戦うからである」(*Der Begriff des Politischen*, S. 34〔前掲邦訳二七頁〕)。ただし、シュミットも誰の言葉かを示していない。

(6) **「第三階級とは何か、すべてである」** フランス革命の口火の一つとなったシエースの有名なパンフレット『第三身分とは何か』(Emmanuel Joseph Sieyès, *Qu'est-ce que le tiers état?*, 1789)冒頭の言葉。稲本洋之助ほか訳『第三身分とは何か』岩波文庫、九頁。

（7）「独占政治家」　ラスウェル『権力と人間』（Harold D. Lasswell, *Power and Personality*, 1948〔永井陽之助訳、創元社、一九五四年〕）、二六六頁。

（8）「力というものは権利を作らない。暴力から義務は生じない」　『社会契約論』（Jean-Jacques Rousseau, *Du contrat social*, 1762）第一編第一章。

（9）「政府はただ意見の上にのみ基礎づけられる……軍事的政府にも適用される」　後出「支配と服従」（一九四頁）に出典を明示して、より長く引用されているヒュームの言葉（「政府の第一原理について」〔Hume, "Of the First Principles of Government"〕）。ヒュームはここで、多数者が少数者の支配に服しているのを驚きとした上で、次のように述べている。「『実力』（force）はいつも被支配者の側にあるのですから、支配者側が支柱とたのむものが輿論以外にはないということがわかるでしょう。したがって、政府の基礎は輿論だけということになります。そして、この原則は、最も自由で最も人民的な政府にも、最も専制的で最も軍事的な政府にも、一様にあてはまります」（小松茂夫訳『市民の国について』上、岩波文庫、二二六頁）。

（10）ウェーバーは……これには大いに問題があります　以下、合法性と正統性を区別してウェーバーの合法的支配は正統性根拠にならないという主張は、カール・シュミットの『合法性と正統性』（*Legalität und Legitimität*, 1932〔田中浩・原田武雄訳、未來社、一九八三年〕）の議論を受けている面がある。ただし、シュミットがワイマール憲法批判を意図したのに対して、丸山は議会主義的合法性を人民主権の正統性に接合する可能性を示す。

（11）「イギリスの議会は男を女にかえ、女を男にかえる以外は何でも出来る」　ジュネーヴ出身の法律家ド・ロルムが著し、一八世紀に広く読まれた『イギリス憲法』(Jean Louis de Lolme, *Constitution de l'Angleterre, ou état du gouvernement anglais, comparé avec la forme républicaine et avec les autres monarchies de l'Europe*, 1771)の中の言葉。一般には、ダイシーが『憲法序説』(Albert Venn Dicey, *Introduction to the Study of the Law of the Constitution*, 1885)の中で、英国の議会主権原理を要約した「グロテスクな表現」として引用したことで人口に膾炙するようになった。

(12) **機能的合理性(functional rationality)**　カール・マンハイム『変革期における人間と社会』(Karl Mannheim, *Mensch und Gesellschaft im Zeitalter des Umbaus*, 1935〔福武直訳、みすず書房、一九六二年〕)第一部第六章に「機能的合理化は実質的合理化を高めるものでは決してない」とある。

(13) **「士は義によって立ち、農工商は利によって立つ」**　素行の言として丸山がたびたび引く命題(後出「支配と服従」にも引かれ、また、『録』⑤、七〇頁には「士は義を以て生き、農工商は利を以て生く――山鹿素行」とある)だが、出典はどこにも明示されていない。『山鹿語類』には「弁義利」の項が三つ(巻十三、臣道一、臣礼、巻二十一、士道、明心術、巻二十四、士談三)、「論義利」の項が二つ(巻三十三、聖学、致知)あるが、いずれも孔子の原典(「君子喩於義、小人喩於利」、『論語』里仁)に忠実に、君子は義を知り、小人は利で動くという「君子」と「小人」の別を論じているのであって、士農工商の職分論と結びつけてはいない。倫理や道徳の担い手として士大夫を位置づける儒教の観念が太平の世における武士に新たな存在理由を与えたことをまとめて論じる『録』⑥（一四九―一五〇頁）では「士は三民に義を教ふ」（室鳩巣「士説」）や「士以上は心を労し、農以下は力を労す」（雨森芳洲『橘窓茶話《きっそうさわ》』）が引かれ、素行への言及はない。

(14) **板垣退助が自ら語るところ**　板垣退助監修『自由党史』上、岩波文庫、一八―一九頁。

(15) **「由《よ》らしむべし、知らしむべからず」**　『論語』泰伯篇の「民は之《これ》に由らしむべし、之を知らしむべからず」による。

(16) **「金持も貧乏人も等しくパンを盗んだり、橋の下に眠ることを禁じられる平等」**　第三共和政の政界、社交界を背景に、成り上がりの実業家の娘で、政治家マルタン・ベレーム夫人である、主人公テレーズの愛欲を描いたアナトール・フランスの小説『赤い百合』(Anatole France, *Le Lys Rouge*, 1894) の登場人物のセリフ。テレーズが友人のマルメ夫人とフィレンツェに向かう旅に同行した、風変わりな詩人で社会主義者のシューレットが列車の中で二人に向かって振う長広舌中に出てくる。フランス革命が発明した国民皆兵制を散々くさした後、シューレットは次のように言う。「われわれはフランスでは軍人であり、国民《シトワイヤン》です。国民であるということは、もう一つの誇りの理由なのですよ！　それは貧乏人にとっては金持ちの権力と暇とをいつまでも支えてやることなのです。彼らは厳かな法の平等の手前、そういうことのために励まなければならないのです。厳かな法の平等とは、貧富の別なく一様に橋の下で寝たり、町中で物乞いをしたり、パンを盗んだりすることを禁じているのです。これはフランス革命の善行のひとつです。しかし、この革命は国利民福を手に収めようとするもののために馬鹿や阿呆のやった仕事で、結局狡い百姓や高利貸の町人を富ませることにしかなりませんでしたから、平等などという名目で、富の帝国を築いたのです」（小林正訳『アナトール・フランス小説集』四、新装復刊版、白水社、二〇〇〇年、一二七頁）。

（17）**「二十五時」的絶望**　ルーマニアの作家ゲオルギウがフランス語で書いた小説『二十五時』（Constantin Virgil Gheorghiu, *La Vingtcinquième heure*, 1949）への言及。第二次世界大戦の末期から戦後にかけて、枢軸国、連合国双方の強制収容所に相次いで収容される過酷な経験を強いられたユダヤ人を主人公として、近代文明の終末を絶望的に描いたこの作品は世界的な反響を呼び、日本でも直ちに翻訳されて話題となった。河盛好蔵訳『二十五時』筑摩書房、一九五〇年。

権力と道徳

（1）**集合道徳とも私人道徳（Privatmoral）とも区別される人格性の道徳（Persönlichkeitsmoral）**　キリスト教の精神史的意義を「人格性の道徳」あるいは「良心の道徳」（Gewissensmoral）の提起に求める見方は、エルンスト・トレルチが『歴史主義とその克服』（Ernst Tröltsch, *Der Historismus und seine Probleme*, 1922）において示している。ただ、こうした考え方は特異なものではなく、丸山が「人格性の道徳」という用語をトレルチから得たかどうかは分からない。

（2）**モナルコマキ**　一六世紀の宗教戦争、特にフランス・ユグノー戦争において、カルヴァン派の立場から抵抗権を基礎づけた一群の理論家を指す言葉。「暴君放伐論者」、「反専制論者」などと訳されることもある。

（3）**ロージャー・ウィリアムスらの思想**　ロジャー・ウィリアムズ（Roger Williams, 1603/04–83）

はマサチューセッツ植民地の神政政治に異を唱え、これから分離してロード・アイランド植民地を建設した。米国における政教分離体制の最初の確立とされる。

(4) **アガジール問題**　一九一一年七月、モロッコにおけるフランスの権益に挑戦して、ドイツがアガディールに軍艦を派遣して国際的緊張が高まった事件。一九〇五年のタンジール事件に対して第二次モロッコ事件とも言われる。英仏とドイツの対立が深まり、第一次世界大戦への伏線の一つとなった。

(5) **「権力の裡にある真理性」(Die Wahrheit, die in der Macht liegt……1802)**　三十年戦争におけるスウェーデン国王グスタフ・アドルフの介入がドイツの国家的自由と宗教的良心を救ったと認めた上で、しかし彼は北ドイツに獲た領地と権益をドイツ国民に返還しなかったという事実に注意を喚起し、権力政治を離れて自由の実現はないというヘーゲルの主張を述べたもの。前後を含めて引用すると、「いったい人間というものは、まことに愚かなものであって、このように良心の自由と政治上の自由とを無私なる態度で救助せんとする理想主義的な光景に眼を奪われ、また内面的感激の情熱にうかされて、権力のうちにひそむ真理を看過し……」(金子武蔵訳『ヘーゲル政治論文集』上、岩波文庫、一三一頁)。原文はいわゆるイェーナ草稿に含まれるもので、現行のドイツ語版全集第五巻(*Gesammelte Werke*, Bd. 5, Felix Meiner Verlag, 1998)所載の Fragmente Einer Kritik der Verfassung Deutschlands (1799–1803) 中に "Jenaer Entwürfe und Ausarbeitungen (1801)" として収められている。丸山の引用は、おそらく、*Die Verfassung des Deutschen Reichs von J. W. F. Hegel*, herg. von Georg Mollar, Frommans Verlag, 1935, S. 69

から。

(6) **「条約は一片の紙切」**　一九一四年八月四日、ドイツのベルギー侵攻直後、ベートマン＝ホルヴェーク(Bethmann-Hollweg)首相が英国大使エドワード・ゴッシェン(Edward Goschen)と会見し、ベルギーの中立を保障したロンドン条約(一八三九年)はドイツの行動をいささかも妨げるものでないという意味で言った言葉。ドイツにとってそうであるだけでなく、英国の参戦もドイツの強大化が英国の利益を害うからであって、条約を救うためではなかろうとも言っている。会見の数時間後、英国はドイツに宣戦布告した。

(7) **「白人の負担」(white man's burden)**　米国のフィリピン領有(一八九九年)に際して書かれたキプリングの詩のタイトル。Rudyard Kipling, "White Man's Burden: The United States and the Philippine Islands."

(8) **「馴らされたシニック」**　ニーバーの初期作品(*Leaves from the Notebook of a Tamed Cynic*, 1929)のタイトルから取った言葉。

政治権力の諸問題

(1) **権力の実体概念と機能概念**　明示しているように、カール・フリードリッヒの『近代立憲国家』(Carl J. Friedrich, *Der Verfassungsstaat der Neuzeit*, Springer Verlag, 1953)が発想の源、少なくともその一つであろう。フリードリッヒは「権力の本質」(Das Wesen der Macht)を論ずる箇所で、権力を若干の人間が所有し、それによって他者を支配する財とみなすような考え方を権力関係の「実体的」(substantiel)把握と呼び、それに対して権力関係を互いに独立した主体間の政治状況においてとらえる見方を「関係的」(relationnel)と名づけている。前者の系列としてホッブズ以下、スピノザらの自然法論者から功利主義者やヘーゲリアンを経て「現代のさまざまな全体主義者」が挙げられ、後者の「関係論的権力概念」はロックに最初の表現を得、人間心理の認識が進んだ現代において、より深く検討されるに至ったとされる。丸山は「関係的」を「機能的」と言い換え、二つの見方が同一の論者において共存し得ることを指摘する点で、フリードリッヒと異なる。

(2) **エンゲルスの古典的叙述** エンゲルス『家族・私有財産・国家の起源』(Friedrich Engels, *Der Ursprung der Familie, des Privateigenthums und des Staats*, 1884)の議論を指す。

(3) **ゲシュタルト理論** 認識対象はその構成要素に分解されるのでなく全体の形(Gestalt)で認識されるとする認知心理学の理論。たとえば、あるまとまった音型(旋律)を移調すると、個々の音はすべて変わるが、同じ旋律として聞こえるなどの例が挙げられる。

(4) **「われに自由を与えよ、然《しか》らずんば死を」** アメリカ独立運動の急進的指導者パトリック・ヘンリー(Patrick Henry, 1736–99)の名文句として知られる。リッチモンドで開かれたヴァジニア植民地協議会《コンヴェンション》の四日目、一七七五年三月二三日に行われた演説で言われた言葉である。アメリカ学会訳編『原典アメリカ史』第二巻(岩波書店、一九五一年)、一三六—一四二頁に解説と部分訳がある。もっとも、丸山の引用の文脈が示唆するような、切羽詰まった状況で発せられた確固たる信条というよりは、演説を結ぶレトリックである。

（5）**政治政策もしくは権力政策**　ラスウェル『権力と人間』の用語。この用語に限らず、価値の稀少性を前提に、価値剝奪を通じて人間を統制するところに権力作用があるというこのあたりの論旨はラスウェルに依拠する部分が大きい。丸山は『権力と人間』について詳細な紹介、書評論文（「ラスウェル「権力と人格」」、『集』④）を書いており、一時期、ラスウェルを積極的に紹介している。本書収録の会話体の政治学入門「政治学」（二七五―三二三頁）も参照。

（6）**主権とは例外状態における決断であるというC・シュミットの命題**　シュミット政治学の核心的命題で、特に『政治神学』（*Politische Theologie*, 1922〔田中浩・原田武雄訳、未來社、一九七一年〕）に述べられている。

（7）**A・グレイジアのいわゆる politists**　アルフレッド・デ・グレイジアが、政治のトップ・リーダーや支配階級と区別して、社会の各層に散在して、それぞれの領域において政治に関与する積極分子の役割に着目して、これを名づけた言葉。アメリカ合衆国ではこの種の人びとの数が並外れて多く多様であることが、アメリカのデモクラシーを支えているという含意を有する。Alfred de Grazia, *The Elements of Political Science*, 1952.

（8）**「ひとは銃剣でもって何事をもなしうるが、ただその上に坐ることはできない」**　原文は“On peut tout faire avec des baïonnettes, sauf s'asseoir dessus.”　タレイランがナポレオンの軍事的支配について語った言葉として広く知られているが、典拠ははっきりしない。タレイラン自身の『メモワール』に記述はなく、ダフ・クーパー（曾村保信訳『タレイラン評伝』中央公論社、一九六三年）はじめ定評ある伝記類も、いつ、どのような状況でこの言葉が発せられたかを明示していない。エミール・ド・ジラルダンの言葉として引かれることもあり、一九世紀前半のフランスで広く言われていた警句のようである。

(9) **赤裸の権力(naked power)**　バートランド・ラッセルが、征服権力や古代ギリシャやルネサンス期イタリアの僭主を例に、被治者の信従を期待し得ない新たに獲得されたばかりの権力をnaked powerと呼んでいる(Bertrand Russell, *Power*, 1938, ch. VI)。前出「政治の世界」にも、「赤裸の実力」(九四頁)、「赤裸の暴力的支配」(一〇二頁)という表現がある。

(10) **「収穫逓減の法則」**　経済学で、一定の土地から得られる収穫が、当初は投下労働に応じて増大するが、ある時期から増加率が鈍り、やがて限界に達するという法則。

(11) **第一部でのべた軍国日本の「無責任の体系」**　「軍国支配者の精神形態」(『集』④)において、極東軍事裁判の記録の分析から、日本の戦争指導者たちに戦争遂行の責任意識が欠如している点を衝いて、丸山が評した言葉。

(12) **「前衛」の目的意識的指導が……最近の事態**　ソ連共産党第二〇回党大会(一九五六年)におけるフルシチョフの秘密報告に始まるスターリン批判を指す。丸山は非マルクス主義者の立場からもスターリン批判には論ずべき問題があるとして、「「スターリン批判」における政治の論理」(『集』⑥)を書いている。

(13) **「あらゆる権力は腐敗の傾向をもつ。絶対的権力は絶対的に腐敗する」**　アクトン卿がクライトン主教の著書『イタリアの諸侯』(Mandell Creighton, *The Italian Princes, 1464–1518*, 1887)について書いた批判的な書評("A History of Papacy during the Period of the Reformation," *Eng-*

lish Historical Review, 1887）を巡って著者クライトンと交わした書簡の中に出てくる言葉。没後編まれた論文集（Lord Acton, *Historical Essays and Studies*, ed. by John Neville Figgis, 1907）にこの書評が収録された際、補遺（Appendix）として書簡が部分的に公開されて、広く引用されるようになった。前後を含めて訳出すると、「教皇や国王については他の人びとと違って、彼らは悪を為さなかったという好意的推定によって判断すべきだという貴下の基準を私は受け入れることができません。もし何らかの推定があるとすれば、権力の保持者に対しては、その権力が増大すればするほど、〔貴下の基準とは〕反対方向に一層向かうものなのです。歴史的責任は法的責任の空白を埋め合わすべきものです。権力には腐敗する傾向があり、絶対的権力は絶対的に腐敗します。偉大な人間はほとんどいつも悪しき人間であり、権威でなく影響力をふるう時でさえそうですし、まして腐敗の傾向あるいは確実性が権威によって増幅される場合には一層そうなのです」（p. 504）。

政治学入門（第一版）

（1）**ことに××派の策動が甚だしい**　日本国憲法の制定に伴って新たに発足する最高裁判所の判事、長官の人事は紛糾した。戦時中、広島控訴院長として東条内閣に抗して司法の独立を貫いたと自負する最後の大審院長細野長良は、ＧＨＱの支持を得て工作したが、これに対する司法部内の反発、策謀も猛烈で、細野は判事候補にも指名されなかった。結局、初代最高裁長官には片山内閣の下で組織された任命諮問委員会の推薦を経て、元大審院判事三渕忠彦が就任する。その前、吉田内閣の下での最初の諮問委員会は細野自身を含む一一名で組織されたが、その中で細野を支持したのは、東大総長南原繁だけだったというから、丸山の研究室を訪ねてきた大審院判事の持参した紹介状は南原のものだったかもしれない。西理「司法行政について(上)」、『判例時報』二二四一号、二〇一二年四月。参照、山本祐司『最高裁物語』日本評論社、一九九四年。

(2) **少数の法則(Das Gesetz der kleinen Zahl)**　マックス・ウェーバーが「新秩序ドイツの議会と政府」(Max Weber, "Parlament und Regierung im neugeordneten Deutschland," 1918)などの政治論文で、どんなに民主的な政体や政党においても、実質的な政治的決定は少数者が行うという意味で用いた言葉。たとえば、「議会という多人数の集まりだけでは「統治」したり、政治を「行う」ことができない……「少数の原則」、すなわち少数者からなる指導的グループのもつ卓越した政治的機動力が、つねに政治的行為を支配する」(嘉目克彦訳「新秩序ドイツの議会と政府」、中村貞二ほか訳『マックス・ヴェーバー　政治論集』二、みすず書房、一九八二年、三八〇—三八一頁)。表現は多少違うが、同趣旨の用例は多い。「少数の法則」という言葉はウェーバーのものとされるが、それ以前に社会学者ロベルト・ミヘルスがドイツ社会民主党の研究から「寡頭支配の鉄則」(前出「政治の世界」〔一一九頁〕、「政治権力の諸問題」〔二三二頁〕にすでに言及されている)を引き出しており、ウェーバーもその影響を受けている。政治過程が大衆に開かれれば開かれるほど、実質的には少数のエリートに決定権が集中するという逆説的現象は、パレートやモスカにも指摘があり、二〇世紀初頭に形成されたいわゆる「エリート理論」の共通の命題である。

(3) **メリアムは……分析を試みて居ります**　マイランダについては前出「人間と政治」の説明(五

五―五七頁）を、クレデンダについては前出「支配と服従」の説明（一九四―一九七頁）をそれぞれ参照。

（4）**多元的国家論（Political Pluralism）**　国家主権の絶対性を批判し、政党、教会、経済団体、労働組合など種々の社会集団が国家の意思決定に及ぼす影響に注目した政治学説。コール、バーカー、マッキーヴァー、ラスキ、フォレットなど、世紀転換期から一九二〇年代まで、英米の政治学者を広くとらえた学説である。後掲「政治学」にも言及がある（二九五―二九七頁）。

（5）**「成功は政治の絶対目的である」**　ラッツェンホーファーは『政治の本質と目的』（Gustav Ratzenhofer, *Wesen und Zweck der Politik als Teil der Soziologie und Grundlage der Staatswissenschaften*, 1893）において、政治は生存競争の人間社会における一現象形態であって、成功あるいは勝利を競う闘争だと規定し、「より高度の能力から成功が帰結し、したがって成功こそ政治の絶対目的である」（Aus der höheren Kraft resultiert der Erfolg, und der Erfolg ist der absolute Zweck der Politik[Bd. I, S. 47]）と述べている。

（6）**「少数の人を永久に瞞《だま》すことは出来る、多数の人を一時瞞すことも出来る、しかし多数の人間を永久に瞞すことは出来ない」というリンカーンの言葉**　ジャーナリスト出身の政治家でリンカンの側近の一人であったアレクサンダー・マクリュアが伝えている言葉（Alexander K. McLure, *Lincoln's Own Yarns and Stories*, 1900）。ある時、ホワイトハウスの訪問者に対して、リンカンは「同胞市民の信頼を一度失ったら、彼らの尊敬と敬意を取り戻すことは決してできない」と述べて、こう続けたという。ただし、丸山が「少数の人」と訳している原語は some people でなく

some of the people で、同じく「多数の人」は all the people あるいは all of the people である。マクリュアの伝える原文を忠実に訳すと、「たしかに人民全体を一時だますことはできるかもしれない。人民の一部をずっとだますことさえできる。だが、人民のすべてをずっとだますことはできない」(Bengal Press, 1980, p. 124)。ただし、この本は、逸話や小話を通じて自分の意見を伝えるのを好んだ「アメリカ最大の語り部」リンカンの姿をいわば現代のイソップとして後世に伝える意図で編まれたものであって、史料的信憑性は疑わしい。にもかかわらず(あるいはそれゆえに)広く読まれ、異文や孫引きで引かれることも多かったであろう。

(7) **「目的は手段を神聖にするというのは正しくない……」というロマン・ロランの言葉**　共産党系の作家アンリ・バルビュスが『クラルテ』誌に「ロラン主義について」(Henri Barbusse, "L'autre moitié du devoir. A propos du 'Rollandisme,'" *Clarté*, no. 2, 3, décembre 1921)と題して掲載した批判に対して、ロランが『自由学芸《ラール・リーブル》』誌に発表した反批判の公開状(Romain Rolland, "Lettre ouverte de Romain Rolland à Henri Barbusse," *L'Art libre*, janvier 1922, 1–2)に含まれる文章。ロシア革命の評価や革命の暴力と精神の独立をめぐって行われたこの論争は両誌を舞台に数ヵ月続き、ロランは後に論集『闘争の一五年』(*Quinze ans de combat*, Editions Rieder, 1935)に自分の主張を収録した。丸山の引用に当る部分は、みすず書房版『ロマン・ロラン全集』第一八巻、一九五九年、四〇〇頁。

(8) **新カント派の亜流が……政治学の自律性を獲得しようとしても**　新カント派の認識論は方法が対象を規定するという観点からする素朴実証主義批判を意味したから、戦前日本の政治学にも影響を及ぼし、政治概念論争の方法的前提の一つとなった。蠟山政道は自らの『政治学の任務と対象』（中公文庫、一九七九年、初版は一九二五年）とともに、恒藤恭、戸沢鉄彦、今中次麿の仕事をそうした文脈に位置づけている。前掲、蠟山『日本における近代政治学の発達』参照。

（9）**「それは人間の総体を扱うものであるから、人間の総体でもってぶつかって行かねばならない」**　ゲーテはストラスブール大学での修業時代（一七七〇—七一年）、多くの医学生と交わり、医学や解剖学に関心をもった。この言葉は『詩と真実』（*Dichtung und Wahrheit*, 1811-33）の中でそのころを語ったところに出てくる。「食卓仲間の大部分は、医学生だった。周知の如く、自分たちの学問や職業について、授業時間以外でも活発な議論をまじえるのは、大学生のうちでもこれら医科の学生だけである。これは当然のことである。医学生の勉強の対象は最も感覚的であると同時に最も高遠であり、最も単純であるとともに最も複雑なものである。医学は人間全体を取りあつかうものだから、人間全体を挙げてこれを学ばなければならない」（菊盛秀夫訳『詩と真実』第二部第九章、人文書院版『ゲーテ全集』第九巻、一九六〇年、三一四頁）。

政治学

（1）**「戦後日本の政治過程」**　この日本政治学会『年報政治学 一九五三』の特集は、後、大幅な改訂をほどこして岡義武編『現代日本の政治過程』（岩波書店、一九五八年）という書籍として刊行された。

（2）**「戦後日本の政治過程」のなかに出ている政治意識の分析**　前注所引の『年報政治学 一九五

三』特集・第三部「大衆の成長」のⅡ「政治意識における前進と停滞」(京極純一・升味準之輔の共同執筆)を指す。その中の政治意識を扱った部分は、『現代日本の政治過程』に収録の際、京極単独執筆の「政治意識の変容と分化」に改稿された(升味は「政治過程の変貌」を担当)。この論文は京極の単著『政治意識の分析』(東京大学出版会、一九六八年)にも「戦後日本の政治意識」と改題されて収録されている。

(3) **フーヴァー委員会**　トルーマン政権下の一九四七年、ハーバート・フーヴァー元大統領を委員長として米国で組織された公務員制度改革のための委員会。九ヵ月ほどの間に多くの報告書と勧告を出し、一九四八年六月に終了したが、次のアイゼンハワー政権の下でも、やはりフーヴァーを委員長とする第二次委員会が組織され、この第二次委員会が最終報告を出して解散したのは一九五五年六月である。

(4) **ロブスン教授が書いた報告《ペーパー》**　この報告は後にユネスコ刊行のシリーズ、Teaching in the Social Sciences の一冊として出版されている。W. A. Robson, *The University Teaching of Social Sciences: Political Science*, UNESCO, 1954.

(5) **E・バーカーのいわゆる「集団の噴出」**　バーカーは、理性的な討論によるデモクラシーを掘り崩した一九世紀以後の傾向として、「個性」(the personal)と「集団」(group)の噴出を挙げている(Earnest Barker, *Reflections on Government*, 1942)。前者はドイツ・ロマン主義に代表され、後者の集団としては人種、民族、階級が挙げられる。

(6) **S・グレイジアの「アノミー」現象の研究**　「文献紹介」に挙げられている Sebastian de Gra-

zia, *The Political Community: A Study of Anomie*, 1948（佐藤智雄ほか訳『疎外と連帯——宗教的政治的信念体系』勁草書房、一九六六年）のこと。

（7）**ニーバーの言い草……「闇の子」の智慧で武装しなければならぬ**　Reinhold Niebuhr, *The Children of Light and the Children of Darkness: A Vindication of Democracy and a Critique of Its Traditional Defense*, 1945（武田清子訳『光の子と闇の子』新教出版社、一九四八年）の主張。

（8）**三鷹事件のときに官房長官だったか、すぐあれは共産党の仕業だという声明を出した**　一九四九年七月から八月にかけて下山事件（七月五日）、三鷹事件（七月一五日）、松川事件（八月一七日）と不審な事件が相次いだ。国鉄の労使関係の緊張、共産党勢力の伸張を背景に、政府筋が捜査を誘導しようとした形跡は認められるが、増田甲子《かね》七《しち》官房長官が「現今の社会情勢と無縁でない」と共産党の関与を匂わせる談話を発表したのは、三鷹事件の後ではなく、松川事件の翌日のことである。丸山のここでの記述は、吉田茂首相が三鷹事件の翌日に出した声明と増田官房長官談話とを混同しているように思われる。吉田首相の声明は「不安をあおる共産党」の見出しで一九四九年七月一七日付け『朝日新聞』に報道されている。

（9）**原水爆禁止の署名運動**　ビキニ環礁で行われた米国の水爆実験で被爆した第五福竜丸の事件（一九五四年三月）をきっかけに、東京杉並の主婦たちの始めた原水爆禁止署名運動は二千万人以上の署名を集めて国際的反響を呼び、翌年八月、広島における第一回原水爆禁止世界大会の開催につながった。

（10）**理論が大衆を把んだときはそれは一つのマテリアルな力になる**　マルクス「ヘーゲル法哲学

批判序説」(Karl Marx, "Zur Kritik der Hegelschen Rechtsphilosophie: Einleitung," 1844)の一節。「批判の武器はもちろん武器の批判にとって代わることはできず、物質的な力は物質的な力によって倒されねばならぬ。しかし理論もまた、それが大衆をつかむやいなや、物質的な力となる」(城塚登訳『ユダヤ人問題によせて/ヘーゲル法哲学批判序説』岩波文庫、八五頁)。

(11) J・S・ミルの定義した意味での「教養人」……「あらゆることについて何事かを知っており、何事かについてはあらゆることを知っている人」　ミルがここに言われているような理念を語ったのは、スコットランドのセント・アンドルーズ大学名誉学長就任記念講演(一八六七年二月一日)においてである。この講演で、ミルは、法律家、医者、技術者のような専門家を育てる職業教育から大学のなすべきリベラル・エデュケーションあるいは一般教育を区別し、後者は「有能で教養ある人間」(capable and cultivated human beings)の育成を目標とすべきだと主張した。丸山が括弧で引いている文章にそのまま対応する表現はこの講演の中に見当たらないが、もっともそれに近いのは次の一節であろう。「われわれが学問の目標とすべきは、単にわれわれの主要な関心事たるべき一つのことについて、知られ得る限りを知ることだけではなく、これをなすとともに、また人間の利害に関わるあらゆる重大な問題について何事かを知ることである」(John Stuart Mill, "Inaugural Address Delivered to the University of St. Andrews," *The Collected Works*, Vol. XXI, *Essays on Equality, Law and Education*, p. 231〔J・S・ミル著・竹内一誠訳『大学教育について』岩波文庫、二九―三一頁、ただし、訳文は異なる〕)。なお、丸山の引用句により近い言葉としては、生物学者T・H・ハクスリー(Thomas Henry Huxley. ジュリアン・

ハクスリー、オルダス・ハクスリーの祖父）が好み、その記念碑に刻まれている「すべてについて何事かを知り、何事かについてはすべてを知るように努めよ」（Try to learn something about everything and everything about something）という句がある。

政治的無関心

（1）**「帝王の力我において何かあらんや」**　前出「政治の世界」の注（3）（四三一―四三二頁）を参照。

（2）**「ラディカルでもリベラルでも保守的でも反動的（reactionary）でもなく、非動的（inactionary）なのだ」**　末尾の「参考文献」にも挙げられたライト・ミルズ『ホワイト・カラー――中流階級の生活探究』（杉政孝訳、東京創元社、一九五七年、三〇五頁）に、「〔現在のアメリカには〕政治とは無縁になっているものが多いのである。彼等は急進的でもなければ自由主義的でもなく、保守的でも反動的でもない。強いて言えば、非活動的なのであり、政治を超越している」とある。

政治的判断

（1）**マッカーシズム**　冷戦期の米国で、ウィスコンシン州選出のジョゼフ・マッカーシー上院議員が火をつけた赤狩り運動。

（2）**日本では最近中共の承認問題が貿易問題とからんでやかましくなっております**　日本の独立を回復したサンフランシスコ講和条約以来、日本政府は台湾の国民党政府を中国の正統政権として国交を結び、北京の共産党政権を承認せず、中華人民共和国との間には平和条約も外交関係もなかった。しかし、一九五六年に日ソ国交回復が実現したこともあって、次は中国だという雰囲気の中、民間には日中国交回復を求める動きが高まり、一九五七年七月二七日、風見章を理事長として「日中国交回復国民会議」が結成され、第四次日中民間貿易協定締結に向けての交渉が始められる。交渉は難航したが、翌五八年三月五日締結に至る。時の首相岸信介は、就任間もない前年六月、東南アジア諸国歴訪の最後に台湾を訪れて蔣介石総統と会談し、大陸反攻支持の発言(丸山が引用している「共に反共のために闘おう」という言葉はこのときの発言を指すものであろう)をする(六月三日)など、北京政府の反発を買っていたが、貿易協定締結の段階まではこれに否定的ではなかったといわれる。しかし、協定に対する国民党政府の猛烈な反発(と米国からの干渉)を受けると、釈明の親書を蔣介石総統に送る。そんな中、五八年五月二日長崎において一青年が中国国旗を引きずりおろす事件が起こり、北京政府が岸政権を激しく非難、これに対して政府は「日中問題静観」を表明するに至った。この問題を争点のひとつとした五八年五月二二日の総選挙の結果とも絡んで、中国は対日姿勢を改め、日中関係は一九六〇年代に廖承志と高碕達之助を代表として始められるいわゆるLT貿易交渉に至るまで「断絶状態」になる。参照、杉浦康之「中国の「日本中立化」政策と対日情勢認識——第四次日中民間貿易協定交渉過程と長崎国旗事件を中心に」、『アジア研究』五四 - 四、二〇〇八年一〇月。

丸山のこの論文のもとになった信濃教育会での講演は一九五八年五月二四日に行われているから、以上の一連の事態が念頭にあったものであろう。なお、中国共産党指導部にあって、この交渉の最高責任を負った周恩来首相（毛沢東は交渉に批判的だったといわれる）は、中国承認に関して日本政府のとるべき態度として、即時承認（上策）、暫時台湾を承認し時を待つ（中策）、米国とともに「二つの中国」をつくる（下策）の三つを挙げ、上策は当面不可能であろうが、中策はとり得るであろうと述べたという（前掲、杉浦論文）。自民党の立場を前提にしても、「現在ただちに中共の承認はできない。しかしながら必ずある適当な時期をみて承認する方針である」とは言えるだろうという丸山の提言が空想的でなかったことを示していよう。

（3）「悪さ加減の選択」　福沢諭吉の『時事新報』論説「政府の更迭自から利益なきに非ず」（明治二六年九月二〇日（『福澤諭吉全集』第一四巻、岩波書店、一九七〇年、一三八頁））にある文章「本来政府の性は善ならずして、注意す可《べ》きは只その悪さ加減の如何に在るの事実を、始めて発明することならん」から採られた言葉。丸山は福沢の（そして自分自身の）特徴的な政治観として、たびたび言及している。参照「福沢諭吉選集第四巻　解題」、『集』⑤、二一四頁。

（4）「人間というものは使ってみなければわからない」　荻生徂徠『政談』巻三、「人の扱い」に、「人の器量を知る事は、其の人を使ふて見て其器量を知る事、古よりの道也」（平石直昭校注『政談――服部本』平凡社東洋文庫、二〇一一年、二〇四頁）とある。平石校注によると、出典は『書経』「皐陶謨《こうようぼ》」の「載采采」であり、徂徠は『答問書』にも「兎角《とかく》用て見不申候得《もうさずそうらえ》ば聖人とても御存知無之《これなく》候。依是《これによりて》書経には采々と御座候は、事をさせて見よと申事にて御座候」と述べている。

（5）アメリカにおける第三党というものは、しばしばアメリカのデモクラシーを非常にいきいき

とさせる要素になっていました 転換期に第三党が出現し、政党の再編(realignment)を促す事例はアメリカ史に何度か見られるが、代表的なのは、一九世紀末に中西部の農民を基盤として躍進した「人民党」(People's Party)と二〇世紀初頭の革新主義から生まれた「進歩(革新)党」(Progressive Party)であろう。一八九六年の大統領選挙では民主党の候補ブライアンが人民党の主張を取り入れてその支持を得、一九一二年の大統領選挙では共和党の大統領経験者であるセオドア・ローズベルトが進歩党の候補として、民主党のウィルソン、共和党のタフトと接戦を演じた。なお、一九一二年の選挙においては、社会党の候補者ユージン・デブスも社会主義政党として史上最高の得票を得ている。

(6)**「破壊活動防止法」** 「暴力主義的破壊活動」の規制を掲げて一九五二年七月に制定、公布された治安立法。占領末期、特に朝鮮戦争勃発以後、極左冒険主義に走った日本共産党や関連団体を標的としてその活動を厳しく規制し、団体の解散をも強制しうる内容であり、そのため、表現の自由を侵す治安維持法の再来だという世論の反発を招いた。施行直後、共産党員の宣伝活動に対して発動された案件はいずれも裁判において無罪が確定したこともあって、共産党へのあからさまな適用は不可能になっていく。丸山はこの文章の末尾で、法案への反対運動が成立後の法律の適用を難しくさせたと述べているが、一九六〇年の日米安保条約改定反対運動についても、運動は改定を阻止できなかったにもかかわらず、条約の運用を制約する効果を生むという似た論理で、その意義を評価している(『現代政治の思想と行動』第三部増補版追記、『集』⑨、一六九—一七一頁)。なお、破防法はその後、右翼のクーデタ未遂事件である三無事件(一九六一年一二月)に適用され、六〇年代末から七〇年代初めにかけては、赤軍派や中核派の指導者に対して発動され、サリン事件を起こしたオウム真理教教団を解散させるためにも適用が検討されたことがある。

（7）**政党のことを専門的に研究しているフランスのある学者**　『第三共和政下の西部フランスの政治地図』（*Tableau politique de la France de l'Ouest sous la Troisième République*, 1913）においてフランスにおける選挙研究を開拓したアンドレ・シークフリート（André Siegfried, 1875–1959）であろう。

現代における態度決定

（1）**新しい安保条約の批准に反対する署名を集めた**　岸信介首相が強力に推進した日米安全保障条約改定交渉は、一九六〇年一月新条約調印に至ったが、野党と世論の反対も強く、批准国会は難航した。五月一九日、政府・与党が衆院の会期を延長した上で、新条約と地位協定を強行採決したのをきっかけに、反対運動は国民的規模でかつてない盛り上がりを見せた。丸山の安保反対運動への関わりについては、この篇の終わりに付した『現代政治の思想と行動』増補版への追記・附記に詳しい。また、請願運動についての後注（5）も参照。

（2）**「行動者は常に非良心的である」**　一八一八―二七年にかけて、ゲーテが雑誌『芸術と古代』（*Kunst und Altertum*）に連載した文章に出てくる箴言。死後に編まれた『箴言と省察』（*Maximen und Reflexionen*）と題するアフォリスム集に採録された。後半も含めた原文は、“Der Handelnde ist immer gewissenlos; es hat niemand Gewissen als der Betrachtende.”（*Goethes Werke*,

Christian Wegner Verlag, Hamburg, 1953, Bd. XII, S. 399(「行動者は常に無良心であり、観察者以外の誰も良心をもたない」。岩崎英二郎・関楠生訳、潮出版社版『ゲーテ全集』第一三巻、二四一頁])。

(3)「自分は公正であることを約束できるけれども、不偏不党であるということは約束できない」　前注と同じく出典は『箴言と省察』。原文は"Aufrichtig zu sein, kann ich versprechen, unparteiisch zu sein, aber nicht."(*ibid.*, S. 545)。同じく、潮出版社版全集の訳文は、「誠実であることは私にも約束できるが、不偏不党を約束することはできない」。

(4)『ロベレ将軍』　ナチス占領下の北イタリアで、ゲシュタポによってスパイに仕立て上げられたペテン師がレジスタンスに共鳴して自ら死を選んでいくストーリーを描いたロベルト・ロッセリーニ監督、ヴィットリオ・デ・シーカ主演のイタリア映画。イタリア・ネオレアリスモの最後の傑作といわれる。一九五九年ヴェネチア映画祭、金獅子賞。

(5)最近の請願ということ　一九六〇年における日米安全保障条約改定に反対する運動(いわゆる安保闘争)の中で、憲法一六条の規定する請願権に基づく衆参両院議長あての請願行動は広範な市民を巻き込み、運動の広がりをもたらした。請願そのものは「安保改定阻止国民会議」の主導によって年初から行われていたが、請願運動の広がりをもたらす上では、岩波書店発行の雑誌『世界』五月号(発売は四月初め)が「沈黙は許されるか――条約批准と日中関係」という特集を組み、特に巻頭に清水幾太郎の論文「いまこそ国会へ――請願のすすめ」を掲載した影響が大きい。当時編集に携わっていた安江良介の証言によると、請願権の再検討を提案したのは編集長・

吉野源三郎であって、その趣旨に沿った論文の執筆を清水と憲法学者橋本公亘に依頼したという(橋本の論文「請願権を行使せよ」も同じ号に掲載されている)。当時すでに、反対運動の中でも急進的な全学連主流派の直接行動に同情を寄せていた清水は、依頼に対して「そんな生ぬるいことで、きみ、いいのかね」と消極的な態度を示したが、「書くから、どんなことを書いたらいいのか君たちの考えを書いておいていってくれたまえ」と言って引き受けたという。参照、大江健三郎・安江良介『『世界』の四〇年』(岩波ブックレット三九)、一九八四年、三四—三五頁。清水幾太郎自身も吉野の依頼に応えて書いたことを認めているが、国民会議が数十万の請願を集めながら代表者だけが国会に赴いたのを批判して、何百万の国民一人一人が請願書を携えて国会を取り巻いてこそ力になると書いたのは、反対運動の諸組織、特に共産党がトラブルを恐れて請願者が議事堂に近づくのを禁じていたことを意識して、「禁じられていた行為をオーソライズする」ものであったと述べている(清水幾太郎「安保の日誌——わが人生の断片(24)」、『諸君』一九七五年六月号。『清水幾太郎著作集』第一四巻、講談社、一九九三年、四五七—四五八頁)。

(6)「もしこれらの代議士たちが……それは許されて然《しか》るべきことである」　ジョージ三世の専制志向とこれに呼応する議会内「宮廷派《コート》」の策動が議会政治の腐敗を招いていることを、ウィッグ左派(あるいは「在野派《カントリー》」)の立場から告発したバークの有名な論説「現代の不満の原因の考察」(*Thoughts on the Cause of the Present Discontents*, 1770)の末尾に出てくる文章。『エドマンド・バーク著作集』一、中野好之訳、みすず書房、一九七三年、二六七頁。

解　題

本書は丸山眞男の戦後の著作から政治学関係の代表的論文・エッセイを集めて一書としたものである。日本ファッシズム関係の論文など歴史的対象を扱ったものや時事論文は除き、専門科学としての政治学の特質と方法、基礎概念を論じ、一般に政治をどう考えるべきかを語る文章を収録した。全体を四部に分かち、「政治と政治学」、「権力の政治学」、「政治学入門」、「市民のための政治学」とタイトルをつけたが、分け方も表題も便宜的なものである。論文の配列は各部とも初出の年代順であり、全体としてもほぼ年代順になっている。収録作品のうち、単行本『現代政治の思想と行動』(未來社、上巻・一九五六年、下巻・一九五七年、増補版・一九六四年)に収められたものには、単行本刊行の際に「追記」あるいは「附記」が加えられており、これらはそれぞれの論文の直後においた。以下、簡単な解題として、各論文について書誌情報を記す(情報源は丸山自身のコメント、当該論文を収めた『集』各巻の解説・解題、今井壽一郎編・川口重雄補訂『増補版　丸山眞男著作ノート』(現代の理論社、一九八七年)である)。

「科学としての政治学」(一九四七年六月)

文部省人文科学委員会発行の季刊雑誌『人文』第一巻第二号に掲載、後『現代政治の思想と行動』に収録。人文諸科学の現況と動向を分野ごとに概観する企画の中で、丸山が政治学を担当して書いたもの。敗戦によって再出発を迫られた日本の政治学の過去を厳しく反省し、欧米の学説や理論の祖述、解説を超えて、日本の政治的現実そのものと取り組むべしと課題を提示する。戦後日本の政治学の出発点として繰り返し回顧される重要な論文である。

「人間と政治」(一九四八年二月)

前年暮れに行われた京華学園文化講座における講演速記に改訂をほどこして『朝日評論』(朝日新聞社)一九四八年二月号に掲載され、後『現代政治の思想と行動』に収録。「科学としての政治学」が専門の政治学者、あるいはこれを目指す政治学徒に向けて書かれているのに対して、より広い読者層に向けて、人間にとって政治のもつ意味を論じている。

「政治の世界」(一九五二年三月)

郵政省人事部企画の「教養の書」シリーズの第一九冊として御茶の水書房から刊行さ

れた。この企画は丸山と同じく南原繁の演習で学んだ後輩であり、当時郵政省人事部訓練課長の職にあった山本博によるものである。小冊だが、本書収録の作品の中で初めから単行本単著として刊行された唯一のものである。ラスウェルをはじめとするアメリカ政治学の新しい研究を消化した上で政治状況の循環モデルを提示して、丸山の戦後における政治学研究の一里程標をなす。戦後政治学全体をみても、政治現象を把握する理論モデルを提出した先端的作品であり、いくつかの後続業績を導いた。内容は相当に高度だが、ですます調の文体が示すように、一般の読者を想定する体裁になっているのは、「教養の書」という企画に由来しよう。なお、この作品は一九五六年二月に第二版が刊行されて以来、長く絶版で入手困難な状態が『集』⑤に収録されるまで続いた。需要がなかったわけではなく、著者自身が原型のままで再版することに消極的だったからと思われる。

「権力と道徳」(一九五〇年三月)

『思想』一九五〇年三月号の特集「権力の問題」に寄稿したもので、『現代政治の思想と行動』に収録される際、副題(「近代国家におけるその思想史的前提」)が付された。初出時は「権力と道徳(上)」と題され、続篇が予告されていたが、(下)は書かれていない。

『思想』特集に含まれる他の論考は短い「はしがき」(無署名だが、内容、文体から丸山の執筆を推定させる)の他、蠟山政道「国際社会と権力政治」、鈴木安蔵「階級と国家権力」、新村猛「権力と暴力」、加藤新平「権力と法」、辻清明「行政における権力と技術――現代行政学の理解のために」、宮城音弥「権威服従の心理」の六篇である。

「支配と服従」(一九五〇年一二月)

弘文堂の「社会科学講座」第三巻『社会構成の原理』に寄稿したもので、後『現代政治の思想と行動』に収録。弘文堂の講座は京都学派の歴史家・鈴木成高が中心になって練られた企画であったが、編集担当の西谷能雄(後、未來社社長として『現代政治の思想と行動』を出版)が「京都学派の色彩が強すぎる」と判断して丸山に参加を促して、構成を大幅に改めたという(『ある軌跡――未來社一五年の記録』未來社、一九六七年)。

「政治権力の諸問題」(一九五七年三月)

平凡社の『政治学事典』(中村哲・丸山眞男・辻清明編、一九五四年)の項目「政治権力」に大幅に加筆修正をほどこして『現代政治の思想と行動』下巻に収録したもの。丸山の権力論を集約する作品である。

「政治学入門(第一版)**」**(一九四九年一〇月)

みすず書房刊『社会科学入門』の「政治学」の項として書かれたもので、後『戦中と戦後の間　一九三六―一九五七』(みすず書房、一九七六年)に収録。本全体は三部構成で、第一部、概論「哲学と社会科学」(佐々木斐夫)、第三部「社会科学とマルクス主義」(猪木正道)を前後において、第二部が「社会諸科学入門」となっている。丸山が担当した政治学以外の分野と執筆者は、「行政学」(辻清明)、「法社会学」(川島武宜)、「経済学」(古谷弘)、「経済史学」(大塚久雄)、「社会学」(福武直)、「文化人類学」(日高六郎)、「社会心理学」(島崎敏樹)、「歴史学」(矢田俊隆)、「社会思想史」(石上良平)となっている。

「政治学」(一九五六年六月)

みすず書房刊『社会科学入門』(現代科学叢書A1)への寄稿。前記「政治学入門」の改稿に当るが、内容もスタイルも一新し、まったく別の作品になっている。本全体も旧版と大きく変わり、Ⅰ「政治学」、Ⅱ「法律学」、Ⅲ「経済学」、Ⅳ「社会学」、Ⅴ「歴史学」、Ⅵ「隣接・境界領域の科学」の六部構成、Ⅴ「歴史学」を除き、それぞれがいくつかの下位分野に分かたれている。丸山以外の執筆者と担当項目は、辻清明「行政学」、猪木正道「政治史・政治思想史」、関嘉彦「社会思想史」(以上Ⅰ部)、渡辺洋三「法解釈学」、川島武宜「法社会学」(以上Ⅱ部)、古谷弘「近代経済学」、横山正彦「マルクス主義

経済学」、大塚久雄「経済史」、出口勇蔵「経済学史」(以上Ⅲ部)、福武直「社会学」、高橋徹「社会心理学」、日高六郎「文化人類学」(以上Ⅳ部)、増田四郎「歴史学」(Ⅴ部)、佐々木斐夫「哲学・思想」、田辺振太郎「唯物論的弁証法」、鎮目恭夫「科学史」、渡辺誠毅「原子力」、井村恒郎「精神医学」(以上Ⅵ部)となっている。

「政治的無関心」(一九五四年二月)

前出の平凡社版『政治学事典』の執筆項目。同事典への丸山の執筆項目を列挙すると、「愛国心」、「イデオロギー」、「オポチュニズム」、「軍国主義」、「シニシズム」、「シュミット」、「政治」、「政治権力」、「政治的無関心」、「ナショナリズム」、「ファシズム」、「福沢諭吉」、「リーダーシップ」の一三項目となる。

「政治的判断」(一九五八年七月)

一九五八年五月二四日に行われた信濃教育会上高井教育会総会における講演速記に基づき、『信濃教育』第八六〇号に掲載されたもの。

「現代における態度決定」(一九六〇年七月)

憲法問題研究会が例年行っていた憲法記念講演会での講演で、『世界』一九六〇年七月号に掲載された。同研究会編『憲法を生かすもの』(岩波新書、一九六一年)に採録され、さらに増補版『現代政治の思想と行動』に収められた。憲法問題研究会は、改憲を目指した鳩山一郎内閣が一九五六年に発足させた政府の憲法調査会に対抗して、護憲派の学者・研究者が一九五八年に組織した研究団体で、丸山は発足時から中心メンバーの一人だった。

《解説》丸山眞男と戦後政治学

松本礼二

一

本書の著者、丸山眞男は、ある時期以降、自分の専門は日本政治思想史だとして、現代政治分析や政治評論を並べる「夜店」をたたみ、「本店」の思想史関係の仕事に集中すると宣言し、事実、その態度をおおむね貫いた。「夜店」と「本店」という比喩は固有の専門領域かその外かという分野の違いだけでなく、発表媒体や想定読者の相違をも暗示しているから、本書に収録した政治学関係の論考を一括して夜店の展示品とみなすわけにはいかないであろう。それにしても、一九六〇年代以降、政治思想と区別される政治学の理論や現代政治の分析に関わるまとまった論考がなくなったのは事実である。本書に収録した作品も、敗戦直後から一九六〇年の「安保闘争」に至る一五年の間に書かれている。

丸山眞男において思想史家の側面と政治学者の側面とを分けることができるか、区別することにどんな意味があるか、その点はこの解説で論ずる限りでない。ただ、本書のカヴァーする戦後一五年に関する限り、彼の学問において狭義の政治学関係の労作が質量ともに思想史関係のそれに拮抗する重みをもっていたのは事実である。後者について言えば、生涯を通じての関心事たる福沢研究を別にすると、徂徠研究以来のそれまでの研究方向からの転換を示唆する重要な論文(「日本の思想」一九五七年、「開国」一九五九年、「忠誠と反逆」一九六〇年)は悉くこの時期の終わりに書かれており、それらが示す新たな方向が、米英両国滞在を経て、一九六三年以降の東大法学部講義(『録』④―⑦)や「歴史意識の「古層」」(一九七二年)に結実する「後期丸山思想史学」へと展開するという見取り図を描くことができよう。その裏返しとして、政治学関係の論考がなくなったわけで、学生時代の緑会懸賞論文や助手時代の欧米政治学界事情紹介を除いて、丸山の本格的な政治学論文といえば、やはり戦後一五年の間の著作に限られることになろう。そこには丸山個人の選択だけでなく、戦後日本の政治学がそれなりに発展し、後続の研究者が育ち、「学問分業の原則に従って、安んじて自分の専門領域に帰る」ことが可能になったという客観条件もあったであろう。逆に言うと、そのような条件の整う以前、本書に収録した論考を著した時期の丸山には、戦後日本の政治学を牽引するという役割意識があったということである。以下の解説も、収録作品を丸山個人の知的営為の所産としてみるだけでなく、戦後日本の学問史の一環をなす戦後政治学の成立への寄与という観点からの位置づけを試みたい。

二

巻頭の「科学としての政治学」は、時期的に最初に書かれたというだけでなく、内容的にも本書収録論文全体の方向を指し示している。丸山個人の業績を超えて、戦後日本の政治学に初発の動力を与えた作品という位置づけは今日なお揺るがない。丸山自身「若気の至りで試みた」と述べる戦前日本の政治学に対するこの論文の「「清算主義的」批判」に対しては、蠟山政道が『日本における近代政治学の発達』を著して応え、さらに、発足間もない日本政治学会の『年報政治学』創刊号(一九五〇年)は、この著書を糸口に「日本における政治学の過去と将来」を論ずる座談会を掲載している。司会の丸山以下、蠟山、堀豊彦、岡義武、中村哲、辻清明と、参加者は東大法学部関係(または出身)の政治学者に限られるが、当時の日本における政治学の牽引者を集めていることは間違いない。

丸山はこの論文で何を言おうとしたか。一言で言えば、学問としての政治学の有効性を取り戻し、その自律性を確立せよという要請である。日本の政治的現実の学問的解明を回避し、欧米の学説・理論の祖述や欧米モデルの近代国家の歴史と制度の記述・解説に満足した戦前政治学の「不妊性」を厳しく批判した上で、著者は、天皇制国家の呪縛を解かれて学問的自由を得たいま、日本の政治的現実に批判のメスを入れることなくして、政治学の存在理由はないと述べる。「現実科学」(フライヤー)としての政治学の有効性の回復は、同時に、現実からの学問の独立を要請する。丸山は、学問の客観性の名の下に価値判断を排除する「傲岸な実証主義者」を斥け、他方で、認識の要求を党派性に従属せしめる逆の危険にも警鐘を鳴らし、政治学者に認識と対象との相互規定性を自覚せよと迫る。いかなる政治認識も立場の選択や視点の設定なしにありえないのであって、政治学者は自己の価値選択を回避することなく、これを絶えず自覚するところに学問的客観性の条件を見なければならない。ウェーバーの価値自由論やマンハイムの「存在(被)拘束性」の概念が丸山の立論の根拠になっていることは言うまでもない。

この論文の要請する政治学の自立のもう一つの意味は、隣接諸学と区別される政治学の固有性の主張である。丸山は戦前日本政治学における「政治概念論争」を方法論のための方法論として切り捨てる一方、政治現象の固有性を明らかにすることを通じて政治学の自律性を確かめようとする。その意味で、論文「科学としての政治学」は政治学の「独立宣言」の趣を呈する(因みに東大法学部における後続のある政治学者はこれを「政治学の人権宣言」と評したという(『回顧』下、八八頁))。

三

独立はしかし孤立ではないから、政治学の自立は隣接諸学と交渉し、その成果に学ぶことなしには達成されない。実際、丸山ほど広く隣接の人文社会諸学に学び、その成果を吸収した政治学者は少ない。知的刺激の源泉は専門科学の知見に限られない。本書の随所に見られる歴史や文学作品への言及は、丸山の学問がいかに深く幅広い教養に支えられていたかを示していよう。「科学としての政治学」をはじめ戦後早い時期の論文からは、丸山が独墺系の国法学、国家学、また社会学的国家論に学びつつ、それらとの対比で自らの政治学を鍛えていった跡が窺えるが、後になるにつれて、社会心理学、文化人類学、精神分析など新たな学問方法を取り入れたアメリカ政治学の影響が顕著である。もちろん、丸山はチャールズ・メリアムなどの著作には早くから接していたが、アメリカ政治学を系統的に学習し、思考の糧にしていったのは戦後のことであろう。特にハロルド・ラスウェルの著作については突っ込んだ検討を行い、『権力と人間』(*Power and Personality*, 1948)の詳細な紹介論文(「ラスウェル「権力と人格」」、日本政治学会『年報政治学一九五〇』、『集』④)を書いている。戦前から知られていたとはいえ、「わが政治学会の共有財産たる事からは遥かに遠い存在であった」ラスウェルの業績が政治学者の常識となる上で大きな役割を果たした論文である。欧米の学界の先端的動向や最新の業績の紹介は、それこそ「科学としての政治学」が批判的に吟味した日本の社会科学の一つの伝統であるが、丸山自身が敢えてそれを為したのはこの論文くらいであろう。ただ、ラスウェルの論理や用語の斬新さはさすがの丸山にとっても相当に難物であったようで、東京女子大学図書館丸山眞男文庫に残されている大学ノート一冊分の読書メモは、論文執筆の際の苦闘ぶりを物語っている。丸山がラスウェルから新鮮な知的刺激を受ける一方、決して一辺倒にならなかったことは、三者鼎談形式で書かれた「政治学」における「ラス党」の大学院生Bと丸山本人を思わせる叔父の大学教授Aとのやりとりにも現れている。

この「政治学」と七年前に書かれた「政治学入門（第一版）」とでは内容、形式とも一変しており、読者は、この期間に丸山がアメリカ政治学の成果を系統的に学習し、英米における政治学の展開について正確な見取り図を描いていることに強い印象を受けるであろう。実際、篇末の詳細な「文献紹介」を含めて、この作品は二〇世紀における政治学の展開を的確に跡づけており、ベントリに始まる政治過程論とウォーラスを源流とする政治心理学あるいは政治意識論を二大潮流とみなし、どちらについても前世紀のバジョットに淵源があるとする見方など、政治学の展開を狭い意味での学説史を超えてより広い社会認識の歴史的文脈で理解する思想史家の目が光っている。しかも、英米で二〇世紀に大きく展開した「モダン・ポリティックス」にこれだけの理解を示す一方、それに対する留保をさまざまな形で洩らしているという意味でも、この作品は興味深い。三者鼎談というやや破格の語り口は読みやすさを配慮した工夫であろうが、結果的に丸山の視点の二重性、アメリカ政治学に対する敬意と留保の両面を伝えることにもなっている。

なお、鼎談に登場するもう一人の話者、Bの妹Cには、当時の学生の常識的マルクス主義の立場からアメリカ政治学に疑問を呈する役割が与えられ、ここでは軽くあしらわれている印象が強いが、丸山の政治学にとってマルクス主義が重要な対話相手であり、変わらぬ考察対象であったことは間違いない。丸山がマルクス主義の政治観の問題点を正面から論じたのは「「スターリン批判」における政治の論理」(『集』⑥)であるが、世界観としてはこれを究極において拒否しつつ、政治を考える上で有効な経験的命題はマルクス主義からも最大限学び取ろうとする丸山の姿勢は本書でも随所に認められよう。

四

「政治学」には日本の政治学者が日本の政治的現実の学問的分析に取り組んだ成果として『年報政治学　一九五三』の特集「戦後日本の政治過程」が挙げられている。「科学としての政治学」が戦前の政治学への批判に立って、政治学に「現実科学」たることを求めて六年、日本政治学会が全体として取り組んで出した一つの回答であり、具体的成果である。丸山は自分は執筆していないから自画自賛でないとしてこの共同研究に言及しているのであるが、企画の中心として第一部を執筆している岡義武は、東大法学部の中でも直接の師である南原繁を別にすれば、丸山がもっとも親しく学び、敬意を表してきた先輩の政治史家、政治学者である。他の執筆者のうち、辻清明は助手時代以来の文字通りの同僚、若い世代から参加した岡義達、京極純一、升味準之輔の三人も広い意味で丸山の影響下に研究生活をスタートさせた戦後第一世代の政治学者と言ってよい。なおこの特集を基にして、後に岡義武編『現代日本の政治過程』(岩波書店、一九五八年)が刊行されており、戦後政治学の最初の共同研究の成果はこの単行本を通じて広く知られるようになった。その際、五年の間の日本政治の変容を受けて、大幅な補充と改稿がなされており、この書物は『年報』の修正・増補版というより「新たに稿を起こしたもの」(岡義武による「序文」の表現)となっている。「政治学」が特に話題にしている京極・升味共同執筆の「政治意識における前進と停滞」も、単行本では升味「政治過程の変貌」(第三部第一章)、京極「政治意識の変容と分化」(第三部第三章)と別々の論文に書き改められている。

丸山自身がより積極的にイニシアチブをとった戦後政治学の共同作業としては、いうまでもなく平凡社版の『政治学事典』(中村哲・丸山眞男・辻清明編、一九五四年)が挙げられる。丸山は編者の一人として、項目の選定、執筆者の割り当てに深く関わり、自らも「政治」、「政治権力」など中核的な大項目を多く執筆している。事典という性質上、隣接科学の専門家や、政治学者でもより「伝統的」なアプローチに立つ上の世代の人びとの協力も仰いでおり、その意味で方法的に一元化されてはいないが、政治学の基本的な概念や捉え方については丸山が先頭に立って切り拓いた戦後政治学の到達点を示すものである。「欧米においても類書がほとんどない」状況において、「新しい政治学上の諸理念を究明し、その体系的な規模と、新しい国際的観点に立つ問題意識に貫かれている点では、まったく先例がない」という「序」に示された編者の自負も自画自賛とは言えまい。

五

戦後政治学という学問の共同作業を離れて、丸山個人の政治学研究において、政治ないし政治学の固有性は結局のところどのように理解されたのであろうか。政治とは何かという問いは本書のいたるところで繰り返し発せられている。それに対する答えも「政治学入門（第一版）」の提示する政治の三契機（権力、倫理、技術）をはじめ、暫定的な形ではいくつか示され、検討されている。『政治学事典』の項目「政治」には、政治をその目的ないし理念によって規定するか、手段によってか、それとも機能によってするかという概念構成の三類型が示されている。だが、結局のところ、「政治とはこれこれである」という明確な定義が下されているとは言えず、本書を通じて読者はこの点では最後まではぐらかされたような印象を受けるかもしれない。「人間の人間に対する統制の組織化」（「人間と政治」）という規定にしても、政治には人間に働きかける固有の回路がないという見方とセットだから、政治的な統制とそうでない統制とを区別する判断基準はやはりはっきりしない。

丸山には、法律や経済と違って政治という人間活動は内容的に規定できず、いかなる種類の社会関係も一定の条件の下で政治的関係に転化するという見方が一貫してあり、そこには、やはり、政治の本質を友敵関係に見出すカール・シュミットの影響が認められることは一般に理解されているとおりであろう。その上で、丸山の政治観に一貫する特徴を言うならば、一つには法律や行政との対比において政治を常に動いているもの、可変的流動的なものととらえる観点と、第二に、やはり究極的には権力の介在に政治の最終的契機を見出す点を挙げ得よう。といって、この二つの観点もとりたてて丸山に独自なわけではない。「可能性の技術」というビスマルクの言葉を繰り返し引き、権力概念の検討に一貫して関心を払っているのも、政治学のきわめてオーソドックスな立場といってよい。

その意味で正統的な政治観に立ちつつも、丸山自身がそこから育った伝統的な国家論や制度論、あるいは規範的政治理論とは面目を一新する斬新なスタイルで政治状況の理論モデルを提示しようと試みたのが「政治の世界」である。

権力の介在を通しての紛争解決(逆に言うと紛争の解決を通じての権力増幅)のプロセスとして政治状況の循環を説明するこの作品は、ラスウェルの用語を取り入れた政治行動論の理論模型として当時の第一線の政治学者に大きな刺激を与え、岡義達「権力の循環と象徴の選択」(『国家学会雑誌』第六六巻一一・一二号、一九五三年六月)、京極純一「リーダーシップと象徴過程」(『思想』一九五六年一一月)などいくつかの後続業績を導いた(この文脈におけるこの作品の位置づけについては、京極「日本における政治行動論」(同著『政治意識の分析』東京大学出版会、一九六八年、所収)を参照)。これらの作品系列は理論のエレガンスを追求して日本の政治学に独自の達成を示した反面、実証研究に応用可能な操作性を欠いた(京極「日本における政治行動論」の指摘)ため、一九六〇年代以降になると、継承者を失い、代わってデビッド・イーストンやカール・ドイッチュなどアメリカの政治学者の理論が直接導入されることになる。そして、丸山自身は政治学における一般的抽象的な理論モデルを探求すること(「現実科学」と対照的な意味合いで、ケルゼンの「純粋法学」に擬して構想したという「純粋政治学」の試み)自体に懐疑的になり、やがて彼本来の政治思想史の領域に帰っていくことになる。

しかしながら、「政治の世界」には、そうした学説史上の位置づけを離れて、作品として今日なお読者を惹きつける魅力が十分にある。政治権力の再生産過程をマルクスの資本の循環図式に倣った形で示すのは丸山ならではの発想であろうし、権力の正統化から組織化、そして革命を含む政治変動に説き及ぶ第三章の叙述には、ウェーバーやシュミットを筆頭に、丸山の使い慣れた概念用具が存分に動員され、洋の東西にわたる歴史的事例への言及も豊富である。その意味で、この作品には丸山の政治理論研究のエッセンスが詰まっており、アメリカ政治学の導入はその一面に過ぎない。なにより、高度で先端的な専門的知見を一般の読者に理解可能な形で示す文章表現において、この論考は他の追随を許さない。政治の理論モデルとしては、丸山のように権力概念を中心に据えるアプローチは、やがて、サイバネティックス理論に基づく通信体系モデルにとって代わられるのだが、日本においてその方向を切り拓いた京極純一の前掲「リーダーシップ」論文は、発表当時、専門の政治学者にとってさえ「寛容と忍耐の閾値をテスト」される教材となった（京極、前掲書、「あとがき」）らしい。その後の後継業績（「政治の世界」の理論モデルの拡充を直接目指したものとして神島二郎の『政治の世界』（朝日選書、一九七七年）や『磁場の政治学』（岩波書店、一九八二年）、通信体系モデルを拡充し、生態論との接合を図った前田康博の試みなど）にしても、理論の有効性はともかく、読者に対する通信効率を上昇させたとは言い難い。丸山の言う意味での「純粋政治学」を追求した戦後政治学の代表的作品は岡義達『政治』（岩波新書、一九七一年）であるが、理論的完成度の高い反面、観照的スタンスも著しく、この小著の洗練され（過ぎ？）た知的内容は今日政治学者の間でさえ十分に咀嚼されているとは言えない。

これらの後継業績に比べ、丸山の「政治の世界」は理論を裏づける歴史的事例を多く提示し、説明も説得的である。しかも、そうした実例は単なる歴史的知識にとどまらず、丸山と読者とが実際に経験し共有した政治の現実と深く関連するものばかりである。冒頭、カール・シュミットに依拠して「政治化の時代」と現代を規定し、にもかかわらず、現代民主政の最大の問題は大衆の無関心にあると結ぶ構成は、何よりも読者自身が自らを取り巻く政治的現実の意味を考えることを促す。政治学の諸概念や理論モデルはそのための認識用具であって、学習対象としてそれ自体が自己目的なのではない。

六

高度に専門的な知見を分かりやすく語るという「政治の世界」の特徴は、丸山における読者の問題を考えさせる。「科学としての政治学」から始まってここまで、本解説は本書収録の諸作品を丸山がもっぱら専門研究者やそれを志す学生に向けて書いているかのように論じてきた。しかし、丸山は同僚の政治学者や政治学の講義を聴講する学生、大学院生だけを読者に想定して書いていたわけではない。政治を扱う以上、当たり前のことだが、政治に直接関わる為政者、職業政治家や官僚、ジャーナリストに向けたメッセージもまた彼の著作には多く含まれている。「軍国支配者の精神形態」(『集』④)をはじめ天皇制国家の鋭利な分析は、何よりも近代日本を戦争の破局に導いた指導者の責任を問うものであった。そうした「三代目」の官僚政治家との対比で、維新の動乱に鍛えられた明治の為政者に権力政治の限界の意識を認めるのも同じ論理の反面である。戦後、冷戦の進行とともに目立ってくる時局的発言は、政権の政策の批判を通して為政者を動かすことを意図していたであろう。これらさまざまな論考を通じて、丸山が政治の指導者に要求するのは、一言でいえば「政治の道徳」としてのリアリズムに徹することである。ただし、丸山の言う「政治の道徳」は、「権力と道徳」が鋭く指摘するように、政治を限界づけるものとの緊張においてのみ成り立つ。「可能性の技術」としての政治的能力を磨き、政治を限界づけるものを意識した上で、信念をもって、しかし「責任倫理」に基づいて行動すること、これらがマキアヴェリとビスマルク、またウェーバーやニーバーを引いて丸山が政治家に要求する行動原理である。およそ政治に積極的に関わる意思をもつ者として、本書からこういった主張を読み取ることは容易であり、丸山自身それを望んでいたであろう。実際、少なくとも戦後のある時期まで、ジャーナリストはもちろん、保革を問わず政党政治家や官僚、そして労働組合や学生運動の活動家の間にも丸山は少なからぬ読者を見出していた。

もちろん、丸山の想定する読者はさらに広い。「科学としての政治学」が力強く宣言するように、政治学が学問として十全に開花するには市民的自由の確立が不可欠であり、その意味で高度に専門的な政治学も一般市民の政治的教養に支えられねばならぬからである。一般市民に語りかける姿勢は、戦後丸山の学問研究の初発から認められる(「三島庶民大学」への協力は戦後ごく初期のことである)が、時の経過は専門的な政治学研究の深化と相乗的にそうした姿勢を一層際立たせることになった。「市民のための政治学」として本書の第四部に収録した作品はその典型であり、ここでは難解な術語や概念を避けて、政治的思考、あるいは政治学的なものの見方の特質を、具体的事例を挙げて平易な言葉で語っている。先に挙げた『政治学事典』の丸山執筆項目から、「政治的無関心」だけを採って第四部に収めたのは、「政治の世界」の末尾との関連を考慮したものであるが、この論考は丸山とアメリカ政治学のある種の傾向との違いを示す意味でも興味深い。戦後アメリカ政治学がデモクラシーを規範的に基礎づける理論としては、ジョゼフ・シュンペーターによるデモクラシーの再定義(Joseph Schumpeter. *Capitalism, Socialism and Democracy.* 1942〔中山伊知郎・東畑精一訳『資本主義・社会主義・民主主義』東洋経済新報社、一九五一年〕)が大きな役割を果たしているが、そこでは大衆の過度の政治化が招く危険への安全弁として、政治的無関心にある程度肯定的な言及がなされるからである（この点について、アメリカ内部からのシュンペーター批判として、M. I. Finley, *Democracy: Ancient and Modern*, 1973〔柴田平三郎訳『民主主義――古代と近代』刀水書房、一九九一年〕を参照）。最後の「現代における態度決定」は一九六〇年の日米安全保障条約改定への反対運動が高まり、丸山のそれへの関わりも深まりつつあった時期に書かれており、「市民のための政治学」が政治の認識のみならず政治の実践に対してもつ意味にも触れている。権力行使に直接関わらない一般市民の政治関与のあり方は職業政治家や指導者の政治活動と異なるのが当然であり、丸山は非日常的な政治的高揚よりは日常的な関心の持続の必要を説き、政治への過度の期待を排して「悪さ加減の選択」（福沢諭吉）として政治に関わることを勧める。

いずれにしても、丸山眞男の政治学において、高度に専門的な理論的探究と市民の政治的実践、それを支える政治教育とが、使い分けでも切り離しでもなく、有機的につながり合い補完し合っていることを見失ってはなるまい。非職業政治家の政治活動の意義を在家仏教の比喩で説いた論理（「現代における態度決定」）は知的活動へも適用されて、学問の世界の坊主たる研究者の営む「職業としての学問」は、普通人の非職業的な学問活動に支えられねばならぬと丸山は言う（『増補版　現代政治の思想と行動』後記、『集』⑨）。明治の初年、福沢諭吉は万人に「人間普通日用に近き実学」を勧める一方で、「志を高遠にして学術の真面目を達成」すべき学者の使命を説き、学問に即効性や有用性をのみ求める時代の風潮を戒め、「学者小安に安んずるなかれ」と叱咤した。学問知と市民常識との相互補完と有機的結合を求める点でも、丸山は福沢の真正な後継者であった。

もちろん、学問の専門分化の進行において、明治啓蒙の「学問のすゝめ」と戦後日本における「政治学のすゝめ」とでは歴史的段階に違いがあり、その点では丸山の学問論におけるもう一人の師、マックス・ウェーバーの議論を考慮しなければなるまい。にもかかわらず、政治学には専門科学の一つにとどまり得ぬ側面があると丸山は強調する。第一に、ゲーテの「医学は人間の総体を扱うものであるから、人間の総体でもって」取り組まねばならぬという言葉を引いて、これはそのまま政治学にも当てはまると丸山は言う。したがって、第二に、政治学者にはJ・S・ミル（もしくはT・H・ハクスリー）の言う教養人の資質、「すべてについて何事かを知り、何事かについてはすべてを知る」ことが求められるというのである。この教養人の資質はまた、あらゆる楽器の奏法についいて何事かを知り、指揮法についてはすべてを知るオーケストラの指揮者のそれにも擬せられる。すなわち政治学者は医者にして指揮者であれと。今日の学問状況を前提にすれば、率直に言って、これは過大な要求であり、本解説の執筆者自身を含めて大方の政治学者にとって、いささか迷惑である。だが、丸山はあえてこれを要求した。そこに丸山眞男の政治学があり、彼の時代がある。

付記

本解説執筆に際し、引用されている文献以外では、大嶽秀夫『戦後政治と政治学』(東京大学出版会、一九九四年)、田口富久治『戦後日本政治学史』(東京大学出版会、二〇〇一年)の二著が裨益するところ大であった。

なお、東京女子大学丸山眞男記念比較思想研究センターの川口雄一、山辺春彦の両氏には、同センター所蔵資料の閲覧、利用に便宜を図っていただき、同丸山眞男文庫元顧問・松沢弘陽氏には、本書の編集・注解全般にわたって貴重な助言をいただいた。記して感謝する次第である。もちろん、注・解題・解説の全責任は松本にある。

最後に、編集の実務作業で多大な負担をおかけした文庫編集部の清水愛理氏に感謝申し上げる。

政治《せいじ》の世界《せかい》 他十篇

2014年2月14日　第1刷発行
2025年1月24日　第12刷発行

著　者　丸山眞男《まるやままさお》

編注者　松本礼二《まつもとれいじ》

発行者　坂本政謙

発行所　株式会社 岩波書店
〒101-8002 東京都千代田区一ツ橋 2-5-5
案内 03-5210-4000　営業部 03-5210-4111
文庫編集部 03-5210-4051
https://www.iwanami.co.jp/

印刷・理想社　カバー・精興社　製本・中永製本

ISBN 978-4-00-381042-2　　Printed in Japan

読書子に寄す

――岩波文庫発刊に際して――

岩波茂雄

真理は万人によって求められることを自ら欲し、芸術は万人によって愛されることを自ら望む。かつては民を愚昧ならしめるために学芸が最も狭き堂宇に閉鎖されたことがあった。今や知識と美とを特権階級の独占より奪い返すことはつねに進取的なる民衆の切実なる要求である。岩波文庫はこの要求に応じそれに励まされて生まれた。それは生命ある不朽の書を少数者の書斎と研究室とより解放して街頭にくまなく立たしめ民衆に伍せしめるであろう。近時大量生産予約出版の流行を見る。その広告宣伝の狂態はしばらくおくも、後代にのこすと誇称する全集がその編集に万全の用意をなしたるか。千古の典籍の翻訳企図に敬虔の態度を欠かざりしか。さらに分売を許さず読者を繋縛して数十冊を強うるがごとき、はたしてその揚言する学芸解放のゆえんなりや。吾人は天下の名士の声に和してこれを推挙するに躊躇するものである。このときにあたって、岩波書店は自己の責務のいよいよ重大なるを思い、従来の方針の徹底を期するため、すでに十数年以前より志して来た計画を慎重審議この際断然実行することにした。吾人は範をかのレクラム文庫にとり、古今東西にわたって文芸・哲学・社会科学・自然科学等種類のいかんを問わず、いやしくも万人の必読すべき真に古典的価値ある書をきわめて簡易なる形式において逐次刊行し、あらゆる人間に須要なる生活向上の資料、生活批判の原理を提供せんと欲する。この文庫は予約出版の方法を排したるがゆえに、読者は自己の欲する時に自己の欲する書物を各個に自由に選択することができる。携帯に便にして価格の低きを最主とするがゆえに、外観を顧みざるも内容に至っては厳選最も力を尽くし、従来の岩波出版物の特色をますます発揮せしめようとする。この計画たるや世間の一時の投機的なるものと異なり、永遠の事業として吾人は微力を傾倒し、あらゆる犠牲を忍んで今後永久に継続発展せしめ、もって文庫の使命を遺憾なく果たさしめることを期する。芸術を愛し知識を求むる士の自ら進んでこの挙に参加し、希望と忠言とを寄せられることは吾人の熱望するところである。その性質上経済的には最も困難多きこの事業にあえて当たらんとする吾人の志を諒として、その達成のため世の読書子とのうるわしき共同を期待する。

昭和二年七月

《日本文学（古典）》〔黄〕

古事記　倉野憲司校注
日本書紀　全五冊　坂本太郎・家永三郎・井上光貞・大野晋校注
万葉集　全五冊　佐竹昭広・山田英雄・工藤力男・大谷雅夫・山崎福之校注
竹取物語　阪倉篤義校訂
伊勢物語　大津有一校注
玉造小町子壮衰書 ―小野小町物語　杤尾武校注
古今和歌集　佐伯梅友校注
土左日記　紀貫之／鈴木知太郎校注
蜻蛉日記　今西祐一郎校注
紫式部日記　池田亀鑑・秋山虔校注
紫式部集　付 大弐三位集・藤原惟規集　紫式部／南波浩校注
源氏物語　全九冊　柳井滋・室伏信助・大朝雄二・鈴木日出男・藤井貞和・今西祐一郎校注
補作 源氏物語 山路の露・雲隠六帖 他二篇　今西祐一郎編注
枕草子　池田亀鑑校訂
和泉式部日記　清水文雄校注
更級日記　西下経一校注

今昔物語集　全四冊　池上洵一編
堤中納言物語　大槻修校注
西行全歌集　久保田淳・吉野朋美校注
建礼門院右京大夫集　付 平家公達草紙　久松潜一・久保田淳校注
拾遺和歌集　小町谷照彦・倉田実校注
後拾遺和歌集　久保田淳・平田喜信校注
金葉和歌集　川村晃生・柏木由夫・伊倉史人校注
詞花和歌集　工藤重矩校注
古語拾遺　斎部広成撰／西宮一民校注
王朝漢詩選　小島憲之編
新訂 方丈記　市古貞次校注
新訂 新古今和歌集　佐佐木信綱校訂
新訂 徒然草　西尾実・安良岡康作校注
平家物語　全四冊　梶原正昭・山下宏明校注
神皇正統記　北畠親房／岩佐正校注
御伽草子　全二冊　市古貞次校注
王朝秀歌選　樋口芳麻呂校注

定家八代抄 ―続王朝秀歌選　全二冊　樋口芳麻呂・後藤重郎校注
閑吟集　真鍋昌弘校注
中世なぞなぞ集　鈴木棠三編
千載和歌集　久保田淳校注
謡曲選集 読む能の本　野上豊一郎編
おもろさうし　外間守善校注
太平記　全六冊　兵藤裕己校注
好色一代男　井原西鶴／横山重校訂
好色五人女　井原西鶴／東明雅校註
武道伝来記　井原西鶴／前田金五郎・横山重校注
西鶴文反古　井原西鶴／片岡良一校訂
芭蕉紀行文集　付 嵯峨日記　中村俊定校注
芭蕉 おくのほそ道　付 曾良旅日記・奥細道菅菰抄　萩原恭男校注
芭蕉俳句集　中村俊定校注
芭蕉連句集　中村俊定・萩原恭男校注
芭蕉書簡集　萩原恭男校注
芭蕉文集　潁原退蔵編註

芭蕉俳文集 全二冊　堀切実編注
芭蕉自筆 奥の細道　上野洋三・櫻井武次郎校注
蕪村俳句集 付 春風馬堤曲 他二篇　尾形仂校注
蕪村七部集　伊藤松宇校訂
近世畸人伝　伴蒿蹊／森銑三校註
雨月物語　上田秋成／長島弘明校注
宇下人言 修行録　松平定信／松平定光校訂
新訂 一茶俳句集　丸山一彦校注
一茶 父の終焉日記・おらが春 他一篇　矢羽勝幸校注
増補 俳諧歳時記栞草 全二冊　曲亭馬琴編／藍亭青藍補／堀切実校注
北越雪譜　鈴木牧之編撰／京山人百樹刪定／岡田武松校訂
東海道中膝栗毛 全二冊　十返舎一九／麻生磯次校注
浮世床　式亭三馬／和田万吉校訂
梅暦 全二冊　為永春水／古川久校訂
百人一首一夕話 全二冊　尾崎雅嘉／古川久校訂
こぶとり爺さん・かちかち山 ―日本の昔ばなしI　関敬吾編
桃太郎・舌きり雀・花さか爺 ―日本の昔ばなしII　関敬吾編

一寸法師・さるかに合戦・浦島太郎 ―日本の昔ばなしIII　関敬吾編
芭蕉臨終記 花屋日記 付 芭蕉翁終焉記・前後日記・行状記　小宮豊隆校訂
醒睡笑 全二冊　安楽庵策伝／鈴木棠三校注
歌舞伎十八番の内 勧進帳　郡司正勝校注
江戸怪談集 全三冊　高田衛編・校注
柳多留名句選　山澤英雄選／粕谷宏紀校注
松蔭日記　上野洋三校注
鬼貫句選・独ごと　復本一郎校注
井月句集　復本一郎編
花見車・元禄百人一句　雲英末雄／佐藤勝明校注
江戸漢詩選 全二冊　揖斐高編訳
説経節 俊徳丸・小栗判官 他三篇　兵藤裕己編注

《日本思想》〔青〕

風姿花伝（花伝書） 世阿弥 野上豊一郎・西尾実 校訂
五輪書 宮本武蔵 渡辺一郎 校注
葉隠 全三冊 山本常朝 和辻哲郎・古川哲史 校訂
養生訓・和俗童子訓 貝原益軒 石川謙 校訂
貝原益軒 大和俗訓 石川謙 校訂
蘭学事始 杉田玄白 緒方富雄 校註
島津斉彬言行録 牧野伸顕 序
塵劫記 吉田光由 大矢真一 校注
兵法家伝書 付 新陰流兵法目録事 柳生宗矩 渡辺一郎 校注
農業全書 宮崎安貞 編録 貝原楽軒 刪補 土屋喬雄 校訂
上宮聖徳法王帝説 東野治之 校注
霊の真柱 平田篤胤 子安宣邦 校注
仙境異聞・勝五郎再生記聞 平田篤胤 子安宣邦 校注
茶湯一会集・閑夜茶話 井伊直弼 戸田勝久 校注
西郷南洲遺訓 附 手抄言志録及遺文 山田済斎 編
文明論之概略 福沢諭吉 松沢弘陽 校注

新訂 福翁自伝 富田正文 校訂
学問のすゝめ 福沢諭吉
福沢諭吉教育論集 山住正己 編
福沢諭吉家族論集 中村敏子 編
福沢諭吉の手紙 慶應義塾 編
新島襄の手紙 同志社 編
新島襄 教育宗教論集 同志社 編
新島襄自伝 ―手記・紀行文・日記 同志社 編
植木枝盛選集 家永三郎 編
日本の下層社会 横山源之助
中江兆民 三酔人経綸問答 桑原武夫・島田虔次 訳・校注
中江兆民評論集 松永昌三 編
一年有半・続一年有半 中江兆民 井田進也 校注
憲法義解 伊藤博文 宮沢俊義 校註
日本風景論 志賀重昂 近藤信行 校訂
日本開化小史 田口卯吉 嘉治隆一 校訂
新訂 蹇蹇録 ―日清戦争外交秘録 陸奥宗光 中塚明 校注

茶の本 岡倉覚三 村岡博 訳
武士道 新渡戸稲造 矢内原忠雄 訳
新渡戸稲造論集 鈴木範久 編
キリスト信徒のなぐさめ 内村鑑三
余はいかにしてキリスト信徒となりしか 内村鑑三 鈴木範久 訳
代表的日本人 内村鑑三 鈴木範久 訳
後世への最大遺物・デンマルク国の話 内村鑑三
宗教座談 内村鑑三
ヨブ記講演 内村鑑三
足利尊氏 山路愛山
徳川家康 全二冊 山路愛山
妾の半生涯 福田英子
三十三年の夢 宮崎滔天 島田虔次・近藤秀樹 校注
善の研究 西田幾多郎
西田幾多郎哲学論集 II ―論理と生命 他四篇 上田閑照 編
西田幾多郎哲学論集 III ―自覚について 他四篇 上田閑照 編
西田幾多郎歌集 上田薫 編

西田幾多郎講演集　田中裕編
西田幾多郎書簡集　藤田正勝編
帝国主義　幸徳秋水　山泉進校注
兆民先生 他八篇　幸徳秋水　梅森直之校注
基督抹殺論　幸徳秋水
貧乏物語　河上肇　大内兵衛解題
河上肇評論集　杉原四郎編
西欧紀行 祖国を顧みて　河上肇
中国文明論集　宮崎市定　礪波護編
史記を語る　宮崎市定
中国史 全二冊　宮崎市定
大杉栄評論集　飛鳥井雅道編
女工哀史　細井和喜蔵
奴隷 ―小説・女工哀史1　細井和喜蔵
工場 ―小説・女工哀史2　細井和喜蔵
初版 日本資本主義発達史 全二冊　野呂栄太郎
谷中村滅亡史　荒畑寒村

遠野物語・山の人生　柳田国男
海上の道　柳田国男
野草雑記・野鳥雑記　柳田国男
孤猿随筆　柳田国男
婚姻の話　柳田国男
都市と農村　柳田国男
十二支考 全二冊　南方熊楠
津田左右吉歴史論集　今井修編
特命全権大使 米欧回覧実記 全五冊　久米邦武編　田中彰校注
日本イデオロギー論　戸坂潤
古寺巡礼　和辻哲郎
風土 ―人間学的考察　和辻哲郎
イタリア古寺巡礼　和辻哲郎
倫理学 全四冊　和辻哲郎
人間の学としての倫理学　和辻哲郎
日本倫理思想史 全四冊　和辻哲郎
「いき」の構造 他二篇　九鬼周造

九鬼周造随筆集　菅野昭正編
偶然性の問題　九鬼周造
時間論 他二篇　九鬼周造　小浜善信編
田沼時代　辻善之助
パスカルにおける人間の研究　三木清
構想力の論理 全二冊　三木清
漱石詩注　吉川幸次郎
新版 きけ わだつみのこえ ―日本戦没学生の手記　日本戦没学生記念会編
新版 第二集 きけ わだつみのこえ ―日本戦没学生の手記　日本戦没学生記念会編
君たちはどう生きるか　吉野源三郎
地震・憲兵・火事・巡査　山崎今朝弥　森長英三郎編
懐旧九十年　石黒忠悳
武家の女性　山川菊栄
覚書 幕末の水戸藩　山川菊栄
忘れられた日本人　宮本常一
家郷の訓　宮本常一
大阪と堺　三浦周行　朝尾直弘編

国家と宗教 —ヨーロッパ精神史の研究　南原繁
石橋湛山評論集　松尾尊兊編
民藝四十年　柳宗悦
手仕事の日本　柳宗悦
工藝文化　柳宗悦
南無阿弥陀仏 付 心偈　柳宗悦
柳宗悦茶道論集　熊倉功夫編
雨夜譚 —渋沢栄一自伝　長幸男校注
中世の文学伝統　風巻景次郎
平塚らいてう評論集　小林登美枝・米田佐代子編
最暗黒の東京　松原岩五郎
日本の民家　今和次郎
原爆の子 —広島の少年少女のうったえ 全二冊　長田新編
暗黒日記 —一九四二—一九四五　清沢洌　山本義彦編
臨済・荘子　前田利鎌
『青鞜』女性解放論集　堀場清子編
大津事件 —ロシア皇太子大津遭難　尾佐竹猛　三谷太一郎校注

幕末遣外使節物語 —夷狄の国へ　尾佐竹猛　吉良芳恵校注
極光のかげに —シベリア俘虜記　高杉一郎
イスラーム文化 —その根柢にあるもの　井筒俊彦
意識と本質 —精神的東洋を索めて　井筒俊彦
神秘哲学 —ギリシアの部　井筒俊彦
意味の深みへ —東洋哲学の水位　井筒俊彦
コスモスとアンチコスモス 東洋哲学のために　井筒俊彦
幕末政治家　福地桜痴　佐々木潤之介校注
渡辺一夫評論選 狂気について 他二十二篇　大江健三郎・清水徹編
維新旧幕比較論　木下真弘　宮地正人校注
被差別部落一千年史　高橋貞樹　沖浦和光校注
花田清輝評論集　粉川哲夫編
英国の文学　吉田健一
中井正一評論集　長田弘編
山びこ学校　無着成恭編
考史遊記　桑原隲蔵
福沢諭吉の哲学 他六篇　丸山眞男　松沢弘陽編

政治の世界 他十篇　丸山眞男　松本礼二編注
超国家主義の論理と心理 他八篇　丸山眞男　古矢旬編
田中正造文集 全二冊　由井正臣・小松裕編
国語学史　時枝誠記
定本 育児の百科 全三冊　松田道雄
大西祝選集 哲学篇 全三冊　小坂国継編
哲学の三つの伝統 他十二篇　野田又夫
大隈重信演説談話集　早稲田大学編
大隈重信自叙伝　早稲田大学編
人生の帰趣　山崎弁栄
転回期の政治　宮沢俊義
何が私をこうさせたか —獄中手記　金子文子
明治維新　遠山茂樹
禅海一瀾講話　釈宗演
明治政治史　岡義武
転換期の大正　岡義武
山県有朋 —明治日本の象徴　岡義武

近代日本の政治家　岡　義　武
ニーチェの顔 他十三篇　氷上英廣　三島憲一編
伊藤野枝集　森まゆみ編
前方後円墳の時代　近藤義郎
日本の中世国家　佐藤進一
岩波茂雄伝　安倍能成

岩波文庫の最新刊

大岡 信著
折々のうた 三六五日
―日本短詩型詞華集

現代人の心に響く詩歌の宝庫『折々のうた』。その中から三六五日それぞれにふさわしい詩歌を著者自らが選び抜き、鑑賞の手引きを付しました。〔カラー版〕　〔緑二〇二-五〕　定価一三〇九円

池澤夏樹訳
カヴァフィス詩集

二〇世紀初めのアレクサンドリアに生きた孤高のギリシャ詩人カヴァフィスの全一五四詩。歴史を題材にしたアイロニーの色調、そして同性愛者の官能と哀愁。　〔赤N七三五-一〕　定価一三六四円

太宰 治作／安藤 宏編
走れメロス・東京八景 他五篇

誰もが知る〈友情〉の物語「走れメロス」、自伝的小説「東京八景」ほか、「駈込み訴え」「清貧譚」など傑作七篇。〈太宰入門〉として最適の一冊。（注・解説＝安藤宏）　〔緑九〇-一〇〕　定価七九二円

ゲルツェン著／金子幸彦・長縄光男訳
過去と思索 (五)

家族の悲劇に見舞われたゲルツェンはロンドンへ。「四八年」が遠のく中で、革命の夢をなおも追い求める亡命者たち。彼らを見る目は冷え冷えとしている。（全七冊）　〔青N六一〇-六〕　定価一五七三円

……今月の重版再開……

アナトール・フランス作／大塚幸男訳
神々は渇く
定価一三六四円　〔赤五四三-三〕

J・S・ミル著／大内兵衛、大内節子訳
女性の解放
定価八五八円　〔白一一六-七〕